论语撷英

陈方剑 主编

浙江工商大学出版社

编 委 会

序　言

关于《论语》我看得最多的就是傅佩荣的《论语之美》，我将这本书给我的启发整理出一部分，分享给大家。

"孔子反复强调'仁'的概念，因为他想挽救时代的危机——价值观上的虚无主义。"这和我们现在这个时代有点类似，我们也碰到了类似的问题，尤其是随着科技的发展，我们发现人类本质上就是算法加大数据，我们的意识，从某个角度说，好像也没有太多自主性。我相信在随后一百年间，价值观上的虚无主义可能会成为社会主流。我自己也有这种倾向。

我非常认同傅佩荣关于孔子"仁"的理解，仁分为三个层次：第一，人之性，向善；第二，人之道，选择善，坚持实施善；第三，人之成，达到至善，达到最善。

我非常认同傅佩荣说的孔子思想的核心是四个字"人性向善"，不是说人性本善，我也认为人性很难说本善或者本恶。人首先是一种普通的动物，动物就有常规动物的需求，这是生物学的要求，为了生存，为了更好地生存而争斗是人之常情。但是，人类在进化的同时，我们的DNA中写入了一条重要信息，就是"人性向善"。向善、真诚也是人的基本需求。在进化的过程中，在社会化群体中，"向善"的人其实更加容易得到尊重，也更加容易生存。因为有助于生存，所以DNA变异中，携带"向善"信息的人类被更多地一代代传下来。于是，到了现代社会，大多数人类的DNA中都携带"向善"这条信息。

"向善""真诚"，现在更容易被解释成和道德相关，但是，我认为这更是人类为了生存而自然进化的结果。人类需要更好的"自然协作性"，这就是为什么"向善"和"真诚"被写入人类DNA，为什么儒家思想被社会管理者选择成为主流思想的原因。

"学而时习之，不亦悦乎？"这句话，傅佩荣的解释是"学习过后，在适当的时候要进行练习，加强理解，不也感到愉快吗？"

"温故而知新，可以为师矣"，复习古代的材料从而形成新的理解，只有这样才能当老师。一方面，我们要学习传统的东西；一方面，要有新的理解、新的启发。时代和环境都在变化，类似《论语》这样的传统文化精华非常值得学习，这也是我在母校平桥中学设立《论语》奖学金的原因。但是，我们不要迷信，我是坚定地认为近代的思想家、历史学家肯定强于古代的思想家、历史学家的。这两千多年来，人类在不断发展，近代的思想家、历史学家见识也多得多，数据也多得多，没理由古代的就是最牛的。所以，我们不要迷信，价值更应来源于启发。

"学而不思则罔，思而不学则殆。"好好学习的人不多，而愿意思考的人则更加少。有句话说得非常好，"多数人为了逃避真正的思考是愿意做任何事情的"，这句话很残酷。如果你有好的学习习惯，同时，你不逃避思考，尤其是深入思考，恭喜你，你至少是这个社会 TOP1% 的人了。

子贡曰："如有博施于民而能济众，何如？可谓仁乎？"子曰："何事于仁！必也圣乎！尧舜其犹病诸！夫人者，己欲立而立人，己欲达而达人。能近取譬，可谓仁之方也已。"

子贡问："如果有人广泛地照顾百姓，又能真正救助众人，如何？可以称得上仁者吗？""博施济众"四个字多么好。傅佩荣认为子贡这么问，说明子贡不那么清楚什么叫作"仁"，就提出一种最理想的情况。孔子说："这样何止于仁者，一定要说的话，已经算是圣德了，连尧舜都难以做到呀！所谓行仁，就是自己想要安稳立足时，也帮助别人安稳立足；在自己想要进展通达时，也帮助别人进展通达。能够从自己的情况来设想如何与人相处，可以说是行仁的方法了。"

博施济众是孔子的理想，也是儒家的理想。鼓励人们只要有能力就要博施济众，平桥中学的教学理念是"和而不同，求实达仁"，深契合之。

《论语》的核心思想是"仁"。"仁"这个字，从造字的结构看，从"人"从"二"，我和别人两个人才能成为"仁"，才能实现我的生命要求。这是做人的更高层次。孔子讲行仁，用了"能近取譬"四个字，就是根据自己的情况来设想如何与人相处。行仁就是设身处地替别人着想。

子曰："至于道，据于德，依于仁，游于艺。"孔子说："立志追求人生理想，确实把握德行修养，绝不背离人生正道，自在涵泳艺文活动。"这四句话说明了孔子的生命形态。

"子与人歌而善，必使反之，而后和之。"老师跟别人唱歌，唱得开怀时一定请人再唱一遍，然后自己又和一遍。孔子唱和声啊！可见他的生活自得其乐。人生在世不能选择时代，也不能选择社会，但是一定要让自己过得快乐，孔子就是一例。孔子也是一个真性情的人啊！

叶公问孔子于子路，子路不对。子曰："汝奚不曰：其为人也，发愤忘食，乐以忘忧，不知老之将至云尔。"叶公问子路关于孔子的为人，子路没有回答。孔子对子路说："你为什么不说：他这个人，发愤用功就忘记了吃饭，内心快乐就忘记了烦恼，连自己快要老了都不知道，如此而已。"这是孔子的自我评价。

子贡请教说："全乡的人都喜欢他，这样的人怎么样？"孔子说："还不可取。"子贡就赌气了，问："那全乡的人都讨厌他，这样的人怎么样？"孔子说："也不可取，可取的是全乡的好人喜欢他，坏人都讨厌他。"哈，孔子的逻辑真好！

从孔子的整体思想来看，对于"仁"他有一个简单原则，就是化被动为主动。我们从小就是被动的，被要求守规矩，被要求好好学习，被要求行善。哪一天，我们自己发现，自己愿意去做，自己愿意去好好学习，自己愿意去行善，我们的生命就成熟了，人格就挺立了。这就是化被动为主动。

子路问君子，子曰："修己以敬。"曰："如斯而已乎？"曰："修己以安人。"曰："如斯而已乎"曰："修己以安百姓。修己以安百姓，尧舜其犹病诸。"

子路请教怎样才是君子。孔子说："修养自己，以至能够认真谨慎地面对一切。"子路追问："这样就够了吗？"孔子说："修养自己，以至能够安顿四周的人。"子路又追问："这样就够了吗？"孔子说："修养自己，以至于能够安顿所有百姓。尧舜也觉得这是很难做到的事啊！"

子曰："人能弘道，非道弘人。"孔子说："人可以弘扬人生理想，而不是靠道来弘扬人。"一个人只要真诚，就算没有受过教育，就算不知道"道"，照样能以真心做事，照样有堂堂正正的人格，这叫作"人能弘道"。

傅佩荣说，他学习中西哲学四十年，认为孔孟思想是最好的人性论，最好的伦理学。傅佩荣先生学贯中西，我非常敬佩他，我在平桥中学设立《论语》奖学金，很大程度是受傅佩荣先生的影响。我这篇序言很多段落就是直接摘抄自傅佩荣先生的《论语之美》。在这本书中，我感受到孔子的人文精神，孔子的逻辑能力、判断力，同时也感受到孔子的生动和有趣。

看书，重要的是启发。《论语》给我最大的启发是"真诚""向善"。"真诚""向善"是写入人类 DNA 的，我们要发掘"真诚""向善"的力量，这是人生的重要力量！

望母校的老师们于传道授业之余，认真学习《论语》，多方解读《论语》，教育学生真诚为人，教化学生一心向善，慰哉！

庞升东

2018 年 3 月 12 日

目 录

论语之教育

论语之生活

论语之争鸣

论语之教学

育人如为政

杨 丹

育人如为政。教书育人应按照一定的规律运行——子曰："为政以德，譬如北辰，居其所，而众星拱之。"我们教师就像"北辰"，学生就是众星，为了让教学运行自如，事半功倍，我们应该如何做？

用自己最真切的感情来发动学生，要设法让学生爱上你的课。还记得刚开始执教的几年，讲课都是参照别人的教案，然后写教案，最后在课堂上把课件像放电影一样放一遍，一节课就算过去了。根本没曾想，学生喜欢听这样的课吗？如果不喜欢，不愿听我们上课，那么讲得再多也无用。也未曾钻研这类知识我们应该怎么分析才既有效又有趣。这样学生无法爱上你的课，更不用说把对自己对学生的情感投入课堂中。其实，教师与学生的关系就像棒球运动里的传球手与接球手一样。虽然我们教师总是清楚地传达知识，但是学生如果不愿意"接球"，我们投出的球再精准也无法到达学生的手中。

如何做到让学生爱上你的课呢？经过近十年的摸索，我得出了一点自己的经验：在精心备课（备教材和学生）的基础上，通过层层设问再加上用充满幽默风趣的方式展现出来，引导学生愉快地学习知识，使整个教学过程充满着师生之间的互动，而学生

（即众星）是主体者，学生自发主动地参与到教师（北辰）的教学中，自然而然课堂的有效性就提高了。如在中国地理教学中讲到关于地形对农业影响这一节时，在精心备课的基础上通过设问的方式激发学生兴趣。如我在中国地理教学关于地形以及河流对气候与农业的影响中，我采取的是案例教学加层层设问，选的是宁夏平原与太行山山麓冲积扇的古村落两个案例。先用地图与景观图片呈现宁夏平原及宁夏平原周边地区的自然与人文地理主要概况。引出问题：宁夏平原是如何形成的？我们常常听说宁夏平原是塞上江南，我说这个塞上江南之所以能形成是因为它是贺兰山护着，黄河爱着的地方。为什么呢？再把第二问拆分为护是什么意思（护是保卫、保护不被侵袭）？爱是什么意思（爱是给予）？宁夏平原为什么是贺兰山护着，黄河爱着的地方？这三小问。这个第二问大大激发了学生的兴趣，并且引导他们去思考。然后举一反三提问：太行山山麓为什么分布着这么多的古村落？最后的探究任务就是请学生自己对着中国地形图找一个类似的地区试着自己编题目并设计答案。一节课下来，学生的兴趣非常浓厚，效果也不错，学生也就非常清楚地明白地形对气候的影响。不过更让我欣慰的是学生的探究，有的举例四川盆地，有的举例塔里木盆地的绿洲地区，有的举例汉水谷地等；有的同学甚至与我进行口头交流，问有没有比较典型的反例。学生在一步一步有兴趣的探索中明白了道理。当然，仅靠一两节课这样是远远不够的，要尽量做到每一节课都能这样，要持之以恒，让学生爱上你的每一节课，这样自然能够做到众星拱北辰！

不仅要让学生爱上你的课，还要让学生"爱上你"。这样即使你的课有的知识比较枯燥无味，有的知识很难，学生还是会很认真地听。那如何做到呢？这个还是要从细节做起，小细节会有大收获。一是主动帮助学生解决困难。许多老师喜欢坐在讲台上等学生来问问题，结果是上来的不多，更值得注意的是一部分成绩较差的学生从来不问问题。这就需要我们老师细心去观察哪些人经常问问题，哪些人一点都不问又不会做。这个不会做我们教师又是怎么知道的呢？这就需要你在改作业时要有记录，一有机会就主动找他或她提供帮助。这个我一直在做，功夫不负有心人，学生慢慢变被动为主动。二是关注学生的每一个亮点，并给予鼓励与表扬。在每一次改作时就非常仔细，做得好都会给予画一个苹果奖励，特别突出的在讲课时进行全班表扬，并在 PPT 上展示他的答案。三是唤起学生的注意。学习是一件很累的事情，尤其是在下午第一节课学生刚刚从酣睡中醒来，于是我会用多种形式导入新课来唤醒学生的注意，有时用唱歌的形式，有时用视频等，既可以拉近与学生的距离，又活跃了课堂气氛引起学生的注意，何乐而不为呢！

众星拱北辰，作为北辰的教师应该用我们的教学魅力吸引学生，用我们的德爱去感化学生，把学生培养成君子。

做好六个"一"字，推进《论语》阅读

陈方剑

习近平总书记指出："中华文明绵延数千年，有其独特的价值体系。中华优秀传统文化已经成为中华民族的基因，植根在中国人内心，潜移默化影响着中国人的思想方式和行为方式。今天，我们提倡和弘扬社会主义核心价值观，必须从中汲取丰富营养，否则就不会有生命力和影响力。"传承中华优秀传统文化，学校应该是主阵地，教师应该是主力军。我们平桥中学在五年发展规划中明确提出了"走内涵发展之路，建和谐稳定校园，创教育特色品牌"的方针，确立了"和而不同，求实达仁"的办学理念，要以《论语》学习为基点，以提升师生底蕴为目的，弘扬仁义忠恕的儒家精神，提倡爱众亲仁的修身理念，推进诲人不倦的教育作风，培养具有良好国学素养的接班人。

那么如何推进《论语》学习呢？以下是我们学校八年来探索的一些有效做法。

一、确立一个主题

传统文化博大精深，我们只能取其中一瓢来饮。为什么我校选取《论语》学习为突破口呢？首先是我校的历史积淀使然。我校地处农村，历七十余年而活力依旧，实是因为我校长期以来秉持"和而不同，求实达仁"办学理念，坚持"艰苦创业，自强不息，和谐团结，敢为人先"的平中精神，牢记"励志、勤奋、求实、创新"的校训。因为，我们深深地认识到地处乡村，物质条件自不能与城里相比，对师资生源的吸引力也不如城里的学校，唯有和衷共济，和谐团结，实事求是，脚踏实地，方有成功的可能。历代平中人就是这样以不懈努力、实干的精神以及严谨优良的校风学风为社会所认可，而这恰恰与《论语》中孔子的思想一脉相承。其次是教材的安排使然。浙江省新课程改革以来，把《论语》教学安排在高二教材当中，并且在高考语文卷中出了六分的考题，这更激发了全校师生的学习热情。学生能够熟知《论语》，教师怎能不知。再次是校友的捐资使然。1995届校友、51网站董事长庞升东深感《论语》在其创业过程中所起的重大作用，欣然每年捐资十万元，设立平桥中学《论语》基金会，鼓励母校师生努力学习《论语》，为全校《论语》学习的开展提供了资金保障。这正印证了平桥中学办学理念中最终追求的目标"求实达仁"。所谓"仁"，《礼记·经解》中说"上下相亲谓之仁"，老师关爱学生，学生感恩母校，这就是达到"仁"的表现。

二、制定一批机制

有名句说"每一发奋努力的背后，必有加倍的赏赐"。为了更好地激发全校师生学习《论语》的积极性，我们制定了一系列奖励措施，有"平桥中学《论语》学习心得评比奖励机制""平桥中学教师外出考察制度""平桥中学课程开发奖励机制"等。教师在《论语》心得评比中获一、二、三等奖，分别奖励500、400、300元，所有参与者均奖励100元；获评省、市精品课程的，分别奖励 2000、1000 元；专项课题市级结题的，奖励 1000 元；认真听取专家讲座的，每次发 50 元；业绩突出的，组织外出学习交流，已先后组织了四批成绩卓异的教师赴衢州南孔和曲阜孔庙考察；在教职工考核条例中，新增获奖加分事项；学生参加默写大赛、演讲比赛、辩论大赛、研究性学习评比，均给以一定的物质和精神激励。所有这些措施，极大地激发了全校师生的学习和参与热情。

三、营造一种氛围

古人云"近朱者赤，近墨者黑"，又说"蓬生麻中，不扶而直；白沙在涅，与之俱黑"，强调的都是营造良好学习氛围的重要性。我们的整个氛围营造目标是"空中有声、楼上有文、园中有景、手中有书、耳中有音"。所谓"空中有声"，指的是我们在校广播站设立专门栏目，每天播放一则名家学习《论语》心得，以帮助全体师生更好地理解《论语》；所谓"楼上有文"，指的是我们已在教学楼、宿舍楼、行政楼悬挂《论语》名句三百句，让全体师生都能拥有一个良好的学习《论语》的氛围；所谓"园中有景"，指的是我们在教学楼前树立孔子雕像，在校门口放置竖立《论语》标语，让全校师生能够观其像、学其语、悟其思、体其行；所谓"手中有书"，指的是购买《论语》研究专著，每位教师人手数册《论语》，方便教师开展自学和小组合作学习；所谓"耳中有音"，指的是每天都有语文老师在黑板上讲解一句《论语》名言的声音，还有每月组织一次视频播放或专题讲座的宣讲声。

四、设计一串活动

荀子说"不闻不若闻之，闻之不若见之，见之不若知之，知之不若行之"，说的就是实践活动对于学习知识的重要性。为了更好地学习《论语》，我们针对教师和学生设计了不同的学习活动。面向教师，我们设计了"走出去、请进来、坐下去、写出来"的系列活动。所谓"走出去"，指的是分批次组织学习认真教师赴衢州、曲阜参观南孔、孔庙圣地，实地考察孔子文化，感受孔学氛围，这既是对教师学习态度的一种肯定，也是对教师思想灵魂的一次洗礼；所谓"请进来"，指的是与台州学院人文学院及台州市教研室合作，请教授博士特级教师和市内名师来校讲学；所谓"坐下去"，指的是由各教研组每月组织一次自学活动，由我们"《论语》学习协会"负责检查，发给一定的学习经费，以鼓励教师能够潜心学习；所谓"写出来"，指的是进行教师《论语》学习心得评比，实现《论语》对师德的熏陶，《论语》对教学的指导。

面向学生，我们要求我们的学生做到"四能"，即"能背诵、能演讲、能辩论、能探究"。所谓"能背诵"，就是在孔子祭日，举行高二、高三《论语》知识默写填空大赛，这既是对所学知识的一次检阅，也是面对高考的一次演练，可谓一举两得；所谓"能演讲"，就是每年元旦在高二年级举行"读《论语》学做人"演讲比赛，对获奖者除颁发奖状外，还给予《论语》研究名著奖励，以促使他们进一步学习；所谓"能辩论"，就是指在教学过程中针对《论语》高考考题，组织班级辩论比赛，既能充分调动学生参与的热情，又能培养学生的思辨能力，更能锻炼学生的辩说能力；所谓"能探究"，就是使高二学生加强《论语》方面的研究性学习选题研究，既使他们学有所得，又使他们研有所成。

五、探索一套教法

孔夫子开创了"因材施教"教学法，他根据子路、冉有等学生的不同性格采取不同的教学方法。我们针对省定的高二《论语》选修课程，设计了《论语》三课体系，即识记课、理解课、探究课，用于扎实推进我们的《论语》教学。所谓识记课，重在结合课文翻译，弄懂文字意义，找出活用实词，常见虚词用法，特殊句式运用，产于文中成语，以及必背名言，整理编印成册。这样既锻炼了学生的整理能力，又落实了文言知识，可供学生高三复习之用，可谓一举数得。所谓理解课，是因为《论语》是语录体散文，缺少故事情节，也缺少背景介绍，距今已经两千多年，文字变化较大，编者又进行了一定的整编，句与句之间跳跃性很大，学生难以理解。这就要求教师开动脑筋，寻找教材编排的联系点，把所选内容串联成文，使得教学成为一个有机的整体，以促进学生对《论语》的理解。所谓探究课，就是整理高考中出现的探究题，归纳其考查类型，总结其解题思路，对学生进行有针对性的训练，在课内设计相关问题，指导学生进行分析探究，以提升他们的思辨能力。

基于校编的各科《论语》选修课程比较贴近学校学生生活实际，在学生进行选课之后，我们在排定的选修课教学时间内扎实有效地开展教学，采用讲座、讨论、辩论等活动型的课型，实现选修课堂教学形式的多样化。由课程管理委员会全程进行有效管理，并在教学结束后进行必要的考核，赋以学生一定的学分。

六、创建一列课程

布鲁姆说："学习中经常取得成功可能会导致更大的学习兴趣，并改善学生作为学习的自我概念。"学生如此，教师亦然。为了激励教师更为深入地学习《论语》，也为了更好地迎接这一轮新课改，我们与台州学院人文学院加强合作，由他们对我校教师进行课程开发指导，集中各教研组精英力量，开发各科的《论语》选修课程，打通《论语》与各学科的衔接，在高二开展各学科的选修课教学。陈方剑主编的校本教材《〈论语〉学习在平中》《孔子思想比较探究》，陈苏君的《孔子和他的学生们》，张启蒙的《用〈论语〉思想提升数学学习智慧》，葛世杰的《儒学对中国科学发展的影响》，冯柳的《〈论语〉思想在化学教学中的渗透》，陈优文的《〈论语〉与哲学》，资光华的《孔子如何走上神坛》，杨丹的《跟孔子一起周游列国》，王彩敏的《〈论语〉与心理健康》，田爱琴的《〈论语〉中的积极心理学》等十余本《论语》选修教材分别于 2012 年 9 月和 2013 年 8 月由南京大学出版社出版。葛世杰的《儒学对中国科学发展的影响》、陈优文的《〈论语〉与哲学》被评为浙江省第三批网络精品课程，田爱琴的《论语中的积极心理学》、陈苏君的《孔子和他的学生们》、夏春玲的《〈论语〉之"我"见》、何丹丹老师的《百变社会，不变〈论语〉》先后被评为台州市精品课程，可谓是硕果累累。选修课程的开发，既促进了教师更加深入地学习《论语》，又提升了教师的课程开发水平，同时又使学生能够接受更有深度的《论语》学习，从而更好地面向高考。

学习《论语》，我们受益匪浅；学习《论语》，我们甘之如饴；学习《论语》，我们创出特色；学习《论语》，我们一如既往。

跟着孔子学 "人本"

陈慧丽

孔子被后人尊为"万世师表",他在教学方面有诸多独到之处。今天,我要谈的是孔子"以人为本"的教学理念在现代教育中依然焕发着生机和活力。

孔子思想的核心是"仁"和"礼"。"仁"的本质是对人的尊重。《论语•乡党》中有一段话:"厩焚,子退朝,曰:'伤人乎?'不问马。"这虽是生活中的一个细节,但依然让我们感动。在那个物质文明和精神文明贫乏的年代,孔子首先考虑的是人的安危,难能可贵。孔子的这种"以人为本"的思想在他的教学过程中亦得到了充分的体现。基于这一思想而产生的"有教无类""因材施教"的理念,让他的学生人人都学有所长而又各不相同。

身为教师,我们在教学教育过程中也应尊重人的发展,贯彻"以人为本"的理念。

首先,我们要尊重人的认知规律,这是贯彻"以人为本"教学思想的前提。学生的认知有一个由浅入深的过程。就我们语文而言,识记、理解、应用三个能力层级呈递进关系。以文言文教学为例,第一步是要让学生学会读,字面意义的理解是文本理解的前提。古人提倡"文以载道",字面意义理解以后,我们接着往下探索，理解文本背后蕴含的深意，结合作者的身世、当时的时代背景等，更深层次地理解写作目的。文本解读透彻后，我们就要往更高的能力层级去探究。我们可以给学生同一时期相同类型的文本，让他们去探究，指导他们先从文字入手，先从字面理解文本，然后探究文本的思想性，学会比较阅读，从而从根本上掌握文言文解读的方法。

其次，在课堂教学过程中要实行分层教学。每个学生的基础不同、经历不同，所以理解力和接受力不同是事实。我们在教学过程中应该尊重这一事实。受现实条件的限制，学校无法根据学生学科实际掌握情况进行分班。因此，身为教师，我们只能在课堂上进行相对的分层教学。在问题设计时，要考虑到不同学生的不同需求。简单的问题、中等难度的问题、较高难度的问题，在设计时要有相对科学的比例。同时，尽量让学习有困难的学生多回答简单的问题，让他们享受到成功的喜悦，从而激发他们的学习积极性。中等难度的问题多让基础中等的学生回答，较高难度的问题多让学习能力强的学生回答。通过这样的分层教学，每一个层次的学生都能享受到学习的乐趣，从而整体激发学生的学习积极性。

分层教学的本质就是尊重每一个人，尊重作为个体人的特点是"以人为本"教学思想的体现。

再次，在作业布置上，我们也要贯彻"以人为本"的理念，实行分层布置作业。课堂教学要实行分层，作为课堂教学的延伸，作业的布置也要进行分层；否则，我们的教学效果就会大打折扣。分层布置作业时，我们要注意以下问题：一是每个层次的作业一起收发，由专门的学生负责。这样方便教师批改作业，更重要的是，教师对每个层次学生的作业落实情况能够更直观全面地掌握。二是分析作业时要有所侧重、有所兼顾。哪个层级的学生反映的问题较多，我们要有针对性地进行讲解。对于大家都掌握得较好的，则可以简单带过。通过这样的方式，可以让基础不够扎实的学生夯实基础，可以让基础扎实的学生得到较好的提升。这样，全体学生都能学有所得，享受到学习的成就感。

作为学科教师，我们除了教好本学科外，做好学生的思想疏导也是我们不能回避的一个话题。孔子在教育学生时也用了因材施教、因人而异的方法。《论语·先进》中有这样一段话："子路问：'闻斯行诸？'子曰：'有父兄在，如之何其闻斯行之！'冉有问：'闻斯行诸？'子曰：'闻斯行之！'"同样的问题，孔子给出了不同的答案，究其原因是学生的性格不同。子路好勇过人，所以孔子提醒他要问问父兄再行动。冉有畏缩不前，所以孔子鼓励他听到了就要去做。这种因材施教的教育方法的本质就是"以人为本"。我们在教育学生时也要区别对待。对于内向的学生，我们要多鼓励，帮他们树立信心；对于那些好勇过人的学生，我们要挫一挫他们的锐气，以免冲动犯错。唯有如此，才能让学生得到更好的发展。

孔子的智慧和学识何其精深，单这"以人为本"的思想就能让身为教师的我们受益终身。在以后的教学之路上，我将继续追随孔子的步伐，尽自己的努力为学生的发展添砖加瓦。

《〈论语〉选读》教学中材料的
补充和利用

陈铁萍

　　《论语》语言简略，材料零散，缺乏系统，要正确解读文化论著的思想文化内涵，除了科学的立场、观点之外，还要顾及作者的经历、社会状况、文化背景、时代思潮、前人成果、时人和后人的评价、对当代和后世的影响等。作者某些具体观点，往往需要联系其他论述，放在整个思想体系中考察，才能得到准确阐释。因此，对教师而言，备课这一环节至关重要，教师必须通过相关书籍或网络，查找与文段有关的材料，在课堂上做适时合理的补充，这不仅可以提高学生课堂听课的积极性，更可以帮助学生加深对文段的理解，感受孔子的精髓思想，以达到课程标准关于文化论著选读的教学目标。

一、对部分课文注释做更详细的说明

　　《〈论语〉选读》节选出《论语》中的相关语录组成课文。尽管每段语录下既有重点字词解释，又有参考译文，但是在具体的课堂教学中，如果只是一味地朗读文段，参看译文，不仅课堂氛围枯燥单调，而且学生也会觉得乏味无趣。并且部分注释不够准确具体，影响学生理解，需要教师补充材料，做出更加详细的说明。例如教学第二课《克己复礼》，讲到"孔子谓季氏：'八佾舞于庭，是可忍，孰不可忍也？'"时，虽然重点字词解释和参考译文已对"佾"做了说明，但学生对季氏的意图未必全然了解，所以教师有必要引入更为详尽的说明。

季氏，春秋末期鲁国的新兴地主阶级贵族，也称季孙氏。当时，鲁国季、孟、叔三家，世代为卿，权重势大；尤其是季氏，好几代都操纵着政权，国君实际上已在他们的控制之下。鲁昭公曾被他们打败，逃往齐国，鲁哀公也被他们打得逃往卫国、邹国和越国；到鲁悼公，更几乎只挂个国君的空名了。至于"八佾舞于庭"而激起孔子愤怒的这个季氏，究竟是季氏的哪一代？据《左传·昭公二十五年》和《汉书·刘向传》载，这个季氏，可能是昭公，定公时的季平子，即季孙如意。他不仅不把国君放在眼里，而且甚至自比天子，以当时宫廷的舞乐队来说，按制度是：天子八佾（八人为一行，叫一佾，八佾是八八六十四人）、诸侯六佾（四十八人）、卿、大夫四佾（三十二人）。可是季氏却故意打破老规矩，偏要设置六十四人的大型舞乐队，完全是以天子自居，与中央抗衡，这是大逆不道、违礼的行为。孔子是站在维护奴隶制的立场，反对新兴地主阶级的，所以他谈到季氏的时候，就愤怒地说："八佾舞于庭，是可忍，孰不可忍也！"这句话的意思是：如果这件事情能容忍，那还有哪件事情不能容忍！也就是说，这是最不能容忍的事情了。

通过更为详尽的材料的补充说明，学生明白了季氏"八佾舞于庭"是在向鲁国国君及周天子展示淫威，显露犯上作乱之心，是对礼义的公然违背。这显然和孔子的"礼义"思想格格不入，所以孔子以此做反面事例，抨击了僭越礼义的做法，可以引导学生读出孔子愤慨的语气。

二、引入不同译本注释做质疑探究

学习第一课《为政以德》时，就"子曰：'道千乘之国，敬事而信，节用而爱人，使民以时。'"这一语段，课文的参考译文为："孔子说：'治理拥有千辆兵车的国家，办事严肃认真并恪守信用，节约用度并惠爱人民，役使百姓要按一定的时节。'"译文中把"爱人"理解为"惠爱人民"，如果教师不引入不同《论语》译本的解释，学生必然不会对这一解释质疑，只知一味地背诵文意罢了。而《论语》自汉代以来，便有不少人注解它，古今中外关于《论语》的译著，真是汗牛充栋、举不胜举，不同的译著必然会对《论语》某些字词语段做不同的说明，如《论语译注》对这一语段的解释为："孔子说：'治理具有一千辆兵车的国家，就要严肃认真地对待工作，信实无欺，节约费用，爱护官吏，役使老百姓要在农闲时间。'"这两种翻译，最主要的区别在于对"人"的理解不同。《论语译注》中解释该语段时，认为：

爱人——古代"人"字有广义和狭义两种。广义的"人"指一切人群，狭义的人只指士大夫以上各阶层的人。这里和"民"（使"民"以时）对言，用的是狭义。

"爱人"到底是爱护官吏还是惠爱人民呢，能不能再有其他的解读呢？通过教师引入的不同译本资料的不同解释，学生自然会在差别处产生疑问，引出差异进而产生比较，从而激发了学生学习《〈论语〉选读》的兴趣与积极性。

三、结合学习方法整合材料

《〈论语〉选读》教学中应注重培养学生梳理巩固文言文基础知识的能力和文言文的阅读能力，重视从文化视角出发去汲取历史智慧。联系与比较，是文化论著研读的主要方法之一。教师要引导学生自觉运用联系与比较的方法，正确把握孔子的思想内涵。在教学过程中联系的材料可以有多少、深浅上的区别，但无论如何，都应该把联系与比较作为教学的基本要求来对待，使学生能够对此获得一定的体验。

可以是《论语》内部相关材料的联系，如利用教材上其他相应篇目的材料。我在教学《高山仰止》提到孔门十哲时，引导学生联系《诲人不倦》中"从我于陈蔡者，皆不及门也。德行：颜渊、闵子骞、冉伯牛、仲弓；言语：宰我、子贡；政事：冉有、季路；文学：子游、子夏"。在讲到孔子为什么会把特别的爱给特别的颜回时，引导学生联系《诲人不倦》中"子谓子贡曰：'汝与回也孰愈？'对曰：'赐也何敢望回。回也闻一以知十，赐也闻一以知二。'子曰：'弗如也；吾与女，弗如也。'"和《学以致其道》中"哀公问：'弟子孰为好学？'孔子对曰：'有颜回者好学，不迁怒，不贰过；不幸短命死矣。今也则亡，未闻好学者也。'"

也可以是《论语》同其他文献中有关材料的联系，如《礼记》《左传》《易经》《史记》以及后人对《论语》内容的各种解读。在教学《高山仰止》解释题目意思时，可以让学生比较汉儒郑玄"古人有高德者则慕仰之，有明行者则行之"与宋儒朱熹"仰，瞻望也。景行，大道也。高山则可仰，景行则可行"的不同注解。在上《学以致其道》中"攻乎异端，斯害也已"一章时，可以让学生结合朱熹《四书章句集注·论语集注》、蔡节《论语集说》、杨伯峻《论语译注》中的有关论述，来比较人们对这一章内容的不同理解。

四、联系现实补充话题内容

《〈论语〉选读》前言中明确指出，《论语》一书的影响是独一无二的，它的许多基本观念成了整个社会的规范，渗透到政治、思想、文化、心理、习俗等各个方面，人们的言论行为都在自觉或不自觉地受着它的影响。教师引导学生学习的过程中，有必要利用一些材料渗透圣贤的思想，让圣贤的光芒照耀到当代的中学生身上。

比如笔者在教授《高山仰止》时的一个课堂环节是："孔子在我们的眼中确实是一个圣人，但从本文来看，他又确实是个凡人。那么，如何理解'凡'与'圣'的关系呢？"又比如在教授《知其不可而为之》时的一个课堂环节是："桀溺说'且而与其从辟人之士也，岂若从辟世之士哉'，孔子却说'鸟兽不可与同群，吾非斯人之徒与而谁与？天下有道，丘不与易也'，他们的言论表达了他们对现实截然不同的观点态度，你有什么看法？"像这样引导学生联系实际，关心现实，投身社会，提高对社会现象的观察分析能力和解决实际问题的能力。又如在教学《为政以德》一文时，在提到孔子思想积极意义的时候可以引导学生这样理解："足食、足兵、民信"的论断不只应用于国家的发展和安定，同样可以应用于一个地区、一个部门、一个学校的工作。比如说，"足兵"可以看作学校的基础设施和硬件配套的完善；"足食"可以看作单位经费充裕，学校的老师不仅工资能按时发放，福利待遇也要丰厚；"民信"是学校的软环境，领导有能力，威信高，教师就精神饱满，热情高涨。而这篇文章也表现出消极保守的方面：孔子"为政以德"的思想，重视道德是应该的，但却忽视了行政、法制在治理国家中的作用。

再如，孝敬父母，乃普世人伦，尤以中华文化为甚，自古"百善孝为先"。对于"孝"，中国人向来很重视。2008年11月20日北大招生办公室主任刘明利在解读2009年招生政策时特别申明"2009年北大自主招生将不招收生活中不孝敬父母的学生"，虽然社会各界对北大举措有不同评论，但北大倡导当代中学生要有爱心孝心的积极意义是毋庸置疑的。所以在讲解《克己复礼》

一课关于"孝"的内容时，除了理解课文中的几个语段外，有必要补充关于"孝"的相关材料，拓展延伸。

如教师补充许慎《说文解字》关于"孝"的解说："孝，善事父母者。从老省、从子、子承老也。"

"老"，代表着年老的双亲；"子"，代表子女；"老"在上，"子"在下，会合其字即意味着"做子女的，顺承父母，那就是孝"，从行动上来看，"子"背着"老"，含义即说父母年老体衰行动不便，需子女背着代步，其中充满着感恩、报恩、关怀之意。从造字法解读"孝"的内涵，让学生明白何为"孝"。

再者，教师补充孔子关于"孝"的其他言论。

子曰："父在，观其志；父没，观其行，三年无改于父之道，可谓孝矣。"（父母健在的时候，观察他的志向；父母去世了，就要观察他的行为，三年不更改父母的为人之道，那么他的行为就能算是孝了。）

子曰："父母之年不可不知也，一则以喜，一则以忧。"（父母的年纪是不可以不知道的事情，我们一来对他们的寿命感到喜悦，一来又时时刻刻为他们的衰老而担忧。）

子曰："父母在不远游，游必有方。"（父母在的时候，不要出门远游；如果非得要远游的话，就要有一定的方向。）

孟懿子问孝，子曰："无违。"（不要违背父母的意愿。）

孟武伯问孝，子曰："父母，唯其疾之忧。"（对于父母最担心的是他们的身体健康。）

子曰："孝哉闵子骞，人不间于其父母昆弟之言。"（闵子骞是一个真正的孝子，人们不能用言语离间他与父母及兄弟之间的亲情。）

教师在引入上述孔子言论前，可以先让学生说说对"孝"的理解以及自己平时的做法，学生肯定会讲到违背父母意愿和父母产生冲突等生活情景，然后教师再呈现孔子关于"孝"的言论，讲述二十四孝之一闵子骞的孝道故事，引导学生翻译明白句意后，联系自己的生活实际，让学生感受到圣贤的思想，以圣贤孝道来反思自己的表现，指引自己尽孝向善。

五、补充材料应该注意的问题

1. 补充材料要有利于语文素养的形成

补充材料的首要任务是致力于学生语文素养的形成。教师要考虑拓展教学能否开发学生的语言潜能，从而全面提高学生的语文素养。对那些看似补充，实则与语文无关或只是想当然地从某处随意延伸的内容，要忍痛割爱，弃之不要。

2. 补充材料要围绕课堂教学目标

补充材料必须有利于达成这节课特定的教学目标，要体现有效性。否则，再精彩的补充也不过是一种表演或作秀，比作一只"绣花枕头"恐怕并不为过。补充得有依据，补充的内容与所要达成的目标之间得有紧密的联系，与课文之间应存在着"互文性"的关系，是自然的而不是虚矫的，是不露痕迹的而不是强行安插的，它可以有效地帮助学生理解文本，从而有助于发展学生语文能力。

3. 补充材料要有所选择，要适度

人们都知道孔丘先生弟子三千，身通六艺登堂入室者七十有二人。而这七十二弟子中，又以十人尤为杰出。德行：颜渊、闵子骞、冉伯牛、仲弓。言语：宰我、子贡。政事：冉有、季路。文学：子游、子夏。在《〈论语〉选读》10课教读课文中，颜回、子路、子贡三人的相关言语及语段出现的频率较高，且作为孔子的得意门生都各有特点，学生在学习课文过程中，对孔子弟子的了解也是提高学生学习积极性的因素之一。在教学中，仅仅利用课文相

关语段信息让学生了解这三位弟子，显然不能满足学生的求知欲，教师要在结合课内语段内容的前提下，搜索三位弟子的相关资料，帮助学生对三位弟子有更充分的了解，对他们的品性能够有更分明的把握。

像子路，可以说是课文中出现频率最高的孔子弟子，且性格鲜明，教师可以选择一些有关子路的有代表性的材料，让学生对子路形象有更充分更完整的了解。比如，子路对待老师，一方面忠贞不二，极其尊重；另一方面又不像颜回那样对孔子之言"无所不悦"，总取"不违"态度，常提出不同意见。如孔子欲往公山弗扰处为官，子路以为不妥，当面反讥说：没有人用你就算了，为什么要投奔这个叛乱分子呢？只要他认为孔子的言与行有不正确的地方，总是直率地提出批评和反驳。这是子路率直、光明磊落性格的又一体现。另外，子路在政治方面也有杰出才干。孔子设案授徒，辟德行、政事、言语、文学四科，而子路是政事科之优异者。从政治实践看，子路曾数度做官：曾为季氏宰，曾做过卫国蒲邑的大夫，曾做过卫国大夫孔悝的邑宰。可以说子路是学而优则仕的典范，是学习与社会实践相结合的典范，也是学以致用优良学风的践履者。

任何一个孔子弟子，在《论语》中记载的语言肯定是很多的，如果提供的相关材料过多过杂，学生未必能完全记住，而教师有所选择的资料提供，可以让人物的形象更为生动，个性更为鲜明，也使得学生对孔子杰出弟子有了更多的了解，学习他们的优秀品质，进一步激励自己。

当然，材料补充和处理的方向、途径无比广阔，其高度、深度、广度的把握，值得我们教师仔细斟酌，要掌握有效性和适度。否则，就可能吃力不讨好，得不偿失。

参考文献

[1] 靳玉乐．新课程改革的理念与创新 [M]．北京：人民教育出版社，2003．

[2] 黄正瑶．关于语文选修课的几个问题 [J]．中学语文教学，2007（3）．

[3] 周红阳．《〈论语〉》选读》究竟要求学生读些什么——关于《〈论语〉选读》教学的几点构想 [J]．教学月刊，2007（10）．

[4] 周广平，章浙中．《论语》文化意义在教学中的实现——《〈论语〉选读》教学刍议 [J]．教学月刊，2008（9）．

他山之石，攻之成玉

——高中语文课堂学生学习兴趣点的有效激发

陈铁萍

新课程改革以来一直重视师生的双边交流，强调课堂的活跃气氛，要求学生能"自主、合作、探究"。而看看我们现在的语文课堂，很多时候，讲着讲着，课堂这个"舞台"上就只剩老师一个人在"唱独角戏"，学生们都成了"观众"；而且绝对是"冷眼旁观"而非"饶有兴致"。尤其是高二、高三的课堂，因为学生更偏向于理性思维，更"有礼有节"了，不会轻易地"不计后果"地一想到就嚷嚷了。而且，身处农村高中的学生们似乎比较内敛，不像城里学校的那些学生那样，性格普遍比较张扬。

如何改变这样的现状，如何有效地激发学生的学习兴趣，让他们能主动地开口说话，让大家能在轻松、有趣的氛围中学习到更多？下面我就自己平时的探索，结合一堂公开课《诲人不倦》的教学，谈谈我的具体做法，说说我的心得。

一、引入"竞争机制"，激"竞"斗"志"

竞争带来的是压力，但竞争同时带来的还有动力。曾拜读过一篇题为《感谢对手》的文章，在其中我们就能找到很好的佐证，当"竞争"化为"动力"，我们就能创造无限。所以，我们的语文课堂，如果能持续、有序地引入竞争机制，就能极为有效地激发学生的"斗志"，让他们在课堂上有更为精彩的表现，于比赛竞争中思考更多、学到更多。

平时的课堂上，竞争的方式我用得很多。上《诲人不倦》一课时，为了能更好地调动学生的积极性、活跃课堂气氛，我设计了三个环节，在教学过程中，把学生分成两个大的学习小组，整堂课都以竞赛形式展开，在竞赛中落实知识、完成教学。这三个环节我是这样设计的：（1）"你找我说，积累成语"。因为这一课的成语比较多，我在简单地解题导入后，就以"诲人不倦"这个成语作为切入口，设计了"你找我说，积累成语"这个环节，两组分别推选一个选手，互相提问，一组找出成语，另一组解释成语的意思，问倒对方者为赢方。这一环节，既检查了学生的预习情况，又能从一开始就带来活跃的课堂气氛。（2）"你读我听，善意'找茬'"。如果说上一环节是个人能力体现的话，那这一环节是属于集体智慧的展示。（3）"你说结论，我来证明"。这一环节是前两个环节竞争方式的一种综合，在个别发言的基础上，两组同学可以一起来加以补充，有效发言多且证明更严密、更有力的一组胜出。

巧妙而有效地运用竞争机制，让我们的语文课堂充满活力！

二、巧借"美女找茬"，揭"短"逗"趣"

有一款游戏叫"美女找茬"，其实就是将有几处细微差别的两幅图画放在一起让你"找不同"，考你的眼力，考你的反应，很多年轻人都爱玩，还喜欢选择"双人组"进行 PK。没有真正地去参与，只是做一个"冷眼旁观"之人我都能感觉到他们玩时的快乐。因此，我就将这"找茬"游戏巧妙地借用到了我的语文课堂上来，应用于"听、说、读、写"的各个环节，让他们自己互相之间找出对方的不足和错误并互相纠正。用好这种方法，你会发现自己总有意想不到的收获，因为，善意地"揭"别人"短"的同时，学生学习的注意力更集中了，在交流、指正的过程中，发言学生自身的能力锻炼了，变得越来越自信了，其他"听者"的知识水平也得到了很好的提升，有时候还间插着他们因为不同意对方的说法而生发的"情不自禁"的争辩，那收效就更不用说了。

这次《诲人不倦》的这堂课，我便应用"找茬"于"听"的环节，一方读，另一方听，十五则《论语》内容，大家交叉进行，最后一则齐读解决，"读"和"听"都把重点放在字音、朗读节奏、情感表达等方面。这样一来，"读者"用心，"听者"用功，在交流过程中，大家你一言我一语地指出对方存在的不足，揭"短"逗"趣"，其乐融融。

谁说"找茬"就是在找不快乐？！巧用"找茬"于课堂，收获一定满当当！

三、套用"数学证明"，化"他"为"我"

人生简单，从学校毕业，又回归学校工作，每天看学生埋头做题，总能回想起自己的求学时光。作为文科生的我，数学成绩一般般，让我花苦功夫的是数学，让我"愁眉紧锁"的是数学，让我"为伊消得人憔悴"的它啊还是数学，可真正让我"得意忘形""喜形于色""笑逐颜开"的它也仍是数学！至今都还清晰地记得上高中时解答证明题的那种感觉：为证明一个已知的结论，自己是花尽心思，有时候是"愁眉紧锁"一节课、两节课，而当茅塞顿开、结论真正敲定的那一刻，那种快乐是不言而喻的，极有成就感！

我想让我的学生在我的语文课上也能品味到这种快乐、享受到这种成就的快感。而试看我们的语文课堂，讲解、赏析一篇文章，很多时候，其实也都是在解决"为什么"，有时候是一个"为什么"，有时候会是几个"为什么"，这就和数学课上的证明题很相似。所以每次布置学生预习新课文，我都喜欢引导学生试着去多问几个"为什么"。就像这篇《诲人不倦》，我就设计了两个"为什么"：（1）为什么要"诲人"？（2）"诲人"为什么要"不倦"？在这堂课的第三个环节，也是最主要的环节中，我就从这两个问题出发，让学生试着运用数学证明题的思路，从原文中找依据，并试着列出解题步骤来。通过讨论，最后在多媒体白板上形成了以下两个证明题的解题过程。

1. 证明

∵教育能够改变一个人（"性相近也，习相远也"）

又∵教育的目的在于"移"（改变），大部分人还是可以"移"的（"唯上知和下愚不移"）

∴要"诲人"

2. 证明

∵教育对象广（"有教无类"）

教育内容多（"子以四教：文，行，忠，信。"）

教育方法活（"教学有法，教无定法"，启发式教学、激励式教学、因材施教等）

教育作用久（"十年树木，百年树人"，教育要产生作用，需要很长时间）

……

∴"诲人"要"不倦"

新颖的证明题的形式，引发了学生莫大的兴趣，学生们睁大眼睛、开动脑筋主动积极地去课文中寻找依据，相互竞争又通力合作，课堂上气氛热烈而又秩序井然。套用"数学证明"，化"他"

为"我"，取人之长，补己之短。

四、有趣"板书设计"，增"光"添"彩"

一堂好课，拥有流畅的教学过程、融洽的师生合作很重要，但如果能再配以合适而有趣味的板书，那就会更加完美。有时候，整个教学过程可能会随着时间的流逝而被学生遗忘，一个恰到好处而又有趣味的板书却能让学生记忆深刻。一个好的板书实际上就是整堂课的精华所在，记住了板书，其实就等于是记住了这节课的精华。所以，一直以来，我都很注重教学板书的设计。

比如《诲人不倦》这堂课，我就在小结过程中最后总结出这样一个板书模式：

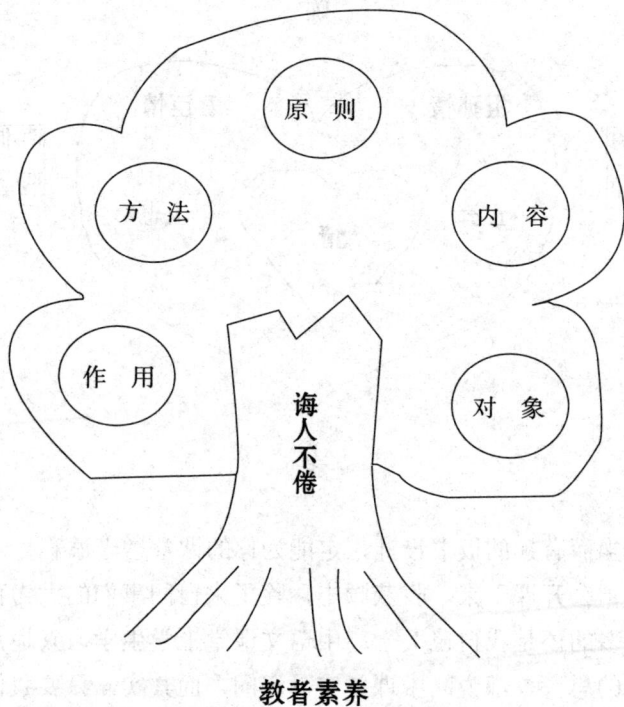

原 则

方 法　　内 容

作 用　　对 象

诲人不倦

教者素养

同时配以这样的结束语：

我们只有本着"诲人不倦"的教育态度，了解教育的作用，遵循教育的原则，熟悉教育的对象和教育的内容，掌握教育的方法，不断提升自身的素养，这样，才可以使自己长成参天大树，结出累累硕果，让学生可以从我们身上汲取养料，让自己在"桃李满天下"的同时真正做到"青出于蓝而胜于蓝"。于教者而言，孔子说"有教无类""诲人不倦"；于我们学者而言，我说我们也当"有学无类""学而不厌"。希望大家能以更加积极的心态去面对今后的学习。

又比如在教《陈情表》时，我就最后总结出这样一个板书，让学生牢牢抓住一个"情"字，看李密如何拿"情"做文章。

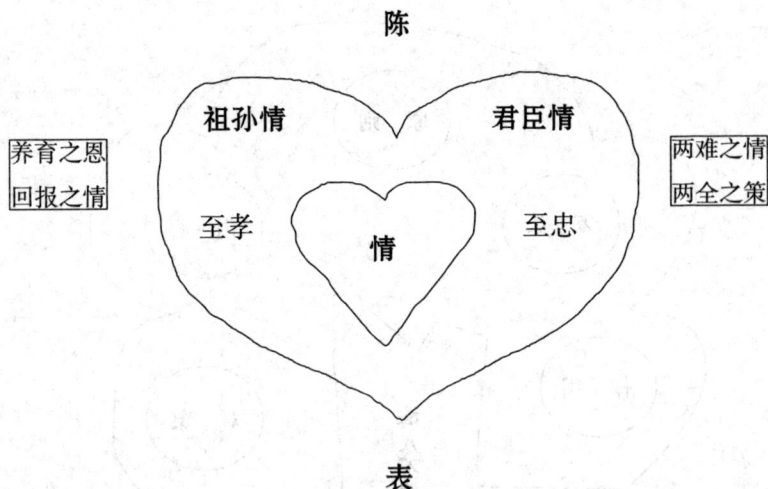

陈

养育之恩
回报之情

祖孙情　　　　君臣情

两难之情
两全之策

至孝　　　情　　　至忠

表

恰当而有趣的板书设计，定能为你的课堂增光添彩！

一堂公开课下来，收获颇丰，除了来自同事们的大力肯定之外，更多的还是我自己关于高中语文课堂上学生学习兴趣点的有效激发的思考。都说高中课堂容易沉闷，而其实，只要我们肯努力，肯下点功夫，舍得花一点心思，我们同样可以让学生享受"童真课堂"的快乐，我们的课堂同样也可以如春花般灿烂、美丽！

参考文献

[1] 浙江省普通高中学科教学指导意见（语文）[M]. 杭州：浙江教育出版社，2012.

[2]《论语》选读 [M]. 北京：语文出版社，2010.

[3] 普通高中课程标准试验教科书语文（必修五）[M]. 北京：人民教育出版社，2008.

无"读"不"丈夫"

——关于《〈论语〉选读》的预习指导

陈铁萍

一、标题含义

"读"就是"阅读","丈夫"就是"大丈夫","无'读'不'丈夫'"就是说"不阅读就无法知晓孔子的大丈夫之志"。该标题让学生明确一点:学《论语》过程中,"读"很重要!

二、设计缘由

预习的作用:凡事预则立,不预则废。学习也不例外。预习好处多多,它有利于培养和提高自学能力,有利于提高听课的效率,有利于巩固所学的知识,有利于扭转学习被动的局面,它可以提前消灭听课中的"拦路虎",可以提高听讲水平,还可以提高笔记水平。

高中生的认知特点:高中生认知活动之一——思维已基本趋向成熟,抽象逻辑思维明显占优势,并向理论型抽象逻辑思维发展，辩证思维基本形成，思维的完整结构基本形成、并趋于稳定。

浙江省新课程实施第一阶段，笔者就带过了一届，自己思考和实践过，稍有心得。

三、具体做法——以《知其不可而为之》为例

学习《论语》就是要不断地读，只有肯下功夫、用对方法，多读多思考才能够有所悟、有所得。

1. 一"读"品字词，落实基础促复习

这一"读"，读基础。《论语》是语录体，口语化、生活化的特点很明显，与《史记》等文言文相比较而言，学生理解起来要更方便些，更何况课文下面还加有注释和参考译文，学生要理解个大概根本不成问题。但是我认为，不管多简单，《论语》终究要归入文言文中去，它的口语化特点更能反映出古人的说话方式（《〈论语〉选读》课本第二课"课文解读"题目第三题中也明确提到要学生明确《论语》特殊的语言现象）。既如此，那不妨让学生学会用它来落实我们平时一直在强调的文言文基础知识，且能切实做到新旧知识的联系。

以 14.21《陈成子弑简公》这一章为例，学生预习过程中可以落实以下这些"点"：

①实词——弑、讨
②虚词——而（"沐浴而朝"）
　　　　　之（"请讨之""之三子告"）
　　　　　夫（"告夫三子"）
　　　　　以（"以吾从大夫后"）
③句式——"告于哀公。"（状语后置句）
　　　　　"之三子告，不可。"（省略句）

④翻译——要让学生做到不看注释，直接看原文就能做到字词落实、准确翻译

⑤内容理解——要学生能概括章节的主要意思（如：孔子"请讨之"而不得）

做到这一步，对文本本身进行了深入的理解后，学生上课接受起来就容易多了。

2. 二"读"析意义，串联问题巧解读

这一"读"，读深入。在上一个环节落实的基础上，这一环节要求学生试着自己就文本内容提一些问题，而且尽量让自己的问题能串成一个"问题链"，更好地去理解文本。这一个环节在具体操作时我让学生分两个层次来进行。

第一，以章节为主体，就每个章节的内容，多问几个"为什么"。

仍以 14.21 这个章节为例，可以形成以下几个问题：

①"陈成子弑简公"，孔子为什么要"告于哀公"而且还"沐浴而朝"？

②孔子是知"礼"之人，为什么在向哀公报告时却说"陈恒弑其君"，直呼陈成子其名？

③哀公和三子均不同意，孔子为什么要一再强调"不敢不告"？

每个章节经过这样一梳理，定能领会得更为深入。

第二，以全课为主体，从题目出发，多问几个"为什么"。

①"知其不可而为之"，谁"为"？"为"什么？

②"知其不可"，"不可"体现在哪里？

③孔子为什么要"知其不可而为之"？（孔子"知其不可而为之"的精神实质是什么？）

通过这样几个"为什么"的提问，文本内容的整体把握基本不成问题了。在这基础上就可以进行下面的预习工作了。

3. 三"读"联实际，辩证思考谈见解

"读"《论语》、"谈"《论语》，最终的目的是要"悟"《论语》，用《论语》的思想来促进自身的进步。这一个环节在具体操作时我也让学生分两个层次来进行。

第一，多联系高考实际，以高考命题方向和命题形式为目标进行思考。

这做法比较"急功近利"，但也无可厚非。毕竟，从近了说，学《论语》对学生最直接的影响就是高考的那一道默写题和那 4 分的两个思考题。默写题是"死"的、不可变更的，就是考记忆；而 4 分的思考题是"活"的、相对开放的，它只要求学生能从所给材料出发形成自己的观点，且能自圆其说即可。正因为这样，所以学生在谈自己见解的时候就有了很大的灵活度，可以是正面的，可以是反面的，当然也可以是中立的，只要能有足够的理由来证明自己观点的正确性即可。

还以《知其不可而为之》为例，2009 年《考试说明》高考样卷中就出过一个题目：

阅读《论语》中的文字，然后回答问题。（4 分）

（桀溺）曰："滔滔者，天下皆是也，而谁以易之？且而与其从辟人之士也，岂若从辟世之士哉？"

……

夫子怃然曰："鸟兽不可与同群，吾非斯人之徒与而谁与？天下有道，丘不与易也。"

（1）你认为楚狂接舆会赞成谁的观点？颜回会赞成谁的观点？

（2）你赞成谁的观点？为什么？

第（2）题参考答案：

——我赞成孔子的观点。

①孔子的言论反映了儒家改革社会的良好愿望和积极入世的

思想。儒家不倡导消极避世，正因为社会动乱、天下无道，才更需要有志之士为改革社会现状而努力，这是一种以天下为己任的责任感和忧患意识。

②假如乱世之中，人人明哲保身，那么乱就得不到抑制，其乱更甚，知其不可而为之实则体现了一种承担、奉献和牺牲的精神。

③人生中总会遇到各种看似"不可为"的难题，倘若都以退避的姿态对待，问题永远存在，"为之"才有希望。

——我赞成桀溺的观点。

①乱世之中，不能靠一己之力来改变社会，这是必须正视的现实，这一点上不能自欺欺人。

②明知不可为而为之，精神虽然可嘉，但事实上是时间和精力的无谓浪费。

③洁身自好、修身养性、保存实力，以待治世，这在乱世中不失为一种以退为进的方法。

第二，多联系生活实际，以体现和实现《论语》的现实意义为目标进行思考。

《论语》上了中央电视台，成了"百家讲坛"中其中的一坛"好酒"；《论语》进了校园，成了高中新课程改革实施第一阶段中的语文选修教材，我们学校在校友的赞助下成立了"《论语》协会"……现在社会大谈《论语》，极力推广《论语》，因为《论语》中的许多思想很有现实意义，多联系生活实际，能更深切地体会《论语》中的精髓。当然，没有什么东西可以永久性地"放之四海而皆准"，社会是不断发展变化的，而且我们也都知道"尽信书不如无书"，所以，解读《论语》，也一定要有与时俱进的思想，要多联系生活实际，辩证地看待《论语》中的观点，"取其精华"实践之，"去其糟粕"避免之。做到了这一步，学习《论语》的真正目的也就完全达到了。

以上是以《知其不可而为之》为例，教学生如何去预习课文，这个方法同样适用于其他各篇。当然由于学生的学习水平和学习能力存在个体差异，不一定所有学生都能做得这么好，能够三步完全到位，但通过这样的指导，学生至少能明确学习的方向，不会再像"无头鱼"一样，茫然不知所措。能力强的，想得多些、深入些，能力稍弱的，想得少些、浅层次些，只要是思考了，就定会有所得。在这样预习的基础上，每篇课文老师再花一两节课加以点拨，然后辅以练习加以巩固，定能收到更好的效果。

参考文献

[1] 浙江省普通高中新课程实验语文学科教学指导意见 [M]. 杭州：浙江教育出版社，2007.

[2]2009 浙江省高考考试说明（语文）[M]. 杭州：浙江省教育考试院，2009.

"读"出《论语》的风采

陈 优

第十八次台州市青语会课堂教学研讨会已经拉下帷幕，但是《论语》教学带给我的启发却久久地留在了我的脑海中。尤其省特级教师肖培东的《诲人不倦》课堂教学给人印象颇深，感触颇多。他对《论语》的处理是"文""言"并重，非常注重诵读。

"读"出《论语》之美，笔者觉得这是一个很好的方法，但这却也是我们很多高中老师容易忽略的地方，所以，如果老师引导得好，学生就能在读中积累，在读中质疑，在读中领悟，在读中提升。

一、读准字音，读出音韵美

传统的教学，在我们的印象中可能就是"摇头晃脑""书声琅琅"。确实，朗读是语文教学的宝贵经验。《论语》作为一种经典，它首先是文言文，字词的讲解和文意的疏通肯定是必要的基础，所以首先学生在自读时，老师要引导他们读准字音。在读准字音的基础上反复诵读，古人说"书读百遍，其义自见"，正是这个道理。

与西方的语言不同，字正腔圆的汉语在平仄起伏、抑扬顿挫方面有着独特的音韵美。学生只有在诵读中才能领略这种音韵美，从而领略母语文化之美。

二、读出节奏，读出结构美

《论语》的节奏之美，无论从全文的篇章结构组织上，还是从单个章节本身，都体现得淋漓尽致。

从全文的篇章结构组织上，全文大多采用"某某曰"（其中"子曰"最多）开头组织成章。《论语》二十篇五百一十二章中有二百六十多章可见这种结构形式。《〈论语〉选读》第一课开篇第一句，"子曰：'为政以德，譬如北辰。居其所而众星拱之。'"就是这种形式结构的段落。还有全文中很多处采用问答式跟总分式，节奏清晰，结构明朗。

从单个章节角度，各章节短小简洁。句式多以三、四、五、六言结合运用，长短结合、整散结合，丰富多样，综合运用排比、比喻、对比、对偶、反问、顶真等多种修辞手法，再加上虚词的巧妙运用，叠词的灵巧衬入，使文章读来极具节奏美、结构美、音乐美。

三、读出情感，读出趣味美

《论语》是记载孔子言行、兼及部分弟子言行的一部古代语录体著作，上面也有提到很多章节都是采用"问答式"，所以《论语》不是死板的理论教育，很多时候它展现给我们的是一个活生生的课堂，是有情境的。师生之间的互动，老师的点拨，学生的顿悟，师生的语气变化如在眼前。下面是肖老师《诲人不倦》课堂教学的片段。

师：除了启发式，还有其他教学方法吗？

生：还根据学生的不同特点因材施教。

师：哪些例子体现了因材施教教学方法？

生：第11.22章。

（学生齐读这一章）

师："求也退，故进之；由也兼人，故退之"是什么意思？

生：冉求做事畏缩，所以要促一促他；仲由勇气过人，所以要压一压他。

师（启发学生思考）：孔子对冉有和子路的语气一样吗？

生：不一样。

师：应该是怎样的语气呢？

生：对冉有，激励他做事要果敢；对仲由，暗示他做事不要冲动。

师：我们知道了孔子对两位学生的语气是不一样的。下面请同桌进行对话表演，一个读学生"冉有问、子路问"的内容，一个读老师"子曰"的内容。先练练，等会，我们请同学来读读师生对话。

（学生演练，都很投入，先请一组女同学演读，再请一男同学点评。主要问题是"如之何其闻斯行之？"的反问语气没有读出来。然后请一组男同学演读，比上一组好，但是还是对子路回答时的反问语气不够强。通过对比演读，学生体会话语中的丰富情感。）

（教师先范读，学生再齐读。稍有进步。教师要求他们再来一遍，学生读得又整齐又响亮，语音里包含着提高自我的成就感。）

师：可见对同一问题，孔子的回答怎样？（学生大声回答：不一样！）孔子真正做到了因材施教。不仅因材施教，而且因人而答。

从这个片段我们不难看出，在肖老师的循循善诱下，学生经过反复诵读，揣摩，真正融合进《论语》的课堂，真正品读出了

《论语》的情趣美。

四、读出智慧，读出思想美

《论语》教学，如果把"文"跟"言"在课堂教学上的时间平分秋色，那肯定是个失败的课堂。"言"，文字的疏通是切入点，关键是"文"，要让学生在"言"的基础上纵向挖掘，挖出《论语》的智慧，挖出《论语》的思想，挖出《论语》的人文内涵，挖出《论语》的深层文化。

《〈论语〉选读》总共十五课，学科指导意见规定上十课，若只停留在文言文的层面，那是远远不够的，每课包含的思想简单概括有这么几个角度：《为政以德》《知其不可而为之》《克己复礼》三课从政治角度阐述孔子德政、礼治及为政的态度，《仁者爱人》《君子之风》从修身角度阐明君子的人生价值观，《周而不比》则表现人际交往观，《诲人不倦》《沂水春风》《高山仰止》则是从学习和教育角度表现教育观，《中庸之道》则从哲学高度对为人处事的原则做了一个总括。

单单一本选读，就涉及方方面面，《论语》全书，更是涉及哲学、美学、政治学、伦理学、教育学、诗学、史学、宗教学等多个领域。我们只有由"言"及"文"，读出文字背后的思想，才算真正品读了《论语》。

《新课程标准》也指出："要让学生充分地读，在读中整体感知，在读中有所感悟，在读中培养情感，在读中受到感情的熏陶。"只有反复诵读，才能读出论语的音韵之美、结构之美、情趣之美、理趣之美。

敢问路在何方?

——新一轮改革下《〈论语〉选读》的复习决策研究

陈　优

一、八面来风

1. 浙江省深化普通高中课程改革方案

2012 年 6 月 18 日省教育厅正式发布《浙江省深化普通高中课程改革方案》，要求各校开发选修课程，建立和实行选课走班制度。原"选修 IA"和"选修 IB"课程模块列入知识拓展类选修课程，形成必修课程与选修课程结构合理、层次递进的课程格局。

《浙江省普通高中知识拓展类选修课程实施方案》中指出，必修拓展课程是必修知识的拓展与延伸，旨在为学生进一步学习打下扎实的基础，主要从国家选修课程模块中选用语文学科，详见下表。

科目	课程模块参考目录
语文	★《〈论语〉选读》★《外国小说欣赏》《中国古代诗歌散文欣赏》《中国现代诗歌散文欣赏》《语言文字应用》

注：每个学科前两个带 ★ 的选修模块列入高考自选模块考试范围。

此方案一出，就意味着 2012 年入学，2015 年参加高考的学生在《〈论语〉选读》和《外国小说欣赏》这两门课程的学习上会与之前几届的学生不同。《〈论语〉选读》上不上？怎么上？一时之间高二的老师们备受困扰。像以往一样上吧，不太现实，这里已经表明这两门学科是高考自选模块，主要是考重点的学生考查的内容，如果是重点率不是特别高的学校，为了小部分学生的考试而要求大部分学生跟着学这块内容，对其他同学来讲可能是种负担，倒不如省下时间精心准备学业水平考试。如果不上吧，又觉得可惜，毕竟一个承载了传统文化，一个支撑起了现代文阅读。反倒是重点率高的学校没有困惑，因为它们考重点的多，自然大家都要学；重点率低甚至接近于零的学校也没有困惑，因为它们考重点的少，自然是不用学的。再加上高二语文学科的学业水平考试的压力，所以，很多中间档的学校在徘徊中妥协，最后是《〈论语〉选读》《外国小说欣赏》让位于学业水平考试，被隐没于高二的课堂教学中。

2. 浙江省教研员谈高考命题方向

《〈论语〉选读》如果只是 IB 模块的同学考，那么原先出现在考卷中的论语试题会采用怎样的新题型？各校老师在拟语文试题的时候几乎都会思考这个问题，但样卷没出来，大家都只能靠猜测，但一般认定是不会出选择题，因为走在改革前沿的上海和江苏，他们的高考卷中选择题明显比其他省份的少，而主观题则偏多。综合各校的试题可发现，大家猜测的题型中最流行的是微作文，很多老师觉得微作文既具语言运用题的功能，又具作文的气质，可以多角度考查学生。

但是在一次教学研讨会中，省教研员胡勤老师说这一块的命题方向仍是传统文化，不一定是《论语》，也可是《庄子》或《孟子》等，但还是要考查学生对传统文化的理解与分析，注重文化思考。这使得高中老师的备考有了一个相对明晰的方向，有种豁然开朗的感觉。

3. 浙江省 2015 年普通高校招生考试试测语文试题

2015 年普通高校招生考试试测语文试题一出，又在紧张而又平静的高三复习中激起了一层涟漪，原因就出在第 23—24 题上，题目如下：

阅读下面的材料，完成 23—24 题。（5 分）

子路曰："卫君待子而为政，子将奚先？"子曰："必也正名乎！"（《论语·子路》）

孔子赞《易》曰："善不积，不足以成名。"于《孝经》曰："立身行道，扬名于后世。"于《论语》曰："君子去仁，恶乎成名。"又曰："君子疾没世而名不称焉。"圣人以名立教，未尝恶人之名也。（清钱大昕《十驾斋养新录》卷十八）

23. 分别解释上面两则材料中"名"的含义。（2 分）

24. 根据上面两则材料，简析孔子对"名"的看法。（3 分）

刚明了考传统文化的导向，测试卷一出，不禁又起波澜，纷纷问道：《〈论语〉选读》到底考还是不考？

二、寻津探路

2017 届高三的《〈论语〉选读》考查已明确与传统的考法一样，所以《〈论语〉选读》改革的变化主要指向于 2015 届和 2016 届考生。基于学情的不同，笔者认为两届高三的复习决策也应不同。

1. 2015 届复习对策——以不变静观其变，由《论语》走进传统

2015 届考生作为新课改的第一批实践者，《〈论语〉选读》

虽没有像以前那样按行政班模式学习，但在知识拓展类选修课中也通过选课走班的方式学习过，虽然效果依赖于各校实践新课改的力度，但多多少少总有些效果。现在样卷并未出台，我们并不能确定论语题还是旧题型；再者，一般次年的样卷是头一年高考的备用卷，在这改革的分水岭上，如果还是沿袭这个做法，我们也不能从样卷中看出什么。但无论如何，眼前的教师不应被2015年普通高校招生考试试测语文试题打乱阵脚，我们可以静观其变。它若不考论语题，我们的考生自不必担心；它若真的有考的意向，我们也不怕，我们在第二学期时可以对学生进行《论语》探究题指导，先让学生通读文本，会翻译，能理解大致意思，然后分类汇总，对孔子的主要思想从治国、待人、修身、教学几个方面进行梳理，再将孔子思想与诸子思想进行比较。

（1）《论语》主要思想的梳理

治国：为政以德、富民教民、轻徭薄赋、节约用度、选贤举能。

修身：克己复礼、重视秩序、恪守本职、推崇孝悌、执着理想、言而有信、忠恕待人、博爱众生、不拘小信、坚守正义、安贫乐道、以仁为任。

待人：周而不比、矜而不争、严于律己、以直报怨、以德报德、把握分寸、以文会友、以友辅仁、恪守中庸、以和为贵。

教学：有教无类、因材施教、启发诱导、举一反三、公正公平、知错就改、循循善诱、师生平等、鼓励学生。

（2）孔子思想与诸子思想的比较

儒家与道家：

儒家积极入世，追求理想，有责任感，但有时活得太累；

道家消极避世，追求自由，享受快乐，但有不负责任之嫌。

儒家与法家：

儒家以德为政，有耻且格，但失于宽容，教化效果有待商榷；

法家依法治国，秩序森然，但失于苛酷，仁义道德难免丧失。

儒家推崇周礼，彬礼崇德而不切实际；

法家因时而变，灵动务实但不免激进。

儒家与墨家：

都拥有一颗爱心，都具有很强的责任感，都具有献身精神；

儒家的爱为君王服务，有等级，推己及人，有先后；

墨家的爱为百姓服务，无偏颇，一视同仁，无差别。

孔子追求理想多无奈，有人情有人性；

墨子追求理想多乐观，有信心有侠心。

孔子与弟子：

孔子更有大局观，注重本质，注重理论，更为灵活；

弟子更多特长性，注重拓展，注重阐述，稍显僵硬。

孔子与后世儒学：

孔子追求中庸，讲究平等，恪守本职，颇具人性；

后学推崇专制，突出君权，三纲五常，灭绝人性。

（3）《论语》探究题答题思路

概括题：联系材料，寻找共性，参照简列，进行概括。

比较题：辩证分析，比较优劣，参照简列，进行阐述。

评析题：提出观点，辩证评点，扬长避短，总结收尾。

经过这样的梳理，我们以孔子思想带动诸子百家的主要思想的梳理，如果真如教研员所说的方向命题，考查传统文化，那我们的学生到时也是"胸有成竹"，大致知道答题的方向，而不是不知所措，茫茫然做叹息状。

2. 2016 届复习对策——任尔东南西北风，咬定《论语》不放松

走过 2015 届的迷惘，2016 届的备考相对来讲思路就较为清晰了。无论"风"往哪边吹，我们都坚定不移地把《〈论语〉选读》在高二时整本上完。每一课不仅落实字词、翻译、理解，并且把

每课的评析题整理出来，供学生交流、讨论，然后呈现答案，梳理答题思路。做到课课落实，毫不放松。

这样的复习思路是有备无患的，把《论语》的基础夯实，那么学生理解传统文化就有了底气，也许做不到举一反三，但不断地练习，也会做到触类旁通。再待 2015 届高考试题出炉后，可以重新调整思路，看在高三时花更多时间在《论语》上还是诸子思想上。

近几年高考的命题，强调传统文化，注重文化思考，突出生活关联。从这个层面分析，不管是从语文的工具性出发，功利地求高分，还是从语文的人文性出发，浪漫地讲做人，图立德树人，学《论语》是有效结合这两大目标的完美交点，这也许是改革绕了一圈，又将《〈论语〉选读》放回原位的原因之所在吧。所以，2016 届的老师们，莫犹豫，大胆地将《〈论语〉选读》进行到底吧！

品读经典，传承文化

——以《论语》为例谈"传统文化"类学习任务群的实践

陈　优

　　为优化内容结构，促进高中教育与高考改革对接，教育部于 2014 年 12 月全面启动对 2004 年开始施行的《普通高中课程标准（实验）》的修订工作。修订后的普通高中语文课程由必修、选修 I、选修 II 三类课程构成。明确必修内容（水平 1—2）为高中毕业要求，选修 I（水平 3—4）为高考要求，选修 II（水平 5）为高校自主招生或其他要求。在三类课程中分别安排了七项学习任务群，三类课程的任务群有交叉有不同。面对改革，如何把三类十五个学习任务群高质高效地完成，如何实现教考对接协调，把提高学生语文素养落到实处，是每位语文老师首要思考的问题。

　　"传统文化"类学习任务群的"传统文化经典研习"安排在选修 I 课程中，"传统文化专题研讨"安排在选修 II 课程中。传统文化经典有很多，先秦诸子作品、《史记》等史传文学、《诗经》、楚辞、汉魏歌赋、唐诗、宋词、元曲、明清小说这些内容都属于传统文化经典之作，如何选择教的内容，那就要结合各省高考要求及学校特色、学生兴趣等因素来决定。基于浙江省的高考要求、教材体系和我校的论语特色，本文以《论语》为例谈谈我对"传统文化"类学习任务群实践的一些想法。

一、立足于《〈论语〉选读》，窥经典之貌，品传统之美

《〈论语〉选读》这门课程从作为 IB 选修课，在高考语文考卷中占一席之地，到退出高考统考试题，只在自选综合题中出现，经历了取取舍舍。现在《〈论语〉选读》作为"传统文化经典研习"系列选修课的一种，该学习任务群的核心目标是培养正确解读和批判继承传统文化的能力。要真正把这个目标落到实处绝非易事。我想我们一方面是面向高考，从识记课、理解课、探究课三类课型并进；另一方面，要做的就是让学生抛却前人的思想束缚，用自己的眼睛，用自己的心去发现，由《〈论语〉选读》这个点联系《论语》整本书这个面，体悟孔子思想的精髓，使学生得以一窥经典之貌，品味传统之美。

（一）课内激趣，还原孔子真实面目

"半部《论语》治天下"，在传统的意识中，人们总觉得《论语》是很多封建帝王奉为圭臬用来治世的工具，对普通人来说遥不可及。孔子在历史上那些老学究的熏陶下成了不食人间烟火的古板迂腐之人；其实，孔子也有血有肉，有七情六欲，我们可以从他的嬉笑怒骂中窥见他的喜怒哀乐。《〈论语〉选读》中并不缺乏这样的篇章。

第八课《周而不比》中，如果按陈旧的古板的思维看这个问题，那么，满口仁义道德的孔老夫子似乎应该赞成"以德报怨"，然而，我们在简短的对话中发现孔子既不赞成"以怨报怨"，也不赞成"以

德报怨"，提倡"仁者爱人"，但并不丧失原则，去原宥所有的过错。所以在学过这篇之后，学生普遍对孔子有了新的认识，孔子的形象顿时鲜活起来。

又如第十二课6.28章，面对学生子路的区区"不悦"，孔子就对天发誓澄清自我，大家看完都不禁失笑。再如，学生的离去犹如要了孔子的命，他不仅哭，而且表现出过哀"非夫人之为恸而谁为？"孔子的至情至性在此体现得淋漓尽致。

一千个读者有一千个哈姆雷特，只有激发起学生阅读经典的兴趣，才能让学生真正探究《论语》的奥妙，体会中华文化的博大精深。

（二）课外延伸，激发学生阅读经典

《论语》教学在夯实基础的前提下，又要适当延伸。延伸的目的：一是使学生更好地理解课本所选的句段；二是拓宽学生视野，激发学生阅读兴趣，引发学生对《论语》经典的原著的探究，在阅读时做出自己的判断。

例如，在执教第十二课《高山仰止》的时候，可以穿插这么个小故事。

鲁国之法，鲁人为人臣妾于诸侯，有能赎之者，取其金于府。子贡赎鲁人于诸侯，来而让不取其金。孔子曰："赐失之矣。自今以往，鲁人不赎人矣。取其金则无损于行，不取其金则不复赎人矣。"

子路拯溺者，其人拜之以牛，子路受之。孔子曰："鲁人必拯溺者矣。"

孔子见之以细，观化远也。

从表面上看，子贡和子路两人都做了好事，子贡不接受报酬是高风亮节，子路接受了有违"拾金不昧"的传统美德，但是从事件的长远影响看就完全不同了。子路受而劝德，子贡让而止善。

正因为孔子看事情看得深远，所以他的学生才会有"高山仰止"的赞叹！此类蕴含着人生智慧的高见妙语在原著中俯拾即是，原著的编排也自有它的道理。课本只是一个端点，由课本到原著，激发学生内心的阅读经典的欲望，才能真正学习中国传统文化经典作品，培养古汉语语感和审美趣味，提升对祖国文化的认同感和自豪感，更好地继承和发扬中国传统文化。

读《论语》，读原著，以课本为端点，由点到面，重塑自我的精神境界，探究文化经典的魅力。也许你会发现"越是真理越明了，越是大道越简捷，真理往往平凡得像阳光、空气和水。找不到的时候，觉得真理那么神秘、那么奥妙、那么高不可攀。一旦找到，就会觉得它是这么亲切、那么平凡，时时刻刻就在你的身旁"。

二、提升于自编《论语》教材，探经典之髓，承文化之脉

"传统文化经典研习"和"传统文化专题研讨"两项学习任务群在名称和内容上有一定的相同之处，但是具体内容、学习要求和实施方法有所差别，不仅是简单的重复。"传统文化经典研习"比较关注内容覆盖面；"传统文化专题研讨"则是选择若干专题在某些点上深入钻研。

（一）着眼"专题"，系统构建《论语》选修课程

"传统文化专题研讨"任务群可落脚在教师自主开发的选修教材上，教师依据传统文化学习内容、学生兴趣、学习资源储备情况等确定专题内容，一般一门课程3—4个专题。其实选修课程的开发，体例的设置、专题的选定最为关键。

以《论语》为例，如果从对话主题内容角度，可以分仁、义、

礼、孝等专题；也可以分社会、自然、自我、他人等专题；也可以分政治、经济、处世、治学等专题。

从思想文化比较角度，可以与道家、墨家、法家、杂家或后世儒家等分专题进行比较。

从孔子的弟子角度，可以按德行、政治、言语、文学分专题；也可以按照学生从学时间的早迟来分，以子路为代表的第一批，以颜回为代表的第二批，以曾参为代表的第三批。

从孔子的角度，可以研究他的嬉、笑、怒、骂；也可以根据时间研究他的少年、青年、中年、晚年；也可以分析他的贬与抑、落魄与安逸、无奈与坚定。

专题确定好了，选材编写就有了方向，研讨也有了主题，一切都会有章可循。

（二）侧重"探究"，纵深挖掘传统文化内涵

学生在前面"经典研习"任务群里已积累了一定的文言文阅读能力，所以"传统文化专题研讨"任务群则是在此基础上进一步提高学生的文言文阅读鉴赏能力、问题探究能力和表达交流能力，在阅读与研讨的过程中继承、反思和创新。简单来说，"研习"是基于面上的视野拓宽，"研讨"则是基于点上的思维加深。

学生可以借助研究《论语》的基础书籍，如杨伯峻的《论语译注》、李泽厚的《论语今读》、钱穆的《论语新解》，对比各家的注释做好读书笔记，或借助互联网查阅相关资料，形成自己一家的看法，为开展专题研究做好准备。紧接着，展开专题探究，可根据老师的选题展开，也可有自己选择的一些专题，去寻找孔子思想的精髓，在古代的影响，对现代的借鉴意义，以发展的眼光看待传统文化，评价其积极意义；也可探究孔子思想的局限性，以开放的心态审视传统文化；也可用高校的一些自主招生题作为参考展开探究；还可对名家研究展开对话进行质疑。探究方式可

以多样，可以在传统授课探讨中展开，也可以以活动课或辩论赛的形式展开，探究成果可以以小论文的形式呈现。总之，通过多种途径开展文化专题研讨，纵深挖掘传统文化内涵，最终提高学生自身的探究能力、鉴赏传统文化作品的能力。

以上是本人结合本学科教学改革的动向，以《论语》为例谈的对"传统文化"类学习任务群的实践的一些想法。另外，我想说几点《论语》特色在校发展的一些不成熟的建议。我校《论语》特色工作开展得有声有色，在整个台州市甚至全省范围内有一定的知名度，系列精品课程、讲座、公开课、演讲比赛无"孔"不入，全校师生引以为傲。热闹以后，下一步该怎么走，如何进一步推进特色，也是我们思考的问题，在此献上两点小小的不成熟的想法。

1. 有序推进《论语》整本书阅读

2016—2020 学年，五年时间，《论语》二十章，每年读四章，每学期读两章，校本培训主题围绕这两章内容；教师心得评比在四章中统一明确一个大主题几个参考小主题；每个月全校一句《论语》名言，一年十句，五年五十句，以小目标带动大目标，真正把《论语》落到实处。

2. 把论语精神渗透到跑操文化中

跑操不仅是锻炼身体，更主要是锤炼意志，展现青年学生的精神风貌。跑操比赛时各班都有自己的独特口号，我觉得把我校的《论语》特色文化和各班的班级特点结合起来，在他们的口号中融入《论语》文化，这样不仅能展现各班级的精神气质，也更能彰显我校儒学浸润下的校园文化。

改革路、创新路上，且教且学，且学且思，且思且行。

问渠哪得清如许，为有源头活水来

——谈《论语》在写作教学中的运用

陈 优

　　"无米之炊"是高中生写作普遍遭遇的困境，巧妙地化教材为素材就是解决这一困境的好方法。笔者在教授《〈论语〉选读》时，其中一个环节就是《论语》名言的积累，对其思想的挖掘。我们对经典著作的欣赏绝不能止步于阅读，欣赏应该经历阅读—鉴赏—模仿—创作这样的一个历程，只有把文本的精华内化到自己的写作中，才算是真正学会了欣赏。

　　《论语》作为儒家至高无上的经典之作，它的思想内容、价值取向对中华民族的思想观念产生了根深蒂固的影响。大至齐家、治国、平天下，小至修身、养性、学习、交友、处世，它的思想渗透到政治、经济、教育、文学、史学、哲学、艺术、宗教等方方面面，至今对中国甚至全世界有深远的影响。宋代赵普说："半部《论语》治天下。"确实，《论语》中蕴含了很多对我们有启发的思想。如果我们能好好利用，深度挖掘，它就能成为学生写作的"源头活水"。

一、巧"联"，拓宽思维的深度

在写作教学中，笔者专门开设了时事评论写作专题，要求学生联系《论语》中的名句来评论社会时事。用历史眼光和现代观念探究文化论著，审视社会现实。这样既可以拓宽学生的视野，也可以培养学生将人生道理和社会人生相互观照的思维习惯。下表为笔者在教学实践中所做的联系。

《论语》名言	社会时事
君子喻于义，小人喻于利。	郭美美事件。 国美电器（董事长）黄光裕案。
孝悌也者，其为仁之本与。 今之孝者，是谓能养。至于犬马皆能有养。不敬，何以别乎？	"空巢老人"现象。 王凯兄弟载母华夏游。
克己复礼为仁。	家乐福踩踏事件。
知之者不如好之者，好之者不如乐之者。	菲尔普斯以游泳为乐趣，成为泳坛奇才。
人而无信，不知其可。	"三鹿奶粉"事件。 信义兄弟。
问仁。子曰："爱人。" 仁者安仁，知者利人。 博施于民而济众。	长江大学三名大学生为救两个落水者献出生命； 地震、海啸中的救助、支援。 白菜爸爸、最美妈妈等。
无欲速，无见小利。 欲速则不达，见小利则大事不成。 不义而富且贵，于我如浮云。	"大黄鸭"事件。

二、妙"引"，增强论辩的力度

构思时能联想，这是第一步，下笔时能妙"引"，会分析，才能真正完整地表达自己的看法，透彻地展现自己的思想。"引"，不仅使学生的文章更有文采，而且能使论证更有力度。

1. 让《论语》中的名言为"我"代言

当《论语》中的名言恰恰直接指向于新闻事件时，我们就可以让这句名言为我们代言，让它直接成为新闻事件评论的观点。

在郭美美微博炫富事件中，学生做出了这样的评论：

子曰："君子喻于义，小人喻于利。"郭美美微博大胆炫富，其拜金主义的大动作是否巧合地顺了孔子的话？古语亦云，唯女子与小人难养也。又是否只有女人与小人拜倒在钱权的石榴裙下？我看并非如此，郭美美事件揭露的并不仅仅是她个人或与红十字会弥漫的一种浮躁、金钱至上的风气。近些年，贪官被查，"我爸是李刚"等事件连续不断。随着舆论监督渠道的不断完善，各种社会问题被放大来看的同时，我们个人是否又省视过自己的道德观、价值观呢？在经济科技高速发展的现代社会，我们需要一涌清泉汩汩注入，成为滋润心灵的强大动力。只有这样，我们才能拥有诚信和谐的美好生活。

这段评论学生直接用名言做观点，简洁有力，非常自然地联系新闻事件阐述自己的道德观、价值观，

2. 让《论语》中的名言成为观点的注解

时事话题千变万化，《论语》名言是不可能全部对应得丝丝入扣的。这种情况下，不应削足适履，而应灵活处理，让《论语》中的名言成为自己观点的注解。

在"大黄鸭"事件中，学生做出这样的评论：

霍夫曼所创造的大黄鸭在短短 52 天里就带来了 2 亿元的经济消费是一个经典案例。在现在金钱至上、商业至上的社会中，这种创意的闪光难能可贵。如果霍夫曼在设计的开始就将目标放在商业和金钱上，他难道还能创造出令各个国家人民都如此喜爱

的大黄鸭吗？反观部分国人，不思创新，别人创造，我就山寨，制造出各种令人哭笑不得的"大黄鸭"。子曰："不义而富且贵，于我如浮云。"孔子在几千年前就发出了这样的感慨。我们这些后人就不应该去学习一下吗？如今社会上很多人为了金钱，什么都敢做，违背自己的良心甚至违背法律去追求富贵，这是不可取的。追求利益固然无可非议，但一定要懂得"见利思义"！

为何我们就无法创造出这样的作品呢？其中一个原因是部分国人懒于创造，热衷于跟风。子曰："无欲速，无见小利。欲速则不达，见小利则大事不成。"眼里只有利益，怎会有自己的"大黄鸭"？急功近利，怎会有创造？作为90后，作为社会主义的又一代接班人，我们应尊重知识，勇于实践，让创造在社会中蔚然成风，实现"Made in China"到"Created by China"的跨越。

在这篇习作中，学生所引用的《论语》名句并不能直接作为评论的观点，所以在引出新闻事件及自己的观点后，作者在段中自我植入，巧妙地把名句作为自己观点的论据，不仅增加了文章的文采，而且使自己的论证更有说服力，增强了议论文论辩的力度。

《论语》是一座宝库，从不同的角度可以汲取不同的营养。作为选修教材，它在高考中最主要考察的题型是论述题，这种题型考的也是学生对经典著作的解读、思辨能力。其实，如果我们学会"用一朵云推动另一朵云"，相信《论语》也可以在写作课上占有一席之地，相信学生的写作水平也会因此而更上一层楼。

学生自主来探究，欲与名家试比高

——《论语》比较阅读教学模式新探

陈 优

一、教学理论的背景

《论语》作为儒家至高无上的经典之作，它的思想内容、价值取向对中华民族的思想观念产生了根深蒂固的影响。大至齐家、治国、平天下，小至修身、养性、学习、交友、处世，它的思想渗透到政治、经济、教育、文学、史学、哲学、艺术、宗教等方方面面，至今对中国甚至全世界有着深远的影响。

当儒学经典纳入新课标规定的选修课程中的"文化论著研读"系列，作为浙江省普通高中语文选修 IA 系列的第一种时，面对距今已有两千多年的《论语》，学生和教师虽在潜移默化中有所接触有所了解，但对它毕竟还是有些陌生，再加上材料零碎，篇目多，时间紧，还有选修与必修的定位不同等问题，我们教师该如何设计教学模式就成了一个大难题。教研室编写的《〈论语〉选读模块教学指导意见》中提供了六种课型（教师串讲课型、主题讲座课型、读书报告课型、评点交流课型、课题报告课型、作业练习课型）来帮助一线教师的课堂教学。这六种课型是根据平时文言文教学的习惯，遵循选修课程的教育目标，借鉴各地选修课教学的成功经验而设置的，笔者在此六种课型的基础上结合本校的选修课教学，对自主探究比较阅读教学模式进行了探索。

二、教学模式的构思

比较阅读教学模式的构思源于于丹的走红。于丹并非儒学大师，但是走上百家讲坛后，她的《论语心得》首印就近百万册，还有南怀瑾、李零，他们并非硕学鸿儒，却拥有大批读者。原因何在？主要是他们的解读将千年经典与当下结合，结合自己的人生经历阐发哲理，有自己独到的见解。那么学生在解读原著的过程中能不能写像这一类的心得感悟呢？虽然他们并不具备那些名家的高度，但是或多或少必然有自己的看法。再加上这些名家也都是阐述一家之言，意见分歧也比较多，那么学生就可以对名家言论进行自主质疑和比较，在比较中提高阅读能力。所以提出"学生自主来探究，欲与名家试比高"这样一个主张，主要希望学生能够在自主探究过程中提高解读和批判继承传统文化的能力。

当然比较阅读模式对学生也提出了一个较高的要求，那就是学生要在短时间内充电，除了对课本内容先进行理解，有必要的基础铺垫，再通读《论语》及其他相关的一些资料。我想这本来应该是大多数教师在展开课堂前要做的功课，但是教师的阅读并不能代替学生的钻研体验，实践已证明如果仅靠老师去"灌"，结果可能是事倍功半。当然，阅读需要时间，对课业压力较大的高中生来说，这也是一个难题。我校历来都非常重视学生自身的阅读，每周二下午都安排一节阅读课，这为比较阅读教学模式的运用奠定了良好的基础。课前老师可先列一些书目，如：何晏的《论语集解》、朱熹的《论语集注》、杨伯峻的《论语译注》、钱穆的《论语新解》、南怀瑾的《论语别裁》、于丹《〈论语〉心得》、李零《丧家狗——我读〈论语〉》等,高二学生就可以借助学习《〈论语〉选读》这个契机,以书本为出发点,根据自己的能力和兴趣有选择地去读,从而走进《论语》,解读《论语》,理解《论语》。

三、比较阅读法的课堂应用

比较阅读比什么?如何比呢?

1. 比较翻译,参与争鸣,提高文言阅读的能力

以课本第八课《周而不比》16.4章(孔子曰:"益者三友,损者三友。友直,友谅,有多闻,益矣。友便辟,友善柔,友便佞,损益。")为例。问:关于"友便辟,友善柔,友便佞",于丹教授的观点和课文的解说不同,她在《于丹〈论语〉心得》中说,"什么是友便辟,就是性情暴躁的朋友","第二种叫作友善柔。这个正好反着,这个不是脾气特别暴躁的朋友,是脾气特别优柔寡断的朋友","所谓友便佞,这是最坏的一种朋友。大家都知道佞臣之说,佞,就是那种心怀鬼胎的,有心计的,要以一种不择手段的方法去谋取个人利益的小人"。你觉得谁的解说更符合孔子的本义?请说说你的理由。

课本参考的是杨伯峻《论语译注》的翻译。孔子说:"有益的朋友有三种,有害的朋友有三种。跟正直的人交朋友,跟诚信的人交朋友,跟博学多闻的人交朋友,便有益了。跟献媚逢迎的人交朋友,跟态度伪善的人交朋友,跟夸夸其谈的人交朋友,便有害了。"两相比较,学生基本上都能从"损友"是"益友"的对立面去理解。"直:正直","谅:诚信","多闻,博学多闻(重在实才)",那么,"便辟"就是"直"的反义,意为"献媚逢迎";"善柔"是"谅"的反义,是虚伪;"便佞"是"多闻"的反义,就是"言

过其实、夸夸其谈"。那么，于丹教授的解说是不够正确的。

像这类的例子还有很多。再如教学第二课《克己复礼》3.1章（孔子谓季氏："八佾舞于庭，是可忍也，孰不可忍也？"）的时候，对"是可忍也，孰不可忍也？"一语的理解，教科书上的注释为"如果这都可以容忍，那还有什么不可以容忍的呢"，而杨伯峻、南怀瑾的注释为"这样都可以狠心做出来，那么还有什么事情不可以狠心做出来呢？"我们可以把两种解释都呈现给学生，让学生自己亮出观点，参与争鸣。

又如教学第八课5.17章（子曰："晏平仲善与人交，久而敬之。"），对其中"久而敬之"的"之"的理解，代词在语病题里经常出现指代不明的情况，这个句中"之"字所指代的对象历来也有两说：一说是指晏子，一说是指晏子所交之人。我们可以让学生来分析一下哪种说法更为合理。学生或从《周而不比》的其他几章，像4.26"事君数"章、12.23"子贡问友"章，或联系孔子的其他有关交友、处世的言论，或从集解、集注中查找其他名家的观点，再通过自己的头脑加工比较，最终形成学习主体真正属于自己的判断。

这种比较翻译的阅读模式，其实有些类似古人阅读《论语》的方式，训诂、章句、正义、疏证、集注、集解这些中国古代读经方法的陌生名词倒是引起了学生浓厚的兴趣。《论语》若要深读精读，读了朱熹的《论语集注》，最好能读何晏所集的古注，然后再读刘宝楠编撰的清儒注。不读何、刘两家注，不知朱注错误处，亦将不知朱注之精善处。但对于学生来说，鉴于时间和基础水平有限，就不需要仔细研究朱熹或者何晏等人的注本，而可以在翻译出现争论的地方拿这些作为参考。学生可以选择杨伯峻《论语译注》或者孙钦善的《论语注译》，杨伯峻的非常适合初学者，语言通俗易懂，能让人快速了解孔子的理论思想。孙钦善这本书名气虽不是很大，但注释比较精练，也比较准确，特别是他很注意辞语互见，常用《论语》本身解《论语》，对互关系注得比较细。教材中的注解和译文与前面这些注疏多有矛盾之处，这就为学生提供了开展比较阅读的舞台，学生如果能够借助这些注疏梳理已有的定论，或者卷入曾经的争辩，能够积极表达自己的想法，形成一家之言，那么对提高学生的文言阅读能力无疑是有很大帮助的。

2. 比较句读，质疑课本，激起思想碰撞的火花

这里说的一例，是对于第五课《仁者爱人》10.17章（厩焚。子退朝，曰："伤人乎？"不问马。）的研究探讨。杨智智同学表述了她的理解："我觉得这一章体现了孔子"仁"的精神品质，体现爱人思想，他家里的马棚失火被烧掉了，当他听到这个消息后，首先问的是人有没有受伤。他只问人，不问马，表明他重人不重财，十分关心下面的人。我觉得这是中国自古以来人道主义思想的发端。"

但是张潇逸同学却站起来质疑："马棚失了火，孔子问人不问马，似乎是很符合我们这一课的标题中所包含的'仁者爱人'的理念，但我觉得真正的'仁者'应该对世间万物都有仁爱之心。而且本课7.27章中又讲到'子钓而不纲，弋不射宿'。在杀生问题上，孔子是十分节制的。孔子钓鱼的时候，不用大绳系网，以免将鱼一网打尽；孔子也不射击归巢歇宿的鸟。用现代理念来阐述，有点'可持续发展'的味道。对于动物，孔子也抱有仁爱之心，应该说思想境界绝非常人所能及。那么，这两种说法之间是否存在矛盾呢？"

张潇逸此语一出，课堂上掌声雷动。不用说，他的文本前后联系的能力是强的，他对《论语》7.27章的现实意义的解读是独到的，这就给人很有力之感。他的发言激起了思想火花的碰撞，引领大家进入了探讨当中。于是陆蒙华同学就质疑起了文本的句读。他认为，这一则改为如下标点会更妥帖些："厩焚。子退朝，

曰：'伤人乎？''不（笔者按：'不'通'否'）。'问马。"差别在于，前者"不问马"为一句，后者将"不问马"标断。这一细小的变化，使意义有了明显不同，对比如下：

（1）厩焚。子退朝，曰："伤人乎？"不问马。译文：马棚失了火。孔子从朝廷回来，问道："伤了人吗？"不问马。

（2）厩焚。子退朝，曰："伤人乎？""不。"问马。译文：马棚失了火。孔子从朝廷回来，问道："伤了人吗？"（回答说"没有。"）接着询问马的情况。

按照前一种标点，孔子只关心人的伤亡，对马的伤亡则不闻不问。那么，孔子的仁爱就显得有些狭隘。

按照后一种标点，孔子既关心人的伤亡，也关心马的伤亡，只不过先人后马，先重后轻，这样理解的话，孔子仁爱之心所涉范围就更加宽泛。

古代文献没有标点，这恰恰给了学生个性化解读的空间，现代出版的《论语》读本都是按第一种，两相比较，学生们却都更偏重后一种标点。《普通高中语文课程标准》把个性化阅读作为"阅读与鉴赏"的目标 3 提出："注重个性化的阅读，充分调动自己的生活经验和知识积累，在主动积极的思维和情感活动中，获得独特的感受和体验。学习探究性阅读和创造性阅读，发展想象能力、思辨能力和批判能力。"的确，一千个读者有一千个哈姆雷特，每个学生的生活经验、知识积累不同，那么对文本的解读也就会不一样，像张潇逸这样有较强文本前后联系能力的和陆蒙华这样有质疑和探究精神的学生正是个性化阅读的很好体现。通过这些我们也可发现，比较阅读法正好与个性化阅读的理念相吻合。

3. 比较解读，质疑名家，攀登自主探究的高峰

这一部分，笔者推荐学生参阅南怀瑾的《论语别裁》，这本书在台湾一印再印，很多人以为，它是《论语》通俗化的范例。

因为通俗，学生读起来很轻松，且其中旁征博引均以历史故事为主，所以学生对此兴趣非常浓厚。也正因为通俗，正因为其中历史故事颇多，作者在串连历史故事与《论语》时，免不了在吸引读者兴趣与名著文化内涵把握上会出现比重失衡；再加上"别裁"本身就意味着是个人一得所见，漏洞还是比较多的，所以学生可以带着兴趣比较此书与其他的注释书籍，质疑名家的论断，扬起自主探究的风帆，探索《论语》的深层文化内涵，形成自己独到的解读。

例如课本第六课《君子之风》6.23章："子曰：'知者乐，水；仁者乐，山。知者动，仁者静。知者乐，仁者寿。'"

南怀瑾先生对这句话做如下解释：

这几句话，一般的人说，"知者乐水"的意思是聪明的人喜欢水，因为水性流动。"仁者乐山"是说仁慈的人喜欢山。如果这样解释，问题大了。套用庄子的口吻来说，"知者乐水"，那么鳗鱼、泥鳅、黄鱼、乌龟都喜欢水，它们是聪明的吗？"仁者乐山"，那么猴子、老虎、狮子都是仁慈的吗？这种解释是不对的。正确的解释是"知者乐，水。"知者的快乐，就像水一样，悠然安详，永远是活泼泼的。"仁者乐，山。"仁者之乐，像山一样，崇高、伟大、宁静。这是很自然的道理，不是我故意做此解释的。

为什么不是我故意的？再看下文就知道，他说"知者的乐是动性的，像水一样。仁者的乐是静性的，像山一样"。这不是很明白吗？硬是断章取义，说"知者乐水"是喜欢水，"仁者乐山"是喜欢山，这是不对的。有些人的学问修养，活泼泼的，聪明人多半都活泼，所谓"杨柳岸，晓风残月""滚滚长江东逝水"就是这么个气魄，这么个气度。仁慈的人，多半是深厚的，宁静得和山一样。千万不要跟着古人乱解释：聪明的人一定喜欢水，仁慈的人一定喜欢山。那问题就很大了。

这一部分第二段历来好评不少，但第一段的阐释，学生根据自身所学知识单从语法上去判断，一眼就能看出其中的谬误。"知者乐水"是主谓宾结构，主语为"知者"，传统解释为"聪明的人喜欢水"，而南怀瑾先生却把此语理解为"乐水者知"，主语就变成了"乐水者"，在这里他偷换了概念。主语被偷换了，解读的大前提就发生了变化，于是也就有了"鳗鱼、泥鳅、黄鱼、乌龟都喜欢水，它是聪明的吗？"这样的错误反驳。像这样的对话学生尽管能发现，但毕竟与名家抗衡需要一些勇气，所以当出现分歧的时候，可以比较其他的注疏或集注给自己以理论支持，使学生的个性化解读来得更有信心，更愿意去探索。这其实就是在质疑中比较，在比较中前进。

四、关于比较阅读的思索

优异的语文成绩得益于自觉广泛的阅读。比较阅读教学模式从学生主体出发，以书本为出发点，使其根据自己的能力和兴趣有选择地阅读相关书籍，当自己的意见与课本或名家见解出现分歧时，就大胆地进行质疑、探究，对同一经文从翻译到解读借助其他注疏进行比较，形成阅读主体自己的判断，或在课堂上发言交流，也可形成阅读专题论文或总结。目的在于锤炼学生的自主探究性阅读习惯和方法，促成学生由每周一课的阅读向自觉阅读的飞跃。

通过师生课堂上的实践，比较阅读法的运用对提高学生语文素养的作用是非常明显的，《〈论语〉选读模块教学指导意见》里把学习要求分为基础要求和发展要求。"基础要求"指名句名段背诵积累、重点字词句段的翻译、课文内容的解读等难度稍低的要求。"发展要求"主要指初步理解《论语》文化内涵，探究传统文化对人生和社会的影响及作用。比较翻译，比较句读就是从基础要求出发，而比较名家解读则是从文化传统的评析与传承角度来探究文化内涵。其实，就算是翻译、句读的比较，归根结底，语言文字的理解只是基础，文化内涵的探究才是结果。

比较阅读法作为自主探究教学理念的一种探索型教学模式，更具有个性化色彩，也更能激起学生学习的主动性。当然在具体操作的过程中可以结合《指导意见》的六种课型来实施，特别是评点法，因为比较本身就会有自己的评点在里面。我们的学生有了"与名家试比高"这样的实践与探索，必然可在自主探究中促成学生的阅读成为自觉，在不断的比较中深入挖掘《论语》的人文内涵，在不断的比较中拓展思维空间和提高阅读质量。

参考文献

[1] 普通高中语文课程标准 [M]. 北京：人民教育出版社，2003.

[2] 钱穆. 孔子与论语 [M]. 台北：台北联经出版事业公司，1974.

[3] 南怀瑾. 论语别裁 [M]. 上海：复旦大学出版社，1996.

[4] 李零. 丧家狗——我读《论语》[M]. 太原：山西人民出版社，2007.

从"巧言令色"说开去

何丹丹

子曰:"巧言令色,鲜矣仁。"我们一般的理解都是说孔子认为那些花言巧语、工于辞令的人,很少是仁德的。以此来说明儒家崇尚质朴,认为做人应脚踏实地。所以尽管是被称为孔门十哲、"受业身通"、儒商鼻祖、以三寸不烂之舌改变天下格局的子贡在我们看来在孔子面前仍是不受待见的。

子贡问曰:"赐也何如?"子曰:"女器也。"曰:"何器也?"曰:"瑚琏也。"(《论语·公冶长》)瑚琏,乃古代祭祀时盛黍稷的尊贵器皿。一般比喻人有才能,可担大任。于是子贡飘飘然,却不知孔子是在说他内心空虚。因为孔子还说过:"君子不器。"(《论语·为政》)器者,形也。有形即有度,有度必满盈。故君子之思不器,君子之行不器,君子之量不器。因此,有人认为在孔子的心中,子贡是算不上君子的。

然而,这是否说明孔子是不讲究辞令,不讲究语言艺术的呢?事实恰恰相反。孔子周游列国十四年,游说各国国君,宣扬自己的主张,靠的是什么?首要的当然是辞令。那么孔子是如何运用辞令的?孔子讲"礼",因为"礼"能保持自己独立的尊严,同时使他人愉悦。孔子一生致力于建立自己的学说,宣扬自己的主张，他又怎么会由此来驳斥自己的呢？所以，我们是否可以如此肤浅地去理解他的"巧言令色，鲜矣仁"呢？

巧者，巧妙；令者，美好。能够致力于巧妙的语言，美好的辞令，自然更能让人变成他所想要变成的样子，这就是语言的魅力。所以就短期效果而言，语言的技巧是很有用的。但是也正因为如此，使得众人容易掉入这样一个陷阱——只去追寻外在的修饰，而忽视内在的修养，所以仁德就变得稀少了。由此，我们可以把这句话理解成是孔子警戒弟子的一句话。对于子贡，孔子也是如此。一方面他认为子贡可担大任，另一方面又怕子贡忽视内心对"仁"的追求而变成一个实实在在的政客，所以时时敲打，以示警戒。

陈亢问于伯鱼曰："子亦有异闻乎？"对曰："未也。"尝独立，鲤趋而过庭。曰："学诗乎？"对曰："未也。""不学诗，无以言。"鲤退而学诗。他日又独立，鲤趋而过庭。曰："学礼乎？"对曰："未也。""不学礼，无以立。"鲤退而学礼。闻斯二者。陈亢退而喜曰："问一得三。闻诗，闻礼，又闻君子之远其子也。"（《论语·季氏》）对于老师唯一的儿子，学生心中总是会想：老师对自己的孩子是否会有一些特别的教导呢？陈亢最终得出的结论是"闻诗，闻礼，又闻君子之远其子也"。也就是说，孔夫子并没有偏爱自己的孩子，他教学生的和教自己的孩子完全是一样的，就是要"学诗""学礼"。因为"不学诗，无以言""不学礼，无以立"。也就是说，不学诗，就不懂得怎么说话；不学礼，就不懂得怎样立身。这里的"诗"，特指《诗经》。孔子曾说："诗三百，一言以蔽之，思无邪。"也就是说，《诗经》三百篇，用一句话来概括，就是思想纯正。所以孔子将《诗经》作为启蒙教材，认为学诗，有助于完善人格，提高修养，养浩然之气。而礼，指《礼记》，其中记载和论述了先秦的礼制、礼仪等，孔子认为一个人只有学会礼仪规矩，才能在社会上有立身之处。可见，孔子认为一个人应内修外养。所以，他所谓的"巧言令色，鲜矣仁"也并不是对工于辞令的否定。因为，一个懂礼的人本来就应斟酌辞令，从而在保持自身尊严的同时亦使他人身心愉悦。

而工于辞令，首先要注意的就是我们该什么时候用辞令，其次才是如何用辞令。子曰："侍于君子有三愆：言未及之而言谓之躁，言及之而不言谓之隐，未见颜色而言谓之瞽。"（《论语·季氏》）也就是说，侍奉君子要注意避免犯三个错误，还没有问到你的时候就说话，这叫急躁；已经问到你了却不说，这叫隐默；不看君子的神态而贸然说话，这叫盲目。可见，说话是一门艺术。要想把话说好，首先得知道话该在什么时候说。我们很多人总是急于表达自己的观点，一逮到机会就滔滔不绝说个不停；或者怕承担责任，该说的时候也不说；或者不分场合，说些不合时宜的话。所以，孔夫子短短二三十字的话，体现的却是原则性和灵活性的统一。所谓的原则性，就是以上所说的我们应在保持自身尊严的同时亦使他人身心愉悦。所谓灵活性，就是指真正的圣人是不会给自己画一个圈将自己绕住的。如《论语·颜渊》曾记载："司马牛问仁。子曰：'仁者，其言也切。'曰：'其言也切，斯谓之仁已乎？'子曰：'为之难，言之得无切乎？'"《论语·阳货》记载："道听而途说，德之弃也。"由此种种可见，孔子认为说话应该谨慎，应该真实可靠。但是否会因此而导致世人走向另外一个极端呢？就以上《论语·季氏》中之言可知，我们既要学会给别人说话的机会，学会做一个好的听众；又不能瞻前顾后，该表态的时候就要表态；同时还要学会换位思考，要站在对方的立场看问题，体谅对方的感受，比如参加寿庆、婚礼等欢庆的典礼，我们自然会说上一些吉利的祝福的话而并不觉得虚伪。子曰："可与之言而不与之言，失人；不可与之言而与之言，失言。知者不失人，亦不失言。"（《论语·卫灵公》）也就是说，可以同这个人讲的话，你却没有讲，这是失掉这个朋友；不可以同这个人讲的话，你却告诉他了，这是说错话。所以，有智慧的人在与别人交谈中，能够做到既不失去朋友，又不说错话。可见，无论是在工作还是生活中，我们都应注意自己的一言一语，这说的不是我们不该说话，而是我们要知道自己该在什么时候说话。

其次，该如何运用辞令呢？这就涉及我们语文学科四大核心素养中的"语言建构与运用"的问题。语文是一门古老的学科，因为其古老，往往被赋予了太多的责任。在现实的语文课堂中，我们不乏看到有些老师把语文课上成了班会课、品德课、心理健康课等。为了给语文正名，最近又提出了语文学科的四大核心素养：语言建构与运用、思维发展与提升、审美鉴赏与创造、文化传承与理解。然而我们认为，唯"语言建构与运用"是语文课堂之要务，其余三者其他学科亦有其功能。

作为一门古老的学科，其根源可追溯到西周的官学教育和春秋、战国时期的私学教育中的"言语"课程，其中《周礼今注今译》中认为，"言语"是两种"说"的方式，"言"是"直说己事也"，"语"是"为他人说话也"。也就是说，语文学科原本是一门教人说话的学科。然而现实的情况却是，《普通高中语文课程标准（实验）》将"阅读与鉴赏"的要求细化成12点；将"表达与交流"的要求细化成9点，其中前6点是针对写作而言的，后3点是针对口语交际而言的。可谓用心良苦！但在《浙江省普通高中语文学科教学指导意见》的具体课时分配中，我们可以看到每一个专题对于阅读和写作均有了课时分配，唯独没有对口语交际做课时分配。是编者在制订指导意见的时候根本就没有考虑到要给口语交际的教学分配具体的课时，还是我们该另作他解？由此造成的结果是，在现实的操作中，《普通高中语文课程标准（实验）》对口语交际的要求是形同虚设的。就我们选用的苏教版语文必修的五本教材中，也仅仅在必修四最后出现一处"口语实践"，此处还是作为"写作指导：演讲稿，写给听众"的附属出现的。《浙江省普通高中语文学科教学指导意见》在本专题的课时分配中的原话是这样说的:"本专题一共 2 课时,可用于机动或'写作'。"在必修模块共 180 课时中,勉强可以"机动"作为"口语实践"的仅占 2 课时,其地位可想而知。

2013 年 10 月 24 日,在第四届全国"新语文教学"尖峰论坛中,特级教师袁湛江老师在推出一节《口语训练——复述》课后曾发出了震撼人心的三问:"中国语文教学最严重的问题是什么?学生最缺少的是什么?我本人能做的是什么?"他说:"这三者的交点就是口语训练,在我们目前的课堂教学中这不能说是空白的,但可以说是苍白的。"针对这样的现状,袁老师用近十年的时间来致力于口语训练的教学,并对此进行了系统的研究,编写了《中学生汉语口语教程》,填补了中学口语教学的空白。这样的前辈是令我们尊敬的。在敬佩之余我们也确实看到了口语训练在我们高中语文课堂的缺失,或者说无序。

同是语言学科,我们看到学生学习英语的尴尬是会写不会说,被戏称为"哑巴英语"。然而,回顾自己,我们同样看到的是"哑巴语文"。我们的学生不会表达、不善于表达。由于不善于表达、不善于沟通造成的心理问题乃至社会问题也是层出不穷的。如清华、复旦的投毒案,如马加爵等,这些涉事学生不可谓不优秀,不可谓不善于学习,但是由于他们的学习仅停留在"阅读"吸收层面,其造成的后果是学生情感细腻、思想丰富,而不善于交流表达,他们的思想就得不到与他人的碰撞,从而无从判断自己思想的正误。久而久之,造成了人格上的不健全。

以读促写,以写促说,我们语文老师往往寄希望于学生自己的感悟。可宋人陈辅说:"万卷书谁不读,下笔未必都有神。"同样万字言学生可能会写,但出口亦未必都有神。叶圣陶先生说:"国文教学不再像以往和现在一样,让学生自己在暗中摸索,结果是多数人摸索不通或是没有去摸索;而将使每一个人都在'明中探讨'，下一分功夫，得一分实益。"同样，我们的口语交际的教学也应在"明中探讨"。"我们愿意竭尽我们的知能，提倡国文教学的改革，同时给青年们一些学习方法的实例。"叶老的话我们语文老师应时时铭记。唯有对此有正确的认识，我们才会真正把语文当成一门有完善知识结构体系的课程，去认真对待，我们的语文课堂教学才会有序推进。

由此，根据高中语文教学实际，我们制订了"口语"教学的三年系统性目标，并整合现行的苏教版必修五册教材中的专题进行重构，再辅之以《高中语文读本》、选修教材的开发和实施等进行补充和拓展，以弥补其"口语"教学教材编排的缺失。

高一：重情感，蕴积淀

形式	必修教材中的专题	《高中语文读本》中的专题	选修教材的补充
朗诵	"向青春举杯"（必修一）、"祖国土"（必修三）	"中外诗选"（必修二）、"诗经与楚辞"（必修三）、"唐诗·宋词·元曲"（必修四）	《朗诵入门》等
采访	"和平的祈祷"（必修二）、"文明的对话"（必修三）	"新闻"（必修一）	《采访简明教程》等

高二：重语言，蕴内涵

形式	必修教材中的专题	《高中语文读本》中的专题	选修教材的补充
演讲	"我有一个梦想"（必修四）、"走进语言现场"（必修四）	"演讲·辩论"（必修五）	《百变社会 不变〈论语〉》《纵横天下》《舌上风暴》等
辩论			

高三：重思想，蕴深度

形式	高考复习的要求	选修教材的补充
综合	结合高考要求"语言简明、连贯、得体、准确、鲜明、生动"，进一步训练辩论，并允许学生采用各种口语表达形式	紧密联系社会现实，开发出《纵横天下》《舌上风暴》《时评社会》等课程

学生获得了什么？学生怎么获得？学生获得了多少？这是三个实实在在的问题，我们唯有把学生的实际获得作为课堂教学追求的目标，我们在具体教学中才能方向性更明，针对性更强，更使语文教学化虚为实，最终提升教学实效；我们唯有注重方法，才能让理念落实到实践中，才能体现其现实意义之所在；我们唯有注重适度、灵活、科学、规范的训练，才能使学生的实际能力得以提高。

"巧言令色，鲜矣仁！""其言也切，斯谓之仁已乎？"孔夫子从来就不想给世人画一个圈，框一个框，而世人却总是作茧自缚，最终将自己引入一个死胡同。千百年来，多少人肤浅地理解了这句话，从而认为能言善辩者皆为不仁之人，也导致我们很多人无意识间忽视了对语言艺术的追求。恐怕这并非孔夫子本义。同样引人误解的还有《孟子·滕文公上》："为富不仁矣，为仁不富矣。"难道富者必定不仁？难道仁者注定一生贫困潦倒？可见，一部《论语》值得我们读千千万万年，孔孟之道也值得我们追溯千千万万代，因为经典总是蕴藉如玉，历久弥新！

假如让孔子来指导高考语文复习

何丹丹

　　"现在的学生，这课上了和没上是一样的！""现在的学生，上课不知道在干什么！"……置身于学校，总会时不时地听到这些来自身边的抱怨。听久了，也就麻木了；听久了，却突然想到了这个不可能实现的伪命题——"假如让孔子来指导高考语文复习"。

　　细细想来，越发觉得这是一个有趣的命题。于是，今日在此胡诌一番。

　　子曰："有教无类。"也就是说，孔子认为对任何人都要给予教诲，没有种类的区别。这在当今中国，已经没有疑义。我们的九年义务教育已经基本实施；高中虽然是考试决定谁上普高，谁上职高，但也基本实现每个人都有接受教育的机会。并且，作为我们普通的一线教师而言，个人在客观上也没有权利决定教谁不教谁。

　　那么问题出在哪里呢？当老师们抱怨"某某……"，顺便带上一句"再看看某某……"的时候，其实在老师的内心对他们已经实行了"类"的区分。这种带着主观情感的"类"分，导致的是老师在言行之中的"类"别对待。比如，当学生问问题的时候，有些老师会习惯性地先说一句："这么简单的问题都不会！"虽然在说完这句话之后，我们的老师还是会给予教诲，但是就学生层面而言，效果可能就大打折扣了，因为他已经能明显地感觉出老师对他的"类"分。

当然，反而言之，如果不是主观地，而是客观地去把握这种"类"分，也是可以达到很好的效果的。如，公西华曰："由也问闻斯行诸，子曰，'有父兄在'；求也问闻斯行诸，子曰，'闻斯行之'。赤也惑，敢问。"子曰："求也退，故进之；由也兼人，故退之。"面对同一个问题，孔子给出了两个截然不同的答案，这不是孔子主观意识上表现出来对谁的喜恶，而是孔子在对两人进行了客观分析的基础上给出的。这也就是我们日常所说的因材施教。只有对学生有了客观的分析，才能从实际出发，从而对学生进行有针对性的指导。结合高考语文复习，我们可以看到高考语文的题型是相对固定的，知识点也就那么几个。面对高三阶段轮番的考试，如果我们不对学生进行有针对性的指导，我们所收获的效果将是微乎其微的。

关于针对性的指导，我有这样几点设想：首先，在学生层面，我们要引导学生学会自我分析。比如，针对高考语文题型和知识点相对应的特点，我们可以制订《高考语文登分表》，引导学生在每一次考试之后进行登分，并根据学生层次制定每一知识点的得分要求，以方便学生自己对照，查找漏洞，明了自己的缺失所在；再把自己的缺失点相应的历次考试题目剪贴在本子上，进行对照，查找提升点。其次，在教师层面，我们可以针对学生已经整理好的第一手资料，对学生进行面对面的指导，即所谓的面批。如此面批，一方面可以实现对个案的有效追踪，另一方面也使得教师的指导有的放矢。

子曰："不愤不启，不悱不发。"孔子认为，不是学生想求明白而不得的时候，不去开导他；不到学生想说出来而不能的时候，不去启发他。反观现在的高考复习课堂，或者说整个课堂教学，我们所缺乏的就是孔子这种等待的艺术。我们容不得学生思考，我们总认为我们给不起学生思考的时间。我们赶的是进度，比的是谁做了更多的题目。我们忙，学生累；我们累，学生抄……我们陷入的是一个无底的深渊，因为天下有的是赶不完的进度，做不完的题目。我们，还有我们的学生，就是那西西弗斯，人生被加上了"悲剧"这个定义。

高考语文，从应试角度而言，就那么几个知识点，就如那西西弗斯所推的石头，就那么一块。而我们就如西西弗斯一样从高一到高三，从一张试卷到另一张试卷，从一个题目到另一个题目在不停地轮回，但我们的学生还是该怎么错就怎么错，也难怪我们的老师抱怨"这课上了和没上一样"。

这其中的问题到底出在哪里？当我们的老师在抱怨"这课上了和没上一样"的时候，我在想：那我们干脆就不上呢？假如我们不上，可能反而会逼得学生自己去思考，我们教师不能做到"传道授业"，但能"答疑解惑"，这也不能算失职吧！更何况是高三的复习课。何谓"复习"，就是对已有知识的回顾、巩固、提升。既然是"已有知识"，我们老师又何必喋喋不休呢？我们在赶一轮复习进度、二轮复习进度，乃至于三轮复习进度的时候，我们有想过我们的学生到底复习了多少？提升了多少？

进度，是基于什么的进度？是我们教师教学的进度，还是学生学习的进度？在调研中有学生反馈，说有些教师在讲课过程中，学生不会的不讲，学生会的是反复讲。听完反馈，我们有很多教师哑然失笑。我不知道这笑中的深意，我只感到自己内心深深的悲凉。我们的教师在复习课中到底扮演的是什么样的角色？我们又应该扮演什么样的角色？

"不愤不启，不悱不发。举一隅不以三隅反，则不复也。""举一隅不以三隅反，则不复也。"有些老师说如果以孔子这样的标准，我们的学生都不用教了，还说我们的学生现在是"举十"都反不了"一"。恰恰不知道，正是因为我们多次反复的"举"才造成了学生的"不反"。因为在短短的课堂40分钟中，我们占用了太多的时间，课后大量的作业更不容许学生花太多的时间去思考。久而久之，也就难怪有学生感叹："上课，真浪费学习的时间！"

"学而不思则罔，思而不学则殆。"孔子认为，只读书而不肯动脑筋思考，就会感到迷惑而无所适从；只是一味地空想而不肯读书，便会对思想有害。作为教师，我们真应该思考一下：我们是否真正地给过学生学习、思考的时间和空间？如果给过，我们又给了多少呢？作为40分钟一节的高三复习课，如果可能的话，我认为我们教师的讲，或者说集体层面上的讲不可超过10分钟，剩下的时间应该是让学生用来自己整理、巩固、思考、提问的。

教育是一个成长的过程，成长需要的是等待，等待学生慢慢地成长。而等待需要的是我们的教师耐得住性子、沉得住气，去等学生"愤"，等学生"悱"。孔子认为，"愤"就是学生对某一问题正在积极思考，急于解决而又尚未弄清楚的矛盾心理状态，此时教师应对学生思考问题的方法适时给予指导，帮助学生开启思路，这就是"启"；"悱"就是学生对某一问题已经有一段时间的思考，但尚未成熟，处于想说又难以表达的一种矛盾心理状态，此时教师应帮助学生明确思路，弄清事物的本质属性，然后用比较准确的语言表达出来，这就是"发"。从中我们可以看出，教师要做的就是等待，然后看准火候，把握时机，适时给予引导，从而才能达到水到渠成的效果。

反观整个中国的教育，可能我们所缺乏的就是孔子这样一种等待的艺术，我们容易着急，一着急就容易上火，一上火就把握不住火候，把握不住火候的话什么都会烤焦的！也难怪我那4周岁的女儿老说："妈妈，你在着急什么啊？"

是啊，我们在着急什么？

陈亢问于伯鱼曰:"子亦有异闻乎?"

对曰:"未也。尝独立,鲤趋而过庭,曰:'学诗乎?'对曰:'未也。''不学诗,无以言。'鲤退而学诗。他日又独立,鲤趋而过庭,曰:'学礼乎?'对曰:'未也。''不学礼,无以立。'鲤退而学礼。闻斯二者。"

以诸子逻辑促论述文写作之提升

何丹丹

"论述类"文体概念在高考语文写作中的明确是浙江卷高考语文作文的一大进步，它体现了我们对学生思维现状的关注。我们往往拿中国人的感性与西方人的理性来说事，把所有的问题归咎于传统。然而，我们却忽视了就逻辑而言，我们中国人才是祖宗这一事实。早在春秋战国时期，诸子在百家争鸣中就体现出充满理性光辉的逻辑辩才，使逻辑成为了一种专门的学问。时至今日，我们就论述文写作教学再回顾诸子，管中窥豹，舀一瓢弱水以供己用。

一、以形名之学促论题之明确

"名""实"作为"形名之学"的一对基本范畴，是名家始祖邓析最早提出的。他指出"名""实"应有它们一定的标准，不能随意而定。他经历了孔子的"正名"（"名不正则言不顺"），即要求名称和实际相符合，保持语词含义的确定性和确指性，如"名不正"就会使语词脱离所指对象，造成名不副实；到尹文子的"辨名"（"名不可不辨也"），即对不同的概念要进行辨析，因为概念不清就会导致思维混乱。

就高考作文而言，"正名""辨名"也是第一要务。蔡伟教授说："曾经有一段时间，中语界提出'淡化审题'的口号。但事实证明，审题始终是高考作文成败的关键。有很多语文高手，最终都'死'在审题这一关。"所谓审题，就是要求我们对所给作文题中的关键信息做出判断，明确其所指，即"正名"，如名不正则言不顺，将最终导致"离题"。如 2016 年浙江高考作文样卷中被判定为"套话作文"中的一个语段：

作家周作人面对"虚拟"带来的冲击，迷失于此，留得"汉奸"骂名。面对日寇掠夺，中国陷入了不同于现实的"虚拟"。周作人为了一己之利，沦为汉奸留下骂名。"虚拟"瞬间击溃了他，不想过"此身"，让他臭名远扬。(《清醒于虚拟之中》)

当时所给作文题中对于"虚拟"是这样表述的："网上购物、视频聊天、线上娱乐，已成为当下很多人生活中不可或缺的一部分。……"很明显，作者所谓周作人投敌叛国的"虚拟"和作文题中的"虚拟"是没有任何关系的。正所谓举目张纲，不仅是审题，在论点、分论点等涉及概念处，我们均应"正名"，如："我们要倡导的应是'被珍惜的闲暇'，即用闲暇去感知生活，返璞归真，找寻生命的价值。""闲是个性的源泉，是个人价值的解放。""闲是对工作的促进，是对人生价值的回馈。"(镇海中学任雯缨《人生不易，且闲且珍惜》)此中，作者对作文题中的"闲暇"进行了清晰的概念界定，准确地把握了"闲"的内涵，使自己的观点能很好地立足。

再观"辨名"，作者在行文过程中如能对某些概念做一个明确的辨析，对于文章内涵的提升也会起到很大的作用。如《人生不易，且闲且珍惜》中的："有些人要说，那是'游手好闲'，或把时间用在快餐文化上，不也是闲？但细想来，那其实是'碌'，而且是'碌碌无为'。"另一篇文章《古之艺，今之术》的结尾中，作者这样写道："古之艺，今之术，一字之差，却差了几千年的功夫。"寥寥数语，一针见血，此等针砭时弊之功夫实在了得，而这也就是"辨名"之功夫。

二、以推理演绎促论证之严谨

墨子《小取》曰："以说出故。"即用推理的方法将某个判断得以成立的理由揭示出来。诸子在争鸣过程中展现了令人叹服的推理艺术，我们无法一一呈现，在此我们就说说诸子提出的逻辑学中一个非常重要的概念——"类"。《邓析子·无厚》曰："谈辩者别殊类使不相害，序异端使不相乱。"也就是说，辩论者要区别事物的类同和类异，类别分明则不会互相干扰；道理清楚，则不会互相混乱。即强调辩论者要分清事物种类的异同，而不可使之"相乱"，这是进行逻辑推理的前提。注重"类"，标志着邓析的逻辑思维已经达到相当成熟的水平。就推理演绎中的具体思维流程而言，可以分为类比、类推、类归。

（一）类比

墨子《小取》曰："以类取，以类予。"即在论辩中要用举出若干相似、相同类型的情况进行比较衡量。正所谓："异类不比，说在量。"（《经下》）即物不同类不可比较，原因在于衡量标准不同。这就是类比推理的根据问题，即在类比推理时要注意两个对象是否同类，因为同类对象之间总是比异类对象之间的相同属性多，动物与动物之间的类比，就比动物与植物之间的类比结论可靠。不同类的对象，则无法进行类比，例如我们无法比较"木棒"与"黑夜"的长短以及"智慧"与"海水"的多少。

"彼，不可两也。"（《经说上》）即辩论的对象不能是两个不同类的对象。这就是形式逻辑的同一律。当然，这个"同类"根据逻辑学上的"分类原则"应是根据某个标准划分的某类事物，是本质上的类似，不是机械化的。如此，我们就可以从明显同一类事物的比较分成同向类比和反向类比，本质上的同类我们必须强调的是譬喻类比。

1. 同向类比

回首往昔，哪一个戏曲舞台上的名角不是冬练三九、夏练三伏，在古典曲艺作品研读中熏陶自己？哪一位名作家不是博闻强识、饱览群书？哪一位书画家不是苦心孤诣、虚心慎学？正是这般艺术积累，使他们的作品显得有味道，有文化底蕴，乃至辉煌伟大。（余姚中学张陆晨《古之艺，今之术》）

以上就是典型的同类事物同向的比较，通过列举同类同向现象，得出普遍的规律，以佐证自己的论点。这种类比在我们作文中是最常见的，在此我们就不再赘述。但我们要注意的是此"类"是本质上类似的"类"。因为许多事物从表面上看类似，其实质却差别很大，所以《吕氏春秋·别类》曰："物多类然而不然。"

2. 反向类比

在逻辑学上有个著名的命题就是休谟的"白天鹅悖论"。其中休谟认为证实是行不通的，如我们要证明"一切天鹅都是白的"，你去举例子，古人看到的天鹅是白的，今人看到的天鹅是白的，外国人看到的天鹅是白的，中国人看到的天鹅是白的，是不是就能证明一切天鹅都是白的呢？不能。只要有一个人看到一只天鹅是黑的，这个论点就被推翻了。所以证实并不能证明，相反我们要证明"并非一切天鹅都是白的"就是可能的。所以说证伪高于证实。从论述文写作角度而言，反例高于正例。用丽水市教育教学研究院研究员林忠港老师的说法是：黑天鹅高于白天鹅。因而要有自己的思想，关键不在于为现成的观点举正例，而是反例，不是寻找白天鹅，而是寻找黑天鹅。在现实操作中，有一种黑天鹅是我们一眼就能看到的，我们称之为显性反向；有一种黑天鹅是需要我们去挖掘的，即白天鹅中的黑天鹅，我们称之为隐性反向。

（1）显性反向

而如今我们的部分文艺工作者呢？提起麦克风便唱，拎起笔来便能谱曲或写作摩画，美其名曰有了情感便会成就好的作品，而实际上是对自身传统文化修养薄、底子差的借口和托辞吧。（余姚中学张陆晨《古之艺，今之术》）

以上是我们一眼看去就能发现的同类事物的反向现象，作者通过与这种反向现象的对比来证明自己的论点。

（2）隐性反向

但我们也不妨想一想，那些需要帮助的人当中，那些等待着向他们伸出善良的援助之手的冻僵者或是重伤者当中，有多大比例是毒蛇或者恶狼。我们还要问，宇宙万物中，有多大比例是毒蛇和恶狼。……

这是王蒙先生对人们受《农夫和蛇》《东郭先生和狼》的影响产生的"善良就是白痴，善良就是愚蠢，善良就是自取灭亡"观念的反驳。此中，王蒙先生并没有否定白天鹅，即毒蛇和恶狼的存在，他要强调的是白天鹅中的黑天鹅，即存在的比例。这就是思维的辩证性，它体现了王蒙先生思想的深刻。

由以上两者可见，要证明一个观点，首先它得有证明的材料，但林忠港老师也说：选择单向度的材料就意味着排除了另一部分材料，所以要做到材料的全面，至少要正面和反面一起考虑。当然除了正反比较分析之外，还可以考虑历史发展等角度，如王蒙先生在文中就不仅从比例上分析，也从时间上分析了我们认为的毒蛇或者恶狼不是永远都是真正的恶毒，即便曾经是毒蛇或者恶狼，也有转变的可能。

3. **譬喻类比**

晨时白露，夕而化霜。一滴水的旅程是短暂的，人生亦复如是，再短不过眼帘开阖，再长亦不过春秋冬夏。（镇海中学姚悦《闲

时亦有为》)

此处用的是譬喻，即用人们理解的东西来说明人们不理解的东西。虽然事物的种类是不同的，但其本质属性是相同的，所以并不违反同一律。这种类比，形象生动，深受诸子百家的青睐。单《论语》中就俯拾皆是，如"君子不器"（《论语·为政》）、"朽木不可雕也，粪土之墙不可杇也"（《论语·公冶长》）、"人而无信，不知其可也。大车无輗，小车无軏，其何以行之哉？"（《论语·为政》）等，不胜枚举。

（二）类推

所谓类推，就是取相似的事物来推论的思维形式，即在已经举出若干相似、相同类型的情况下进行推理演绎，从而得出一个新的结论。同样它可以正推，亦可以反推。

1. 正向推理

《论语·学而》中的"告诸往而知来者"是由已知推未知；《论语·雍也》中的"己欲立而立人，己欲达而达人"是由己推人；《论语·为政》中的"温故而知新"是由旧知推新知，如此类推，俯拾皆是。孔子将类推的逻辑思维发挥得淋漓尽致，这正是因为他意识到同类事物是可以互相推知的，他认为事物都可以归属于一定的类，从某类中的一个事物所具有的已知性质，可以推知该类中的其他事物也具有此性质，从而提出了著名的类推教学方法，如"举一隅，不以三隅反，则不复也"（《论语·述而》），并对能"闻一以知十"（《论语·公冶长》）的学生颜回大加赞赏。

但"类不可必推"（《淮南子·说山训》），也就是说，没有把握事物的本质属性，对事物之间的关系不清楚，就不能够进行必然的类推。思维的任务，在于分析不同事物的不同性质，对于那些表面相同而实质不同的事物，更要注意分辨。

看见开豪车的年轻女子，有人评价"傍大款的"；看见朋友圈里晒度假美景照片的，有人评价说"炫富的"；看见公交车上不让座的上班族，有人评价"没有公德心"……多少人在还没看清真相时便妄加评论，多少人打着"言论自由"的旗号窥探乃至侵犯他人隐私，又有多少人因为众口铄金而百口莫辩，遭受道德"绑架"。(《莫让评价成"绑架"》)

这是 2016 年上海卷满分作文中的一个片段，此考生针砭了现实中种种"机械推理"的现象以佐证自己的论点。在现实生活中，我们也要时刻提醒自己要抓住事物的本质属性来推理，决不能教条主义地生搬硬套，尤其是对于看上去似乎同类的事情，一定要防止进行简单的机械推理。

2. 反向推理

荀子曾写道："积土成山，风雨兴焉；积水成渊，蛟龙生焉。"换而言之，不积土则无所谓风雨，不积水则无所谓蛟龙。(余姚中学袁金松《坚实的积累，大胆的突破》)

什么才是真正的自信呢？真正的自信，不是像优孟费尽心思只为博人一笑，也不是像玫瑰被局限于蛇一句带着刻薄恶意的评语，忘记真正的美与自信。真正的自信，当如托马斯·杰斐逊所说："我们相信自己的力量，然而不夸耀；我们也尊重别人的力量，然而不畏惧。"

如果一个人拥有真正的自信，它敢于坚持自己的判断……如果一个人拥有真正的自信，他不会轻易贬低他人的力量而是懂得尊重……(杭高学生《什么是真正的自信？》)

从以上语段可知，反向推理就是从事物的反面去推，是由一种认识转变到另一种与之相左的认识。具体而言，我们可以看到第一、二两个语段主要用的是对比分析法；第三个语段是假设分析法，即假设"假如不这样，会怎样"。可见反向推理需要具体的论证分析，这也是论述文写作教学的难点所在。我们不能让自己的思维在原地打转，我们需要的是异质思维，如此才能使自己的论述更辩证，更周密。

（三）类归

所谓类归，就是在推理之后进行归纳演绎，同样它可分为归因和归谬。

1. 类比归因

合抱之木，生于毫末；九层之台，起于累土。足够的积累才能成就渊博的学识、远大的目标和开阔的胸襟，才能有洞悉世事的敏锐和锲而不舍的坚持。……冰冻三尺，非一日之寒，厚积才能薄发！（桐乡高级中学程嘉璐《做慎重的、有能力的"出头鸟"》）

此处"合抱之木，生于毫末；九层之台，起于累土""冰冻三尺，非一日之寒"均是类比，在每个类比之后再归因，涉及的是类比法和归因法这两种不同的逻辑方法，我们称为"类比归因"。此种方法在写作中是较常见的，但我们要警惕的是经验归纳，如前文提到的"一切天鹅都是白色的"就属于经验归纳。这是因为经验归纳会犯经验主义的错误，它会"以偏概全"，即由对某类事物部分对象具有某种属性，进而推此类事物的全体都具有某种属性，如此便不能保证前提的真实，从而影响结论的真实。

2. 类比归谬

"推也者，以其所不取之同于其所取者予之也。"（《小取》）即以对方提出的命题作为前提，进行类比推理，推出一个对方不可能接受的命题，以此来反驳对方的言论，从而达到推翻对方命题的目的。这里涉及类比法和归谬法，我们称为"类比归谬"。例如，有个"莫若杀人"的寓言说：有个人喜欢谈轮回报应，逢人就劝说不要杀生，因为佛经上说过，杀什么来世就会变成什么，杀牛变牛，杀猪变猪。有位先生就说："那么最好去杀人，这样来世还变人。"对轮回报应之说给予了辛辣的讽刺和尖锐的反驳。

2017年浙江高考语文在语用题中就直接考到了归谬法。归谬法在辩论的质疑、反驳环节是非常实用的,因为它能一针见血,然而学生在写作过程中基本没有用到此种方法。一方面说明归谬法的运用确实需要一定的功力,另一方面也说明学生在写作过程中没有树立思辨的意识,其写作思维还是在一条直线上的。潘新和教授在《论辨文旨趣:使人信从我的观点》中曾说:我们的写作要"心存读者,尊重受众,认真了解、分析、研究受众的特点"。也就是说,我们在写作中要有受众意识。那么我们在写作过程中是否可以树立一个"假想的对方辩手",时时提醒自己要与之论辩,即逻辑学中的"自我辩解",也就是通过对自己观点的反驳与诘难,并为之寻找证据,以曲折论证促进自己思维的深化。

如果说有着微量放射性的大自然是最美丽的话,能说核电站是肮脏的吗?(《是瓶中魔鬼还是诺亚方舟》)

以上是中专语文课文中的一句,作者的逻辑思路是:如果说核电站因为有放射性就是肮脏的,那么大自然也有微量放射性,所以大自然也是肮脏的。这就与我们所说的"大自然是最美丽的"矛盾,从而说明不能仅因为核电站有放射性就说核电站是肮脏的这一结论。

敝人愚钝,搞不明白曝光一家医院乱收费就是影响了安定团结这一宏伟逻辑,更不明白向上级领导反映因某些人吃了回扣而制造出的新式危房会惹出什么样的政治动乱。按某些人的逻辑,患者被乱收费后最好乖乖去缴上不该自己缴的那部分钱,这便是安定;住户们每天在危房中做着噩梦,又不敢发出声音,那样才算安定。(某报社记者)

同样,这段归谬采取"倒着推"的方法:你说曝光影响了安定团结,那照你的逻辑,怎样才不影响安定团结呢?从相反的方向一推,得出荒谬的结论,驳斥得非常有力。这类似于上文所说的"反向推理",所不同的是推出一个荒谬的结论。

三、以文献证明促论据之充实

　　"文献不足故也。足，则吾能征之矣。"（《论语·八佾》）孔夫子很坦率地说：由于文献资料不足，所以我没有办法证实它。这说明孔子很重视文献资料作为论据在证明中的作用。"持之有故。"荀子也认为任何一个论点都要有充足的论据支持，要有根有据。墨子在《非儒》中更是一言以蔽之："无故从有故。"即没有理由和根据的论点服从有理由和根据的论点。这些都表达了逻辑学中的"充足理由原则"。

　　继而，吕不韦在《吕氏春秋》中进一步提出："辩而不当理则伪，知而不当理则诈。"即如果论辩中不能提出恰当的根据，那么所说的道理就是虚假的；如果述说见解时不能提出恰当的根据，那么述说的道理就是欺骗。这就是说，论证中应该遵守关于"论据必须真实"这个基本规则。这是因为论题的真实性要靠论据的真实来证明，论据真实是论证论题真实的必要条件。如果论据的真实性还要反过来依靠论题来论证，那么扯来扯去，谁也说不清了。违反了这条规则，就会犯"循环论证"的逻辑错误。如前文所说的"一切天鹅都是白的"，还有"三人成虎"，犯的就是逻辑上的"以人为据"的毛病。其实质是以"大家以为"来代替逻辑的论证，也就是所谓的"众口铄金"。

　　此条在高考作文等级评分的基础等级中表述为"内容充实"，发展等级中表述为"丰富"，对于"真实"没有表述。于是，在写作中不乏有作者如贾宝玉般杜撰个《古今人物通考》什么的。对此建议还是要多读书，读好书。由前文所提逻辑学中"类"的概念，我们可以提倡的是在阅读中我们不仅要广，更要专。因为只有专门在某个领域深入阅读，我们才能将这"类"书读透、读活，才能对这"类"领域产生自己独到的认识与见解。如浙江省写作学会理事、浙派名师洪方煜老师就曾说自己班上有三名学生，不管给什么作文题，一名专写庄子，一名专写《红楼梦》，一名专写钱钟书，并且每次交上来的三篇作文都是文质彬彬，可圈可点。所以说，只要我们把握"类"的概念，精钻某个领域，我们就不愁作文"无米下锅"。

总而言之，一篇优质的论述文，它应该是概念明晰、判断准确、思维立体、逻辑严谨、论据充足……凡此种种，我们均可以从诸子百家中汲取。

参考文献

[1] 刘良琼. 辩学金言 [M]. 合肥：安徽人民出版社，2012.

浅析高考选考的理论依据之因材施教

胡成赏

浙江省的高考改革已经实施了完整的一届，据官方小结，改革已经取得初步成功，之后各省将会陆续实施，并加大力度推进高考改革步伐。众所周知，高考的选考制度确实颠覆了传统的高考模式，如增加考试次数，打破一考定终身，给予多次机会，以降低考试的偶然性与考试压力。又如在考试科目上给了学生最大的选择权，让学生选择自己喜欢的、擅长的，以充分展示个性，改变了原有"你让我考什么我学什么"的现状，变成"我选什么我考什么"，这一点在根源上让所有教师开始实施"因材施教"这一重要的教学理论以尊重学生个体。

子曰："中人以上，可以语上也；中人以下，不可以语上也。"孔子说："对于那些具有中等以上才智的人，可以给他讲授高深的学问，对于中等以下才智的人，不可以给他讲高深的学问。"孔子认为，人的智力从出生就有聪明和愚笨的差别，即上智、下愚与中人。这样的划分不能说是歧视，智力的差别真实客观存在，我们不能回避并应尊重这事实，尊重这事实就是尊重人的差异，尊重人的差异才是对每个人真正的尊重和悲悯情怀。所以说，既然人与人之间存在着差别，那么在教育过程中实施"因材施教"的方法才是科学合理的，高考选考的理论依据之一就是"因材施教"。

且看《论语·先进》中的一段很形象的描绘，充分体现了孔子是如何去执行"因材施教"这一教育理念的。一次，有学生在课间休息的时候向先生请教，子路问道："先生，如果我听到一种正确的主张应该可以立刻去做吗？"孔子看了子路一眼，慢条斯理地说："总要问一下父亲和兄长吧，怎么能听到就去做呢？"子路刚出去，另一个学生冉有走到孔子面前，恭敬地问："先生，如果我听到一种正确的主张应该可以立刻去做吗？"孔子马上回答："对，应该立刻实行。"冉有走后，公西华奇怪地问："先生，一样的问题你的回答怎么相反呢？"孔子笑了笑说："冉有性格谦逊，办事犹豫不决，所以我鼓励他临事果断；但子路逞强好胜，办事不周全，所以我就劝他遇事多听取别人的意见，三思而行。"对于同样的问题，孔子因为了解弟子的个体差异，所以给了他们不同的答案，以适合各自的处事方式。因材施教作为教育教学的原则和方法，是非常重视与尊重个体差异的，这个例子体现出对不同个体在思想教育上的差异，即使在教育内容的选择上，不同个体也应该体现差异性。

再看美国有一则有趣的寓言故事。一天，小动物们决定办一所学校，以适应日新月异的世界的需要，于是在森林里开会。对于课程的设置，小动物们各抒己见。小兔子坚持要开一门跑步的课程，小鸟坚持要开一门飞行课，小鱼儿坚持要开一门游泳课，小松鼠则坚持要开一门爬树课……经过热烈的讨论，小动物们决定所有的学员都必须学习这些科目。小兔子的跑步成绩非常突出，但对飞行科目感到非常沮丧，它的飞行成绩一直不理想；另外，爬树对它来说实在是太难了，每次刚爬上，就掉下来。不久，它连跑步也跑不快了，成绩也大步后退了。虽然小鸟在爬树的考核中甚至战胜了小松鼠，但它是飞上去的，而不是爬上去的，不符合老师的要求，所以也没有得到老师的表扬。这则寓言故事虽浅显有趣，但它却蕴含着一个深刻的教育思想：每个个体都有着自己的特长，但在整齐划一的教学模式和标准化的衡量尺度下，就会磨灭学生的个性特长，显然忽视个体实际水平的教学是机械的无效的行为。我们也经常用"对牛弹琴"来表示听者反应迟钝讽刺听者愚蠢，但我们要精心想一想"弹的琴"是否适合"牛"的认知曲调呢？

至此，我们已充分认识到人是千差万别的，每个人的认知水平、学习能力以及自身素质都是不同的，针对的教育也应有所差异，有差异的教学才能更实际有效，无论在教学方法、教学内容和教学课程上，能让学生选择或享受适合自己的教育才是教育的最高境界。所以新高考的选考制度就是为了更好地服务和发展学生的需求，"因材施教"的教育理念得到了落实和深化，也使教育更有效、更和谐、更科学。

但是必须一提的是，新高考的选考改革并未充分发挥因材施教后的作用，实施中存在的漏洞和不完善只是让改革停留在了表面上的热闹和混乱。既然学生是"因材选学"，教师是"因材施教"，那么高校就应该"因材选拔"，这样上下联通，改革才能顺畅，而现在高校为了生源，专业录取时对选考科目是用"或"的关系，而不是用"与"的关系，那势必导致学生避重就轻趋利避害地选择科目。比如物理，由于学科特点是逻辑性强思维能力要求高，比拼对手均为高水平高素质的尖子学生，那么中等及以下的学生退出竞争，导致该科目"虎虎相争"的残杀局面，打破了"生态圈"的平衡稳定，甚至事态可能更加恶化，直至不可收拾的局面。实际上只要高校能彻底贯彻"因材施教"后的"因材选拔"，即所有不同层次高校的专业中必须学习物理的，物理就设置为必考科目，另两门为参考科目（其他专业的要求类同），这样爱物理或爱与物理相关专业的学生就能毫不犹豫地选择物理，而高校只有根据实际真实地去选拔相关的学生，这样才能使整个高考的

"生态圈"和谐健康可持续地发展下去。如果真正引导学生根据自身的实际情况和兴趣爱好来选择课程了,那么竞争中的功利性和私利性就会大大减少,选考系统也会趋向一个比较好的动态平衡,避免了"断崖式"下滑或"直升式"上升的非正常态势。

为了让"因材施教"的价值体现得更为充分,高校的"因材选拔"也必须贯彻到位,这样才能提供学生"因材选学"的良好选择环境,这样才是对学生个性差异和兴趣爱好的真正尊重,否则就是改革者集体对学生"耍流氓"。如果这种制度的明显缺陷直接导致"选学""选考"改革的不公平不公正,那么高考的公信力必将荡然无存。我想所有人都不愿意看到这样的高考改革。

为师之道——吾日三省吾身

胡成赏

曾子曰："吾日三省吾身。为人谋而不忠乎？与朋友交而不信乎？传不习乎？"这段话的意思是：我每天多次反省自己，为别人办事是不是尽心竭力了呢？与别人交往是不是做到诚实可信了呢？教师传授给我的学业是不是复习了呢？

对这段话可以有两种解释，第一种是我每一天都自我反省多次，第二种理解为每天都以三件事来自我反省，这里可以借助第二种说法。实际上一旦养成反省习惯，那可是无时无刻不在反省的状态了！老师这一份特殊职业，成天与学生打交道，自身展现的和流露的全然是一个人一贯的品性和品德，老师若不时时反省自己的言行和修为，自以为是，自高自大，那将害人不浅。所以，作为老师，真正需要和应该做到吾日三省吾身，展示在学生面前的应是一个品格高尚、学识渊博的学习楷模，以引导青少年的健康成长。针对曾子所说的三个方面，结合老师的身份，可以从以下几个方面来"省吾身"。

一、为人谋而不忠乎？——即尽心竭力了吗？

作为老师，从小处说，我们的职业特点就是为学生谋划学业的进步和品格行为的形成。从大处说，我们是为国家、社会、学校谋划办事，又说"不在其位，不谋其政"，在其位，必当尽心竭力办事。所以我们应当时时反省自己，如今天我为学校的工作尽力了吗？是否认真备课？是否及时批改作业？是否积极上课？课后有针对性地做辅导了吗？教学的成效如何？学生学习的知识掌握了吗？自己有没有偷懒、耍滑、敷衍了事呢？如果在教学态度上积极认真，不敷衍塞责、得过且过，那我们就做到了尽心竭力，忠诚于党和人民的教育事业，问心无愧。心中有责任感就会尽心竭力谋事，司马牛曾经向孔子询问何为"君子"。孔子说："君子没有忧愁，没有恐惧。"司马牛接着问："为什么这就称得上君子了呢？"孔子回答："一个人坚持自省，没有愧疚，尽心尽责做好分内工作，还有什么忧愁和恐惧呢？"如果生活得坦坦荡荡，在工作上也没有失误失职，这不是一种理想的境界吗？

二、与朋友交而不信乎？——即诚实守信了吗？

作为老师，这里的"与朋友"，可理解为"与学生""与同事""与领导"之意。在"与朋友"交往中有没有不诚信、口是心非、尔虞我诈的表现呢？如果老师之间相互欺瞒，学生与老师相互欺骗，如此不求正道，不务正业，必定后患无穷。

宋代大学者程颐说："人无忠信，不可立于世。"作为老师，说话要深思熟虑，不能信口开河，信口雌黄，胡言乱语，为逞一时口舌而失诚失信。老师要诚实守信才能惩治班级，得学生之心。学生学习要诚实守信，不依赖作弊等行为窃取分数，师生爱"分"，当取之有道。老师在功利面前不能靠欺诈和瞒骗等手段侥幸得利，否则容易滋生学生的这种不诚信现象，助长了不诚信的不良风气。作为一个正直的老师，在任何情况下都要坚守诚信的美德，不能因一时之利丧失自己的美好人格。老师上班不迟到、不早退，课堂上情绪激昂有劲，那学生就不会视"迟到早退、上课散漫"为无所谓，必定会为自己的这些行为愧疚，反省而改之。

人无信不可立身，国无信不可立世。一个民族为什么能生存？一个国家为什么能繁荣强大？一个社会为什么能稳定协调发展？一个企业靠什么发达？我们的友谊靠什么来维持？一切的一切都要靠诚信。人与人交往，大事小事都要讲诚信，如果在小事上经常失信于人，在大事上人们就会对他持怀疑态度，正所谓"以信接人，天下信之；以不信接人，妻子疑之"。作为老师，应当教育学生养成诚实守信的美德，那自己必先做到诚实守信。

三、传不习乎？——即教学得法了吗？

传不习乎？原指"老师传授给我的学业，是不是复习了呢？"从老师的角度来看，这句话可以理解为："我所传授给他人的东西，是不是经过自己的反复思考，确定为好的东西？"

作为一名教师，在经历了十几年的教学后，积累了较为丰富的教学经验，却也容易滋生懈怠之心，以为教书就这么回事，好坏皆有可能，全在学生。在教学业务上疏有精进，从热爱思考钻研变成"教书匠"，变成"老生常谈"，开起"太平方"，这务必会误人子弟。所以作为老师，尤其在新高考教学改革之下，老师要与时俱进，吸收新思想，掌握新技能，面对不同学生和学生的不同阶段，应采取恰当的教学方法，且时时反省是否还有更好的方法？所谓教无定法，贵在得法，做到真正的因材施教，以观有效。

有些课堂上，老师与学生为某个问题争得面红耳赤，但作为老师，总不肯放下尊严，倾听学生的心声，强压学生，想争个上风，这势必影响老师与学生的感情，把师生关系弄得很僵。此时老师应冷静反省一下自己的欠缺之处，或是自己讲解的疏漏之处，或是自己讲解不到位之处，或是学生有另外想法等。我们应该先肯定学生说法的合理之处，再指出其不妥之处，或说"下课我们再仔细探讨"，或说"我真没想到这一点"，用智慧的语言巧妙化解课堂上的尴尬。这样既体现老师的宽宏胸怀，也能给自己或学生可下的台阶，同时也可赢得学生的尊重和信任。

学生信奉一个老师，原因很简单，那就是老师能为人师表地"讲忠诚""讲信用"和"有才干"，这就是上面所述的"三省"的具体内容。

海涅说过，反省是一面镜子，它能将我们的错误清清楚楚地照出来，使我们有改进有机会。苏格拉底也说过，没有经过自省、检讨的人生，是没有什么价值的。《论语》中还说，"过则勿惮改"，"不迁怒，不贰过""内省不疚，夫何忧何惧"，"言必信，行必果"，"躬自厚而薄责于人，则远怨矣"，"君子有九思：视思明，听思聪，色思温，貌思恭，言思忠，事思敬，疑思问，忿思难，见得思义"。这诸多说法均是对为人师表的反省必要性的体现。那么，就让我们多多反省吧。作为老师，反省的价值本身就更高更深远。"三人行，必有我师焉，择其善者而从之，其不善者而改之。""见贤思齐焉，见不贤而自省也"，让"三省吾身"成为老师每日的必修课，以构筑老师的"精神家园"，最终"达己达人"！

也谈《论语》中学习思想
对物理学习的启示

胡成赏

孔子是儒家学派的创始人,春秋末期伟大的思想家、教育家。孔子的言行思想集中体现了孔子的政治主张、伦理思想、道德观念及教育学习原则等。孔子作为一个大家,其学习方法至今仍有重要的影响,虽在那个年代没有学科分类,但许多思想在很多学科中仍值得我们去学习和借鉴,利用圣人之语,指导学习更具有说服力和影响力。《论语》中讲述的许多方法和态度,在物理学习过程中同样有着深厚的意蕴,颇具指导价值。

一、从教师教学层面

1. 不愤不启,不悱不发

意思是,不到他努力想弄明白而得不到的程度不要去开导他,不到他心里明白却不能完善表达出来的程度不要去启发他。

物理课堂中,许多概念比较抽象,教师不能凭由自己的经验灌输给学生,而是在学生有强烈疑惑或与前概念对比出错时,引导学生、启发学生自己去思考和琢磨。例如位移和路程，电场强度和电势，做功和能量转化等，让学生在概念的形成过程中，不但知其然还要知其所以然，才能促使学生灵活应用和培养学生独立思考的能力。物理教学中广泛存在"愤、启、悱、发"环节的缺失，导致学生只能听懂却不会做。因此教师应做好启发者、引导者角色，绝对不能替学生包办、替学生思考，应让学生自我认知概念、规律的建立过程，这样的知识体系才会稳固扎实，不易遗忘，理解也会更准确、更到位。

2. 学而时习之，不亦悦乎？温故而知新，可以为师矣

意思是，学了知识后，并按时去复习它，是一件很快乐的事。温习已学过的知识，从中会有新体会、新发现。

物理的知识体系是比较完整的系统，往往前后关联，紧密不可分，一环扣一环，假若有一环脱节，后面知识基本上对接不上。所以，教师在进入新的一个知识内容时经常要对前面知识做一个系统归纳，经常强调前面知识对后续知识的影响作用，有利于学生明确知识脉络和来龙去脉。如高一的受力分析、运动分析和动能分析，在电学中重新被运用，许多学生却把两者完全脱离，导致电学的学习困难重重，也使它成为了学习物理的分水岭。

而且，物理规律的理解是一个逐渐螺旋式上升的过程，必须要不断复习巩固，才能有"领悟""通透"的感觉。例如加速度概念，学生应该不断琢磨，反复思考，甚至多次出错，反复探究理解才能掌握，因为它不是一个一次性就能掌握的概念。学生往往一出错就灰心，更别说多次出错了，无形中加强了物理难学的畏难情绪。事实上，一旦形成准确而深刻的认识后，规律明白清晰稳定，物理是不难的。

二、从学生层面

1. 好学的态度

子曰："君子食无求饱，居无所安，敏于事而慎于言，就有道而正焉，可谓好学也已。""好学"就是以学为目的，不以学为手段。

正由于物理难学，更要有好学乐道的学习态度，但凡能沉下心来，静下心来学习的学生，往往比较乐意钻研物理题目，学习能力也比较强，因为他们追求学问态度端正，不被其他东西诱惑，而且不轻易言败，敢于挑战，学习勤奋，学得扎实。

2. 乐学的态度

子曰："发愤忘食，乐以忘忧，不知老之将至。"这是一种崇尚乐观积极的学习态度，学习分"知之""好之""乐之"三个层次，"乐之"为最高境界，只有"乐之"者学习效果最好。对物理学科，也只有达到"乐之"的境界才能真正学好，许多物理尖子生为了一道题冥思苦想半天，甚至废寝忘食，一旦突破思路困境解出正确答案，那又是何等的快乐美好，让人为之着迷，成就感和自信心爆棚。物理学习是如此美妙，何难之有？

3. 实事求是的态度

子曰："知之为知之，不知为不知，是知也。"知道就是知道，不知道就是不知道，这就是聪明的。许多学生之所以学不好物理，首先他自己不肯分析也不知道自己哪里不懂，感觉自己知道一点，但却不求甚解，一旦老师变换一个情景或出现新背景知识，他们就"丈二和尚摸不着头脑"，学得比较呆板不灵活。事实上，这类学生在学习态度上不够实事求是，不懂装懂，最终"出丑"，造成严重后果。所以，所有不求甚解蒙混过关的知识，最终都会是一记重重"打脸"的巴掌。

4. 持之以恒的态度

"士不可以不弘毅，任重而道远。仁以为己任，不亦重乎？"作为一个君子，必须要有宽广坚韧的品质，因为自己责任重大，道路遥远。此句描述了一个人做事持之以恒的态度。

同样地，学习贵在坚持，只有锲而不舍，持之以恒，才能有所成就。在物理学习中，许多学生一开始热情高涨，但是遇到挫折困境，就容易怀疑自己，坚持下去的念头容易动摇。现在新高考改革的物理选考，之所以较少学生选择物理，原因之一就是这种畏难情绪和避重就轻的心理，他们不愿意花大力气钻研思考，认为苦思冥想太累，还是挑一些相对轻松容易应付的学科。当然，不能指责埋怨学生不选物理，只能说在物理学习中能坚持钻研坚韧不拔的品质更加难能可贵。当然在物理学习的过程中，也能较好地培养学生这种能担当、能坚持的心理品质，有助于提升不屈不挠的做事精神。

《论语》好比一盏明灯，在黑暗中给我们指出一条光明大道，即使是物理教学与物理学习也可以在《论语》中找到支撑的力量。学习《论语》能让人幡然醒悟，醍醐灌顶，细细琢磨品读，能让人深切感受到它对教学观和学习观的高度概括和引领作用。让我们闲来时读一读《论语》，迷茫困惑时读一读《论语》，人生失意时读一读《论语》，人生得意时读一读《论语》，让它成为我们心灵陪伴的益友，让它成为我们自我成长的良师。

类·言·诗

——《论语》中的语文课堂追求三境界

夏春玲

当下语文界研究搞得轰轰烈烈，许多教育家在践行着各种各样的理论。如"诗心语文""智慧语文""生态语文""人本语文"。确实，他们都各树一帜，各有自己鲜明的个性特征和系统的理论特征，对我们的语文教学也具有很重要的指导作用。可是当我们回首两千五百年前的孔子与他的《论语》时，我们会发现，这些理论在语文教学研究的前行路上不知滞后了多少。曾言"半部《论语》治天下"的赵普，读出了《论语》的政治学价值，并因此而励精图治，叱咤政坛；给听众以心灵鸡汤的于丹，读出了《论语》的心理学价值，并因此而名声赫赫，响彻讲坛；而作为语文教育者的我们，从《论语》身上读出了它的教育学价值。在语文课堂教学中，圣人孔子在《论语》中给我们语文课堂教学呈现了三重境界——"类""言""诗"。

一、在课程理念层面，语文课堂教学要有"类"的意识，做到"无类""有类"的统一

孔子说"有教无类"，即人人可以接受教育，不分类别；然而孔子又说"唯上知与下愚不移"，前者强调"不分类"，后者却强调"有类"。圣人是否自相矛盾呢？不。"有教无类"，是一种理念，是人人享有教育的权利，而"唯上知与下愚不移"是在实施过程中出现的困境，"上知"者，不轻易被改变；"下愚"者，难以接受外界的东西。

然而，语文教学是国语教学，与其他学科不同。在语文的母语环境中，我们每个人一出生便受其熏陶，每个人都有自己独特的语文基底，都有一罐自己的"语言储蓄罐"，而语文教学就是如何让这储蓄罐变得更丰富，更深入，更深沉，更有个性。因此，"有教无类"，在语文教学中就是课堂中要顾及每一个学生，每一个学生都能够接受而且能学进语文，没差别，即使是"上知"与"下愚"也能改变，这是前提，是根本。同时，在教学实施过程中，我们要"有类"，要从学生的实际出发，做到分层教学，因材施教。

那么，如何在同一堂语文课堂中做到"有类""无类"的统一呢？最根本的做法就是让课堂回归自然，开展"生态"教学，发挥所有学生的积极性。如笔者在执教《中国古代诗歌语文教学》时是这样上的。

每篇文章分成两节课时，第一节课，知识积累课。利用早读课预习拟题：题目内容涉及重点词（实词、18个虚词、词类活用、通假字、古今异义）、句子（难译句、重点句式、有规律性的断句），上课时，8名同学在黑板上呈现自己拟的题目，其余同学互相解题、析题，然后共同解答8名同学的题目，分析他们的质量。第二节课，课文赏析课。利用早读课预习拟写板书。板书内容围绕

着"写了什么""为什么写""怎么写""写得如何"中的一个问题或几个问题。要求做到简洁、工整、明了。上课时，四个学生围绕自己的板书板演讲解，其余同学质疑或提出不同的见解，在同学们讲演和争论结束后，教师做出自己的见解和评析。

这种原生态的课堂，基于学生的基础，不同的学生有自己不同的见解；同时，在与其他学生争论的过程中，又完善了自己的观点；最后经过老师的适当点拨与提升，学生的争论向纵深发展。当学生在一定的规则下讲演、争论时，就避开了无目的的空洞的争论，每堂课每个学生都带着目的和问题来，从而有目的有针对性地提高学生的素养，起到很好的练习作用。于是，"无类""有类"在这样的课堂中达到了和谐的统一。

因此，如果教师在课程理念层面，树立"类"的意识，在课堂设计中做到"无类""有类"的统一，语文教育就成功了一半，母语教育的全生性、全民性也得到了实现。

二、在课堂呈现层面，语文课堂教学要有"言"的智慧，做到"言"与"不言"的统一

在课堂呈现时，教育界曾出现过对话理论，要求做到师本对话，生本对话，师生对话，生生对话。于是，一段时间内语文课堂出现了大杂烩，一时间菜市场般的热闹成为时尚。现在，我们发现了，这只是一部分，是课堂教学中的"言"。子曰："可与言而不与之言，失人；不可与言而与之言，失言；知者不失人，亦不失言。"作为语文老师，应该是知者，要"可与言而与之言""不可与言者不言"，要做到"言"与"不言"的统一。

（一）"不可与言者不言"

教师要学会"不言"。"不言"需要一种底气，需要教师有学

富五车的底蕴，要有胸有成竹的把握，要有机智应变的能力。"不学《诗》，无以言"说的就是这个道理。作为语文教师，课堂教学上不可信口雌黄。那什么时候不言？

首先，可以身教者不言，做到以身作则。"子曰：'予欲无言。'子贡曰：'子如不言，则小子何述？'子曰：'天何言哉？四时行焉，百物生焉，天何言哉？'"一切都有自己的规律，顺应学生发展规律的教学即可。

其次，学生不思不问不读前要坚守"不言"。子曰："不愤不启，不悱不发。举一隅不以三隅反，则不复也。"就是在学生想弄明白而弄不明白，想说出来却说不出来，能够举一反三时，就可以与之言。否则，我们就"不愤""不启""不复"。然而，我们现在的语文课堂教学，无学生想弄明白的东西，无想说的话，没有预先思考的准备。而课堂上，我们过于注重成绩，教师思考得过多，于是，急切地把知道的觉得好的知识告诉学生。谁知学生不急，不需，甚至不想知道，最后出现"满堂灌""举三反一"的可悲结局。究其原因，教师急于"言"，不善于"不言"，没有留给学生思考的时间；同时，科目太多，学生没时间也没精力去发现语言问题，只是一味地接受，导致课堂教学事倍功半。因此，语文课堂教学教师要有"不言"的姿态"不言"的沉着，在该言时一语中的。如高三语病标点符号复习，学生具有一定的基础，可以发给他们综合资料，让学生边整理边提问，当出现类型错误或学生不懂时，教师则给以解答。这样，学生的自学能力提高了，同时，也系统地掌握了知识。这关键是教师要"不言"，学生才会产生"不愤""不悱"的学习状态。同时，诗歌现代文的有关赏识及阅读理解，都可以采取这种方式。

最后，学生"知之"的"不言"。在平时学习中，要求学生秉持"知之为知之，不知为不知"的学习状态。避免简单重复机械的"言"。"解惑"是课堂教学中最重要的内容。而言语知识常识可通过整理识记获得，而言语智慧是必须通过引导感悟才能提高。因此，对于言语知识常识，教师最好"不言"。

（二）"可与言而与之言"

子曰："不学《诗》，无以言。"语文教师要"言"，先学《诗》，要有一定的文学根底和文化素养。这样就会言之有物，言之有道。那我们如何"言"，如何有效地"言"，《论语》给了我们很多的经验。

1. "言"前要耐心倾听

《侍坐章》中孔子先以"'以吾一日长乎尔，毋吾以也。居则曰：'不吾知也！'如或知尔，则何以哉？"激励方式导入，激发学生发表自己见解，当学生一一回答时，孔子则或哂之，或只以"某某，尔何如？"引出下一位的回答，最后只说了句"吾与点也"。由此，我们可以看出，孔子不轻易"言"，能身教则不言，不该评时则不言。而即使言时，也只是适当地引导或点评。然而，最后教育的结果让我们为之一震，"曾皙曰：'夫三子者之言何如？'子曰：'亦各言其志也已矣。'曰：'夫子何哂由也？'曰：'为国以礼。其言不让，是故哂之。''唯求则非邦也与？''安见方六七十如五六十而非邦也者？''唯赤则非邦也与？''宗庙会同，非诸侯而何？赤也为之小，孰能为之大？'"孔子简短的对话激起曾皙的疑惑与兴趣，让他去追寻自己想知道的。因此，"言"前要认真倾听。圣人孔子不是不懂评价学生，而是他不轻易说出，只以自己的言行举止激发学生的兴趣，这样的教学就成功了。当学生真正想知道时，则以精湛的语言让学生明之。这样的教育学生才能真正进步，这样课堂之"言"才是高效的"言"。

2. "言"时要形象生动，又要概括简洁

《论语》中许多富有哲理的话，都能让我们深思良久。如"为政以德，譬如北辰，居其所而众星共之""岁寒，然后知松柏之后凋也"形象的表达让我们在从政路上、人生途中如战鼓般咚咚

响着，让我们知道道理，让我们冥思做法。同时，孔子认为"辞达而已矣"。孔子在与学生的"言"中总能概括简洁至极，让人记忆深刻。

孔子喜欢用"一"概括，"吾道一以贯之"用"一"言道"忠恕"；"《诗》三百，一言以蔽之"，用"一"言《诗》之特征"思无邪"；"有一言而可以终身行诸予"，用"恕，己所不欲，勿施于人"言"一言"。孔子喜欢用"三"概括："侍于君子有三愆：言未及之而言谓之躁，言及之而不言谓之隐，未见颜色而言谓之瞽"；"君子有三戒：少之时，血气未定，戒之在色；及其壮也，血气方刚，戒之在斗；及其老也，血气既衰，戒之在得。""君子有三畏：畏天命，畏大人，畏圣人之言。小人不知天命而不畏也，狎大人，侮圣人之言。""益者三友，损者三友"。孔子喜欢用"九"概括，"君子有九思：视思明，听思聪，色思温，貌思恭，言思忠，事思敬，疑思问，忿思难，见得思义。""一生二，二生三，三生万物。"孔子喜欢"一""三""九"，是因为"一"囊括一切，"九"也是这样，"三"代表虚指，也代表所有。因此，孔子的"言"是概括而极其简要的。当然，"子绝四——毋意，毋必，毋固，毋我""未知生，焉知死？""过犹不及。""子张问政。子曰：'居之无倦，行之以忠。'""子路问政。子曰：'先之劳之。'请益。曰：'无倦'"，也都是如此。孔子对学生的"言"都是极其简洁，却一语中的。因此，我们在语文课堂中，要概括得"精"，精得惜字如金，字字珠玑。当然，当要发表自己见解时，有时也可用墨如泼，言语如涛，汹涌而至，奔流不止。侍坐章中，曾皙曰："夫三子者之言何如？"子曰："亦各言其志也已矣。"曰："夫子何哂由也？"曰："为国以礼。其言不让，是故哂之。"唯求则非邦也与？""安见方六七十如五六十而非邦也者？"有问有答有追问，如滔滔流水不止。

3. "言"后要"激起三层浪"之效

数理化讲究讲透，学生能做到举一反三。而语文课堂教师要话留三分，更能激发学生的兴趣，讲透是语文的大忌。因为语文没有最好的理解，只有更好的理解；语文课堂讲解没有标准答案，只有更好的答案。各抒己见，百家争鸣，是语文课堂最大的特点。因此，语文课堂关键在于激起学生兴趣之花，荡起思考之浪，层层叠叠，波澜壮阔如大海之势。语文课堂上教师"言"的目的是教会学生自己的读"言"，品读更多的言语文化。

在《论语》语录中，孔子往往一"言"激起学生问题，在学生的追问中触及问题的关键。

孔子用"克己复礼为仁。一日克己复礼，天下归仁焉。为仁由己，而由人乎哉"激起颜渊追问"请问其目"。最后回以"非礼勿视，非礼勿听，非礼勿言，非礼勿动"。当子路问及"闻斯行诸？"孔子回答："有父兄在，如之何其闻斯行之？"冉有问及时，孔子却回答"闻斯行之"。不同的回答激起公西华追问："由也问闻斯行诸，子曰，'有父兄在'；求也问闻斯行诸，子曰，'闻斯行之'。赤也惑，敢问。"最后回答"求也退，故进之；由也兼人，故退之"。当孔子说及"庶矣哉！"冉有追问："既庶矣，又何加焉？"孔子答"富之"。又追问："既富矣，又何加焉？"孔子才又回答"教之"。还有"子张问曰：'令尹子文三仕为令尹，无喜色；三已之，无愠色。旧令尹之政，必以告新令尹。何如？'子曰：'忠矣。'曰：'仁矣乎？'曰：'未知。焉得仁？'"孔子简短的回答总能推动学生的思考，层层推进地让学生在思考中学到生活的道理。因此，教师的"言"目的是引导学生自己读"言"，品读更多的言语文化。"言"后要"激起三层浪"之效。

三、在学科目标层面,语文课堂教学要有"诗"的追求,要做到"诗意"与"生活""哲理"的统一

袁远辉老师提倡"诗心语文",说语文教育是诗心的教育。因为语文教育是心灵的教育,而诗是心灵的载体,是心灵的伙伴,是精神的栖息地。因此,语文教育要在课堂教育中营造诗般的意境,激发诗意的情怀,让学生在诗意中成长,寻得精神的栖息地。语文课堂与其他学科不同的是,语文教育是诗的教育,语文课堂是诗情的语文教师引领学生对诗的守望。"诗,可以兴,可以观,可以群,可以怨。迩之事父,远之事君;多识于鸟兽草木之名。""不学《诗》,无以言。"诗是一个人智慧的体现,亲近诗者能修成智慧。

语文课堂是生活的课堂,生活即语文。我们时时处处言行举止都渗透着语文的素养。我们让语文课堂能够诗意地再现学生的生活,使学生悟出生活哲理,让他们的生活充满情趣理趣。这样,课堂活力四射,情趣浓浓,理趣无限。于是,在"闲与不闲"的作文中,庞煜圻同学这样写道:"适度地干些闲事,不仅不会耽误正事而且会增加你的生活生趣。张爱玲曾说,人生的所谓生趣全在那些不相干的事上。但所谓的人生所拥有的不仅仅是生趣,还有苦难与考验。人生是一个人不断成长的过程,总怀着梦想,总需要去奋斗,这便是正事,而闲事是乐趣,是调节,是你在路上的驻足小憩,是你停下来的思考。所以似闲非闲,你不会因为一支花放弃一片花海,不会因为一滴水放弃一片汪洋。这一支花,一滴水会让你感到放松,会使你有更振奋的心前进。所以我们要适闲非闲。

适度地干些闲事,不仅不会耽误正事,还能够确保干正事的效率。我们姑且看看周围,那些上课学下课学,吃饭学,睡觉学,

深入贯彻老师"不闲"真理的学生成绩往往不是很优秀,而那些下课玩耍、上课争分夺秒的人往往成绩较优异。这是为什么?前者以高度的精力学,让大脑时刻保持高度紧张,你是人不是铁,大脑会累。那些人把下课当上课,自然把上课当下课,效率荡然无存。后者则不同,在适当的时间,适当地干一些闲事,是他们的自我调节,为他们的效率提供保障,他们的闲是有目的的闲。"

诗意、生活、哲理熔为一炉。所以,语文课堂的学科目标追求,影响学生的生活状态、学习状态、人生态度。因此,"诗意"与"生活""哲理"的统一的学科追求,是我们理想的语文课堂追求。

扬孔子理念，创和谐课堂

夏春玲

读罢《论语》中的"侍坐章"，一幅和谐的教学画面呈现在眼前——孔子和子路、曾皙、冉有、公西华席地而坐，悠扬的鼓瑟声在空中萦绕，四弟子在孔子的引导之下畅所欲言、叙说理想。有率尔的（子路），有内敛的（冉有），有谦逊的（公西华），有稳健的（曾皙），性格迥异，尽情展现。而孔子则或哂或激或赞，席散而有弟子追师相问。

这不是课堂教学，这里没有一个教学辅助工具，没有丝毫雕琢的语言，也没有刻意设计的课堂组织形式，然而，这却是一堂真正的和谐生态课。"侍坐章"中展现的教学过程看似漫不经心，实际上却体现了先进的教学理念，教师能循循善诱，学生则畅所欲言，有问有答，有思有学。在自然而然的对话中，传达了孔子的课堂教学内容——从政的最高境界（和谐），也展现了弟子的学习内容——理想的最高境界，也勾勒了课堂教学理想模式——对话教学模式。简单而有效，这是"侍坐章"传达的理念，也是当今课堂教学的目标。如何在课堂中实现这种自然简单有效的课堂教学。孔子在《论语》语录中断断续续地介绍了一些经验。

一、教师要在学生心目中树立"至尊至敬至圣"的地位

"至尊至敬"者，生威，威者，生服之。如何才能成为"至尊至敬"者？前提是为师者要学识渊博，品行高深。孔子在学生心目中是一个"仰之弥高，钻之弥坚。瞻之在前，忽焉在后""博我以文，约我以礼，欲罢不能，既竭吾才，如有所立卓尔"的老师。在颜渊心中，老师既有学问又有品行，是自己竭尽全力而无法达到的一种境界；在子贡心中，更是无人能比。子贡曰："譬之宫墙，赐之墙也及肩，窥见室家之好。夫子之墙数仞，不得其门而入。""仲尼不可毁也，他人之贤者，丘陵也，犹可逾也。仲尼，日月也，无得而逾焉。"子贡以宫墙比喻，来说明孔子学问的高深，别人只能得其门道才能进入。并将其他贤者喻为丘陵，将孔子喻为日月来说明毁谤仲尼者不自量力，来说明孔子的地位。

颜渊、子贡是孔子学生中最有才能的两个，在他们的心目中，孔子是至尊至敬至圣的，是与日月齐辉的。其他的弟子更是对孔子敬重有加。于是，孔子的威严也就不言而喻。因此，有如此威严的老师，是和谐自然有效课堂形成的前提。

二、教师要树立"亦师亦友亦亲人"的人格魅力

孔子在教学和生活中，尊重学生，学习上，对学生循循善诱。面对子路的刚强自信，争强好胜，有勇无谋，学而未精，得意忘形，他时而担忧，时而诱导，时而压其威风，时而尊其懂礼。面对学生的"狂简，斐然成章"，孔子悦之。面对学生的死病，其如亲人般，失去颜渊，子曰："天丧予！天丧予！"并"哭之恸"；伯牛有疾，"自牖执其手"。

总之，孔子对于学生，"亦师亦友亦亲人"也，学生对于孔子，则敬其学识，品其品行，近其为师。至此，孔子和学生之间架起了沟通的桥梁。这也是和谐自然有效课堂形成的重要保障。

三、学生要养成"想学，会学，喜学"的习惯

"想学"即主动的学习。子曰："不愤不启，不悱不发。"即学生要"愤"，要"悱"，教师才能去"启"去"发"，故"想学"是主观能动性的极致发挥。现代许多学生从心理上就"厌学"，故"启"之，"发"之，还不会"愤""悱"，故形成自然和谐有效课堂就较困难，只能"水浇墙壁"水自流了。

"会学，喜学"即学习中形成学习信念和方法。子曰："知之者不如好之者，好之者必须乐之者。""会学"先须"乐学"，然后，持有"学而不厌""知之为知之，不知为不知"的态度，再就辅以"时习之""温故""告诸往而知来者""举一隅而以三隅反"的学习方法。

而孔子认为，学生"想学，会学，喜学"的前提是"贤贤易色；事父母，能竭其力。事君，能致其身；与朋友交，言而有信"，以及"德之不修，学之不讲，闻之不能徙，不善而不能致，是吾忧也"。故学生具有"入则孝，出则弟，谨而信，泛爱众"。

总之，如教师能树立"亦师亦友亦亲人"的"慈"和"至尊至敬至圣"的"威"，辅之学生"想学，会学，喜学"的"急"，建立和谐自然有效的课堂是一件容易的事。可现如今，这似乎只能是一种理想，不亦悲乎？

先学后教是教学之精髓

忻传森

大凡文章的开篇，往往反映文章的主旨、基调与作者的思想情感。论语开篇写道："学而时习之，不亦说乎？有朋自远方来，不亦乐乎？人不知而不愠，不亦君子乎？"我想也应该是论语精华之所在。三句不离本行，孔子的这些文字中所蕴含的古老的教育与人生智慧，对当下的教育生活仍然有参考的价值，其中反映的关于"学教生活"的深刻内涵也能给我们许多有益的启示。以下是自己由此而生的一些感想，与大家分享与共勉。

一、学习者是快乐的

"学而时习之，不亦说乎？"首先体现出，学习本应该是一件令人愉悦、如沐春风的乐事。作为读书人，还有什么能比有书可读，更令人快乐的事情呢？

我们的教育，如果能让学生在学习的过程中领略、享受到其中的快乐，那是一件多么美好的事。教育家斯宾塞认为"快乐是人体健康的最重要的催化剂"。因此，没有快乐的学习，既不利于学生科学的情感态度与价值观的形成，也不利于学生健康地成长，没有快乐的教育与现代教育理念肯定是相悖的。向教育索取快乐，我想应该是现代文明、现代教育所原本蕴含的人文内涵，在我们的学校教育中也理应被视为一种正当的需要、而且理应作为一个努力的方向。

二、教师以学安身立命

教师的职业要求我们具有"教书育人""传道、授业、解惑"的本领。因此一个合格的教师首先应该是一个合格的读书人，教师应该有志于学、以学安身立命，读书是教师生活不可缺少的一部分，读书是教师起码的职业底线。

教师是一个需要用心做事的职业，好的教师首先就应该是一个好的执着的读书人，在读书中、在书香的浸盈中，增长我们的知识，拓展我们的视野，丰厚我们的文化底蕴，提升我们的精神境界。教师是一个不断付出的职业，特别是在当下的教学评价和管理体系下，教师的工作面临很大的挑战性和压力，变得越来越规范而机械，超负荷地运转使教师疲惫不堪、内外交困，积累的热情与素养也逐渐被消磨、折腾得面目全非。面对现状与困境，教师更应注意自身的学习与提升，以智慧来应对我们的教学生活、应对外部世界，让我们的教学多一份技术含量、少一份体力的蛮干，让我们对外部世界的喧嚣多一份从容与自信、少一份烦躁与随波逐流。

三、学思之辩

一个人无论先天有多么聪明，如果没有知识的支持、缺乏人类集体积累的文明与智慧，只凭自身天生的小智小慧小聪明，终难成大器。方州先生在《学会学习》一书中写道："很难想象一个没有知识的人，内心是多么的闭塞、苦闷。因为没有知识，他们看不清自己前进的道路；因为没有知识，他们无法参与更多的竞争。难以在人生的路上跨步向前，只有站在最初的起点，看着别人越走越远"。

子曰："吾尝终日不食，终夜不寝，以思，无益，不如学也。"（《论语·卫灵公篇》）可见，学是思之基础，离开读书学习，没有文化的积淀，就不会有思想境界的升华，就不可能有智慧的生成。子又曰："学而不思则罔，思而不学则殆。"（《论语·为政》）这是强调学习与思考相结合的重要性。只重于学习与取法前人，而不注重思考、不加上自己的分辨与判断，就有可能遭到思想蒙蔽及限制而陷于迷惑。只重思考而不注重学习，就容易误入歧途，可能要走许多弯路，付出更多沉重的代价之后才能得到正确的解答。教学也是如此，我们要学习学科知识、教育心理知识、他人的教育实践经验知识，这样才能少走弯路。当然也要进行深入的思考分析，对教学内容的思考、对教学方式的思考、对教育事件的思考、对教学生活的思考、对教学文化的思考，思考可使人获得良好的理性与清醒的头脑，形成自己的教育教学风格。

四、学教之辩

"教学"这一事件的发生，从教师角度看，应该是学在前、教在后，学是教之前提。没有教师对教学内容、教学对象、教学方式的学习、研究和把握，教学就无法有效地发生。教师学习的深度与广度，决定着教学的成效。从学生角度看，记得有人说过，一个教师如果具有深厚的学科底蕴，学生的学习负担就不会太重。因此，教师的学科底蕴是教师最基本的素养，而学科底蕴的丰厚需要教师付出努力去学习与修炼。因此在学与教的关系中，理应是"先学后教"，教师之学在先，学生之学也同样应在教之先，即所谓以学定教。

就是从最现实与最功利的角度看，教师首先要做的是静下心来研读教材、研究教材。因为教材一直是课堂教学的最主要依据，是经过教学实践反复打磨出来的精品课程资源：其文字表述经过反复推敲；情景创设、问题探究几乎都是经典范例；每幅插图、每道习题都具有其特定的教育教学功能。教师要研究教材的编写意图、教材整体设计思路、教材的细节处理，研究教材中编写了什么，为什么这样编写。还要通过思考与创造性的工作，对教材进行"再加工"，这是因为教材的知识主要是以学术形态呈现的，需要教师进行加工才能转化为教育形态，进入课堂成为学生可接受的形式，而且教材中也有一些不够合理的地方，或者不符合我们教学实际的地方，需要我们进行重新组织与处理。这些过程，都需要教师具有一定的学习能力与学术素养。

五、教学相长

《礼记•学记》中云："虽有嘉肴，弗食不知其旨也；虽有至道，弗学不知其善也。是故学然后知不足，教然后知困。知不足，然后能自反也；知困，然后自强也。故曰：教学相长也。"在这里孔子诠释了"以学定教，教学相长"的教学理念。

我们的理想课堂，就是要让学生动起来，让学生去阅读，去思考，去提问题，去探究，去谈自己的发现与感想，去享受过程中的奥妙与成功的快乐。教师则应该是组织者与引导者，通过教师的有效组织与引导，把学习活动和学习任务相融合，紧紧把握学生学习的心理需求，在问题的发生、探究和解决的过程中，让"质疑、解疑、提高、升华"顺利进行，从而让学生充分"动"起来：手动起来、眼动起来、嘴动起来、思维动起来、每一根神经每一个细胞动起来，充分进入学习的状态，让学习变得自然、快乐、高效。同时，教师要能根据课堂的进程与学生实际，把解决课堂生成的问题当作自己教学的重点，及时调整自己的教学内容、教学节奏与教学方式。这样才是真正的"先学后教，以学定教，教学相长"。

六、关注学生之学

既然是"先学后教"，必然就要"以学定教"，我们的教学就不能只关注教师教的状态，更要关注学生之学，关注学生的学习状态。从整个的教育教学进程看，要关注学生原有的知识结构、经验基础、情感背景；要关注学生学习过程中认知上的困惑与不解，情感上的困扰与忧伤；关怀学生的发展与未来，让学生学会学习，学会参与，学会运用，学会考试，也学会享受。在我们的课堂上，更要关注学生参与学习的情况，关注学生在课堂上呈现出来的参与学习的状态、方式、品质、效果，并作为确定我们如何展开教学的一个基本依据。

七、珍惜师生之缘

"有朋自远方来，不亦乐乎？"这确实是一件非常奇妙的事情，来自各地、毫不相干的一些人，能够聚到一起学习、成长，这需要怎样的一线因缘相牵啊！有诗云："前世的五百次回眸换得今生的一次擦肩而过／我用一千次回眸换得今生在你面前的驻足停留／问佛：要多少次回眸才能真正住进你的心中／……"试想，我们的前世是积攒了多少次的回眸，才能换得现在彼此的相识相知，在一起学习、生活、成长！

在人一生中，这种特定时间、特定人物的缘分只有一次，错过了就再也没有重来的机缘，特别是求学与成长阶段的美好时光，所以要懂得珍惜这一段来之不易的时光，要珍惜这一时空里的人和事。只有懂得珍惜师生缘分，才能拥有和谐融洽的师生关系，才能相互关怀，用心温暖彼此、共同进步，才能珍惜当下的学习与生活，才能把心沉静下来打好基础成就未来。既然是老师，就要做好老师的工作、尽到老师的职责，该讲的就要讲、该做的就必须做。既然是学生，该付出的努力就要付出，该承受的压力就要承受。师生彼此需要更多的谅解与宽容，对于过错有则改之，不要太介意，对于彼此的好要珍惜与感恩。

八、教师之君子风度

子曰："人不知而不愠，不亦君子乎？"这里孔子描绘了一个谦谦君子的形象。自古以来，中华民族的主流风尚是做一个君子。教师是学生的榜样，在学生面前教师应该是文质彬彬的君子，正所谓"学高为师，身正为范"。从整个社会的期待看，教师也应该是社会良知与正义价值的守护者，是君子。因此，教师要学习与修炼自身，努力使自己具有君子风度。我们在生活中确实会遇到很多的不如意，但是我们还是应该保持一份君子的情怀，对于人生持一份豁达、慈悲与宽容之心，对待一些误解与责难，只要不是原则性的问题，很多时候不必做无谓的斗争，不必事事斤斤计较，正所谓"人不知而不愠"。用我们不亢不卑、志趣高远的君子风度，赢得学生的尊重，赢得一个好的人缘关系，赢得一个好的生活环境。

教师的风范、教师的人文情怀，就是君子风度。

以《论语》的智慧启示
高三物理复习教与学

忻传森

引　言——何以化解高三物理之难

《论语》大多是孔子与弟子关于修学的对话。从文中可以看出，孔子强调因材施教，针对弟子的不同禀赋，授以不同的方便法门。孔子注重启发式教学，"不愤不启、不悱不发，举一隅不以三隅反，则不复也"，循循善诱，引领与点拨，让弟子自己去悟去行，这样更有利于修得正道。其中蕴含的教育思想，对于我们的教育教学有很多的启示作用。

高三复习的目标是应对高考，而高考的试场里，最终要学生独自面对一张张试卷、一道道考题，此时没有老师的指导、没有同学的切磋，能否顺利通过全在个人修为。高中物理高考几乎对每一个理科生来说，往往都是最刻骨铭心的。物理试卷上的一道道难题，最能刺激神经，更能考验学生的智力、技能和毅力，需要更多的智慧与坚忍，更多的激情与勇气。多少学生就因为物理难题的阻挡，而失望，而沉沦。

因此，物理老师的教学，不能只关注教、只研究教，只把知识讲完整、把问题与解答讲清楚，这还不够。要研究学生学物理、解物理题的特有的认知规律，注重学习指导，要研究学生物理学习与解题过程中的困扰与忧伤，设法让学生自己去参悟修习，逐渐获得与拥有足够的能力与勇气，独自面对物理、面对考题。《论语》的智慧里就蕴含着许多关于指导学生复习、练习、反思的成分。

一、温故而知新

子曰："学而时习之，不亦说乎？""温故而知新，可以为师矣。"学习需要经常性的复习总结，形成知识体系，使之进入长时记忆，这是常识。在高三复习阶段，要强调"温故""习之"，更要强调"知新"。

1. 没有基础，奢谈能力与创新，近乎于勾画虚无缥缈的空中楼阁

一些学生包括老师会觉得，做基础性的复习与梳理，效率不高，还没有做题来得有即时效果、有成就感，这完全是一种错觉。大量事实表明，基础知识不牢固是学不好物理的根本原因。

子曰："无欲速，无见小利。欲速则不达，见小利则大事不成。"求快反而达不到目的，贪求小利就做不成大事。决定物理考试成败的因素很多，但是撇开不可改变的先天素质问题不谈，最重要的就是基础知识、扩展知识、对方法的掌握、基础性的分析判断与计算等。只有通过温故与梳理，把这些知识掌握好，弄明白，有了坚实的基础，才会有提升与冲锋的空间与底气，才能保证在接下来的学习中让自己逐渐由量变走向质变。

2. 没有理论指导的实践是盲目的实践

物理学是一门具有哲学气质、方法论性质的学科，它有一套独特的思维方法、操作处理方式。所以要顺利解决物理题，在复习的起始就要通过复习梳理，掌握物理的独特语言、物理的独特思维套路，包括解题程序、过程分析、构建模型、规范表达，也包括某一模型、某类特殊问题的一整套特殊的处理方法，还包括一些经典的模型化的习题与相应的处理方法。进一步还要领会更为深刻的物理思想方法，诸如对称、守恒、等效、理想化等。

只有这样，才能少走弯路，才能使我们能用哲学式的物理眼光审视面对的问题，以指导解题思路的寻找，而不是盲目地做题。

3. 温故不是简单的重复，还要知新

高三复习时的"温故"要着眼于将知识精加工、集成并构筑知识体系。不是简单的知识堆积，而是形成坚实的基础与清晰有序的结构；不是简单的知识回顾与简单重复，是要形成新的更高层次的结构，是要加入新的元素、更有生命力的成分。

这些成分包括什么？不同的老师、不同的同学体会不同，说法也不同。但是我想至少可以肯定这些东西应该不是简单的扩展性知识，而更应该是知识的内在关联、方法论性质的知识、程序性与策略性的知识。它们属于更深刻的东西，并形成一个体系作为能力成长的一个重要依托点。比如，关于"力的观点、能量的观点"的方法论体系；"力的分析、运动分析、功的分析、能量转化分析"的方法论。一个力学问题就要从这些角度来思考，从这些方面入手与展开。

原有知识的深度有序化与创新的重组，也是一种"知新"，小的比如把典型问题集成而模型化，大的比如把相关联的题目、模型与知识方法集成而模块化。这样的知识体系更实用、更有效，

在遇到相关的问题时，这些知识与方法就会汩汩而出，思路如涌。

二、不能专对，亦奚以为？

子曰："诵诗三百，授之以政，不达；使于四方，不能专对，虽多，亦奚以为？"不能学以致用解决实际问题，书读得最多，又有什么用处？所以做学问的同时，还要付诸实践。

武术套路招式与理论口诀，不能与实战结合，就不能转化为真本领。《天龙八部》中的王语嫣记忆超群，能背诵许多武林秘籍与心法，但是手无缚鸡之力，毫无武功。1968 年第十九届墨西哥城奥运会，美国游泳队大获全胜。男队夺得了 10 项冠军，女队则摘下了 11 枚金牌，最后一个项目结束，队员们兴奋地纷纷把自己的奖牌挂在教练查伏尔的胸前，并把他抛向了空中。扑通……队员们居然把查伏尔扔进了游泳池里。查伏尔掉到水里后，又是蹬腿又是挥手，拼命地挣扎……奥运冠军金牌教练居然不会游泳！虽然游泳理论烂熟于胸，如果不下水实践还是一样不会游泳。

高三复习阶段，学以致用当然主要是指解题实践。只有通过做题，才能激发思维，把自己的潜力转化为能力。否则纵然是满腹经纶，把物理知识背诵得滚瓜烂熟，在真正的考场上面对考题时，还是会难免手忙脚乱、铩羽而归。

关于如何指导解题实践，一时想到以下的一些观点：

①不做题如何能获得应对物理高考的能力。做题与练习使潜能转化为能力，使自己不但会用习得的知识方法，并且能在该用的场合自然想到去用，并且能用对、用好。

②反对题海但是绝对不能拒绝做题，不做题就是自甘堕落。一定量的练习很有必要，要耐得住性子坐冷板凳、全身心投入去做题。练习应该选与自己水平相当或者稍微高于自己水平的题目，太难太易都不好。

③每一个章节都要精心做好几道好题。胡乱做题甚至于做大量垃圾题，很多时候是在浪费时间。考查重要概念规律、重要物理思想的题才是根本才是经典，只有这些题，才能让你融会贯通，练就基本功，有实力面对组合而成大题。

④做题要讲套路。基本套路要用熟，并成为一种条件反射式的技能。名门正派正规军作战是根本，旁门左道是非常时刻才用的。

⑤重视审题环节。很多时候可以说成也审题败也审题，要弄清题目的来头，弄清条件、对象、过程和关键状态，把握题眼，否则败在起跑线上，所有的努力都是白费。

⑥练习时遇到新的方法，应该及时收集整理，把原有集成的知识模块进行重组与升级，这样会使你的知识结构更实用、思维能力更强。

……

做题还能磨练意志，提高心理素质，让你更勇敢、坚韧、沉着。成功与失败，快乐与焦躁，酸甜苦辣，尽在其中，让你荡气回肠，让你千帆过尽、历尽沧桑，让你走向成熟、走向成长。只有在做题中才能练就一身软硬的真功夫，成为内外兼修的真正高手，在考场上才能有勇气、有实力杀入题海，所向披靡。

三、学而不思则罔

子曰："学而不思则罔，思而不学则殆。""吾日三省吾身——为人谋而不忠乎？与朋友交而不信乎？传不习乎？""博学而笃志，切问而近思，仁在其中矣"……只是埋头读书、实践，还是不行，还是成不了智者与大师。还必须要进行反思，在反思中完善自我，增长智慧。

昔日释迦牟尼在六年苦行之后，在一株高大茂密的菩提树下，端身正意，结跏趺坐，静思默想。他发下誓愿："如果不圆成正等正觉的佛果，宁可碎此身，终不起此座！"在菩提树下趺坐四十八天，他的思维追忆着过去的经历，用大智慧观照宇宙人生的缘起本心，遍观十方无量世界和过去世现在世未来世一切事情，洞见三界因果，终于豁然大悟，得无上大道，成为圆满正等正觉的佛陀。如果没有静心思虑，释迦牟尼如何能证得无上智慧，参透宇宙人生的真谛！

如果把记忆知识、练习做题的过程比作耕耘，之后的回顾与反思才是收获，经过回顾与反思，领悟到过程中的奥妙，才能有真收获，才能完善与提升自己。反思让你思想深邃、眼光犀利。离开反思，所有的努力都大打折扣，根本不可能成为绝顶高手。

反思可以是全方位的，学考过程中每一个环节，好的、不好的，都可以作为回顾与反思的素材，都可以是自己吸收并滋养自身丰富营养的过程。

①反思解题中涉及的知识、自己的思考过程、物理模型的建立、物理思想方法、有联系的问题、解题思路及推理过程。

②对练习与解题中的错误原因的反思，以便查漏补缺，完善自己。比如：某知识块没掌握好；审题马虎大意；思路的问题；表达规范的问题；处理与运算的技巧；还有心理因素方面的，心理弱点，自我监控等。

③反思常规学习环节中的种种问题。比如：记忆的问题，知识结构的问题，独立做题的问题，做题习惯的问题，上课听课的问题，笔记的问题，时间分配的问题，与同学切磋的问题，诸如此类。

结　语——熟能生巧

古语云："熟能生巧。"复习的目的就是要把以前学过的知识，再进行精加工，同时在实践中进行不断的演练，以至于烂熟于胸，得心应手。到了这个层次，再通过静心思虑、回顾反思，自然"生巧"。巧是什么，巧中既有巧技、又有巧智，这是一种新的本领、新的智慧，借此你的境界提升了，借此你就能解决之前你根本意想不到的所谓的难题了！

愤启悱发，关注学法；温故知新，构筑体系；学以致用，激活潜能；学而思之，完善提升；熟能生巧，真实不虚。

愤则启，悱则发

——以《陈情表》为例浅谈在语文教学中的几点思考

许敏丽

子曰："不愤不启，不悱不发。举一渔不以三于反，则不复也。"这就是说，不到想求明白而不得的时候，不去开导学生；不到想说出来而不能的时候，不去启发他。这就要求我们，在教学活动中，要唤醒学生，激发学生的学习兴趣，引导学生积极主动地思考问题，并能从不同角度去找寻不同视角欣赏文本，有所领悟。那么，在具体的教学活动中，我们又该怎么去做呢？

本文以《陈情表》为例，谈谈自己的几点做法。

李密的《陈情表》堪称古今陈情的"绝篇"，如何让学生积极地思考，做到"愤"和"悱"，引导学生领略陈情艺术的"绝妙"呢？

一、"一叶知秋"细品味，一石激起千层浪

第一课时后，学生借助工具书也大致了解了本文是李密在忠孝难两全的情况下写的文章。但是怎么从文本阅读中得出这个结论，也是颇费脑筋的。我在教学中借"微"问题做大文章，从小

切口进入，发一问而动全课，激起了学生探究的欲望和热情，让阅读既不脱离文本，又能高于文本。

文言阅读中不乏官职与人名的合称。例如《五人墓碑记》"贤士大夫者，周卿因之吴公，太史文起文公，孟长姚公也"；《梅花岭记》"督相史忠烈公知势不可为"，都是官职与姓名等连用，可陈情表却出来一个"前太守臣逵""后刺史臣荣"这个看似莫名其妙的组合。

微探究问题设置：这里的表达与惯例相比多一个"臣"字，李密这样写用意何在？

这一问题激起了学生积极思考。他们于是脑洞大开，各抒己见。这时，我借此进行了点拨、开导：李密作为一个旧朝遗臣，身份尴尬，言语谨慎从此可见一斑，"孝情"是可以光明正大放到台面上的，可"忠情"对于李密来说确实是一个说也不是，不说也不是的难题，李密仅凭一个"臣"字就解决了难以言说的"诉忠情"。

二、"步步为营"巧设疑，吹皱一池春水

千里之堤毁于蚁穴，千里江水也同样是由涓涓细流汇聚而成，细微之处往往蕴藏着大能量。语文教学的成功与否大抵也在于一些细节的处理。"四两拨千斤""发一问而动全课"，能否从细节着手，能否把握住学生"愤、悱"的关键点，切中要害，达到"吹皱一池春水"的实效是对高中语文教学微探究提出的一个挑战。

1. 问点"独创"，激起探究欲望

李密在文章开头极力陈述自己进退两难的艰难处境，在第三、四段用说理的方式表达了自己"忠孝抉择"只能为难选择先尽孝再尽忠。

微探究问题设置：将本文的第三段和第一段互换位置，先说理后言情可不可以？

问题一出，学生立即进入"愤""悱"的状态，他们畅所欲言。随即，我进行了总结：

全文首先陈述个人悲惨遭遇及家庭凄苦，突出母孙的特殊关系，作为陈情的依据；继则写自己愿意奉诏，但又以刘病日笃，处于狼狈之境，借以博取晋武同情；再则抬出以孝治天下的大旗，恳求准如所请；同时更表明自己心迹，排除了不愿出仕的政治因素；最后提出解决矛盾的方案。全文构思缜密，脉络分明，具有很强的逻辑力量。

这个微问题在设置时，主要目的是引导学生全文阅读，对文本有一个整体的认知，把握文章结构，知晓作者写作思路。问题设置的难度不是很大，与第一课时的关系也较为密切，对于学生梳理课文脉络，完成知识建构帮助较大。

2. 问点"留白"，插上想象的翅膀

微探究教学过程要充分体现教学组织者和学习者不竭的创造潜能，教师要利用教学契机，以新颖的视角创造性地设置微问题，启发学生的创造性思维。

微探究问题设置一："伏惟圣朝以孝治天下，凡在故老，犹蒙矜育，况臣孤苦，特为尤甚。"这是一个三段论式的推理，大前提"圣朝以孝治天下，凡在故老，犹蒙矜育"，小前提"臣孤苦，特为尤甚"都已具备，可结论却没有说，你能把李密真正想说的话补充完整吗？

微探究问题设置二：李密为什么不把这个结论直截了当地说出来，而是宕开一笔，写自己少仕伪朝的事？

这样的微问题，旨在引导学生设身处地地站在李密的角度，知人论世，揣摩作者撰文时的各种复杂心境，细细品味，涵泳、

精读和心理揣摩有机结合。在学生七嘴八舌的讨论中，答案的生成往往也是水到渠成。这样的微问题，目的是激发学生的认知冲突，让学生在积极地体验中完成认知的飞跃，获得更深层的阅读体验。

选择一个小切口，以此达到"发一问而动全课"的教学效果的微探究课堂应该成为我们语文课堂教学的常态。设置好一个微问题，调动学生的积极性，激发起学生探究兴趣，以此达到"愤""悱"的状态，培养他们的探究能力，从而起到教学相长的作用。这就是圣人孔子的教学思想所带给我的启发和思考。

因"材"施教，也该因
"题""体"而教

许敏丽

子路问："闻斯行诸？"子曰："有父兄在，如之何闻斯行之？"

冉有问："闻斯行诸？"子曰："闻斯行之。"

公西华曰："由也问：'闻斯行诸'，子曰'有父兄在'。求也问：'闻斯行诸'，子曰'闻斯行之'。赤也惑，敢问。"子曰："求也退，故进之。由也兼人，故退之。"（11.21）

在 11.21 这节中，子路和冉有同样问"闻斯行诸"，孔子却做了不同的回答。由于子路性情勇敢，做事有时不免轻率，所以孔子要他在听到一件该做的事时最好向父兄请教后才去做。而由于冉有个性谦退，遇事往往畏缩，因此孔子要他在听到一件该做的事后立刻去做。这是孔子因材施教的一个例子。

孔子作为我国古代一位伟大的教育家，他的这种"因材施教"的教育经验，是传统教育思想的宝贵遗产，至今仍对我们的教育实践有着行之有效的指导意义。作为一线教师，我们应该从教育家孔子那里得到启示：教什么？怎么教？我想这是我们必须要思

129

考的问题，也是我们必须要清楚知晓的问题。在具体的教学实践中，笔者认为可以从以下三个方面去思考。

一、因"材"施教：莫要眉毛胡子一把抓

因材施教就是要让我们依据不同的学生开展不同的教学。也就是说，我们在开展教学前，一定要对学生的学情做一个全面的了解：学生会什么，不会什么；学生的易错点在哪，疑惑点在哪……对学生的情况能了然于心，莫要眉毛胡子一把抓，我们的教学才有针对性，才更有效。

如我们组的老师在教学实践中不断摸索，设计了一张《全班学生各小题得分登记表》。在每一次考试之后，我们每一位老师都会在《全班学生各小题得分登记表》上登记每个学生各小题的得分，形成班级学生语文成长档案。依据这张表格，教师可以很清楚地发现每个学生在各题型上的优势与劣势以及班级存在的总问题，教师据此就可以调整下阶段的教学内容。同时建立班级整体档案，引入竞争激励机制，可以转变潜能生的学习态度，使潜能生的潜质得到发挥。实际上，这就是因材施教的做法，在全面了解学生的基础上，设计教学内容，开展相应的教学任务。

因"材"施教，对学生的学情有一个基本的把握，这是保证我们课堂教学有效性的前提。只有知道了学生需要什么、不需要什么，我们的教学才更有针对性，我们的教学才能谈得上高效或优质。所以，了然于心，因材施教，是高效课堂的前提。

二、因"题"明向：莫让浮云遮望眼

这里所说的"题"，是专题。因"题"明向，就是依据文本的专题要求明确教学的方向。《普通高中语文课程标准实验教科

书（苏教版）》从必修一到必修五，每一本教材都设有四个专题，专题下面又由两个或三个板块组成。每一个专题的前面都有"专题内涵解说"和"专题教学目标"。所谓"专题内涵解说"，就是对每个专题的人文内涵做了一定的阐述，介绍专题内容的构成和学习板块的内在关系；所谓"专题教学目标"，就是根据《课程标准》和模块、专题内容设定的，也是我们整一个专题的总体目标。

在思考教学设计时，如何设定教学目标？如何设定教学的重点和难点？这是我们上课前必须要非常清楚的。所以，为了制订合理、正确的教学目标、教学重难点，我们每一位老师必须要认真阅读"专题内涵解说"和"专题教学目标"，从总体上了解并把握专题的基本内容。"专题内涵解说"和"专题教学目标"，一定是能折射反映教材的重点，能提纲挈领、统领全课的。身在一线的我们，切记"莫让浮云遮望眼"。

因为它们是我们实现高效课堂的方向标，不但给我们以明确的教学目标，让我们清楚地知道每一个专题、每一篇课文的教学重点，更利于我们制订正确的教学目标，实施有效的课堂教学。因此，要有效地实施课堂教学，首先需要我们每一位老师能够细细地研读"专题内涵解说"和"专题教学目标"，在设计教学思路时，非常清楚地知道每一个专题、每一篇文章的重点在哪，从而制订合宜的教学目标。这样，我们的教学才能够有的放矢。

三、因"体"定教：直挂云帆济沧海

这里的"体"，指的是文体。因"体"定教，就是依据文体，确定教学内容而教。文体不同，它的教学要求、教学重点肯定也不一样，这是毫无疑问的。在多年的教学实践中，我认为各类文体可以这样去确定主要内容或教学重难点。

说明文：通过明确说明的对象、说明对象的特征、说明方法和说明顺序，从而去体会说明文的语言特点。因为这种文体，它的内容往往是较简单的，条理也很清楚，如必修五的《南州六月荔枝丹》《景泰蓝的制作》等文章，学生要看懂它们并非难事。这样，我们就把教学的重难点放在语言的品味上，学生通过对语言的品味去体会说明文语言的准确性和严谨性。

议论文：通过把握论点、论据和论证三要素，进而体会作者鲜明的观点（内容），严谨的论证思路（结构），精彩的说理技巧（语言）。所以，在设计教学时，这三者应该是我们的教学重点。当然，在具体教学中，我们要依据学情，理解难度大的点应该是我们教学的重点和突破点。

小说：通过把握人物、情节、环境三要素来观照社会，挖掘主题思想。因此，教学内容的确定应该是集中在这些方面，如果偏离了这些方面，那你的设计便会偏离专题目标、教学重点了。

诗歌：通过品读诗句的节奏和韵律，把握意象，锤炼句子，体会诗人的情感。在教学实践中，读诗歌和品诗歌应该是教学的重点。通过读，体会诗歌这种文体所区别于其他文体的节奏韵律之美；通过品（形式），把握诗歌意象，感受诗歌意境，从而体会诗人情感（内容）。因此，无论你的教学怎么设计，你都不能离开"读"和"品"两种教学方法。

散文：通过作者的直接陈述（谋句：如议论、抒情等句）和作品的语气语调把握作者的情思。王荣生教授说，散文教学应该是"以己之心，体贴作者之心"。也就是说，体会作者的情思应该是教学散文最主要的内容，这无疑为我们明确了散文教学的重点。因此，在课堂教学中，我们要紧紧围绕着这个目标，从语言、技巧等方面品味作者个性化的情思。

文言文：文字、文言、文化和文学四方面是文言文教学的内容，在课堂教学中，我们要通过"章法考究处、炼字炼句处"（文字、文言）具体把握作者的"所言志所载道"（文学、文化）。值得一提的是，教学文言文切不可把"文"与"言"割裂开，先言后文，而应该是在教学中把"文"与"言"融合在一起，互相渗透。

　　说明文、议论文、小说、诗歌、散文、文言文等是我们必修教材中的几类主要文体，每类文体都有它的特点，教学中依据各自的不同点以此来确定我们的教学目标，教学重、难点，这是优质课堂的又一保证。

　　一堂优质、高效的课堂，离不开学生的参与，离不开老师的引导，也离不开高超严密的教学设计。不管怎样，它都得有个前提，那就是首先要一线教师明白教什么和怎么教两大问题。因"材"施教固然很重要，但在教学中还应因"题"、因"体"而教。只有这样，我们的课堂教学才会"长风破浪会有时，直挂云帆济沧海"！

论

语

之

教

育

仁者爱人

——谈《论语》忠恕思想对中学生爱心社团的引领及实践

陈 优

《论语·里仁》中孔子讲道:"参乎!吾道一以贯之。"曾子曰:"唯。"子出,门人问曰:"何谓也?"曾子曰:"夫子之道,忠恕而已矣。"所谓忠,即尽己之心以待人,也就是"己欲立而立人,己欲达而达人";所谓恕,即推己之心以及人,也就是"己所不欲,勿施与人"。

忠恕之道即仁道。孔子在《论语》中谈到"仁"的地方有一百零五次之多,虽然涉及的对象包括了礼义忠恕等广泛的领域,但它作为一种至高之德,世俗之人听来颇有一种"高处不胜寒"的距离感,而忠恕之道,从本我做起,人人可尽力而为之。

一、"忠恕"思想的载体

现在的学生大多是独生子女,他们从小受尽宠爱,不知"一针一线来之不易",不懂生活的艰辛和人间疾苦,很多同学缺乏友爱互助精神、社会责任感和感恩意识。而学校和家长对他们的教育更多地体现为"说教式"的单向灌输。那些就事论事的片言只语，如果不具体落实到生活中，就会缺乏感染力，对学生道德的教育收效甚微。那么，以爱心社团为载体，利用学生课余时间，尤其是寒暑假，指导学校学生组织开展以"忠恕"思想为宗旨，以"扶贫济困"为主题的爱心帮扶、义工行动等爱心社会实践活动，将德育与学生的实践体验紧密联系起来，让人感同身受，就能达到良好的教育效果。

二、"忠恕"思想的内容

"忠恕"思想在学生社团中的实践主要是利用学生课余时间，尤其是寒暑假开展活动。它以"帮助他人，快乐自己"为宗旨，以"扶贫济困"为主题，通过爱心帮扶、义工行动等爱心实践活动帮助周围贫困师生、患病儿童和孤寡老人等。

爱心帮扶——设置"爱心箱"，进行爱心募捐、爱心义卖等活动，筹集爱心资金来救助周围的贫困学生、孤寡老人、患病儿童，为他们捐钱捐物。

开展义工行动——到敬老院为老人打扫卫生，陪老人聊天，为老人表演节目等；走访社区内残疾人、特困企业和职工，为其献爱心等。

三、"忠恕"思想的实践

"忠恕"思想在社团活动中该如何实现"立己""达人"的目标呢？《论语·为政》中有这么一章：子夏问孝。子曰："色难。有事，弟子服其劳，有酒食，先生馔，曾是以为孝乎？"意思是要让父母心情舒畅，首先要对父母和颜悦色。推广开来，由父母到他人,"达人"首先讲的是一颗诚心,即真诚的心意。诚心待人,是"忠恕"的出发点。

以下是一次同学们参加社团实践的感想。2015年12月20日下午,"爱心1+2"社团为增新养老院老人献爱心时,成员将带来的香蕉、麦片、纸巾,送到每位老人的手中,买来的药品及生活用品都交给院长储存。有些老人已经九十多岁了,佝偻着身子,生活有诸多不便之处。成员们帮其洗衣服、洗脚、剪指甲,所能做的虽不多,但是收获了老人们的笑容和感动。这一刻,我们知道了其实老人需要的不多,"忠恕"有时仅仅是用心的陪伴。

上次来养老院看望时,姚定仙院长说很多老人很久没拍照片了,希望能给所有住在养老院这个大家庭里的老人拍张全家福。了解到老人们的这个愿望后,社员们和老人们一起拍了一张全家福,并到照相馆冲印出来,装框裱好。今天再次来探望时,我们送上这张全家福,把它挂在客厅的墙上。老人们纷纷上前来寻找自己的身影,看着他们流露出的孩子般的笑容,同学们也感到很开心。这一刻,我们知道了其实老人需要的不多,"忠恕"有时仅仅是细心的关怀。

四、"忠恕"思想的意义

子曰:"仁乎远哉?我欲仁,斯仁至矣!"(《论语·述而》)"仁"真的是看不到、摸不着、很高远的吗?我想:只要在观念上引发仁爱之心,去爱别人,去做善事,用爱点燃爱,用实际行动实践"忠恕"思想,那么"仁"自然而然就向你走来了。

再小的力量,也是一种支持。社会上需要帮助的人,何止千万。虽然我们力量微薄,无法帮助所有人,但只要人人贡献一点绵薄之力,社会终将充满光明与温暖。一笔笔善款构建了老人、小朋友的希望之桥,让它通向生命的彼岸。相信这些受助的人,亦会心中充满爱，心怀感恩，为社会延续薪火关爱之风。

爱心社团活动如果始终围绕着"忠恕"思想开展活动。通过扶贫济困、爱心公益等活动有效地实现体验、感悟、接受、启迪等身与心的践行，定能培养学生良好的社会道德品质和责任感及感恩意识，展现当代中学生良好的精神风貌。

巧妙抓住契机，意外生成教育

——浅谈孔子的教育之道

吴桂华

"不愤不启，不悱不发。"伟大的教育家孔子是一个非常懂得抓住教育契机的教育者，他利用生活中的一切教育机会，启发学生，点化学生，真正走进学生心灵，从而成功地教导学生。我想，这应该是孔子的教育精髓所在。所以，在他的教导下，教育是简单而艺术的，学生是个性张扬的，老师是慧心飞扬的，教育也就因此而变得生动有趣得多了。孔子就是充分把握生活处处是教育的规律，认识到只有在一定的契机中，教育才能最大限度地发挥它应有的作用。那么如何才能巧妙抓住教育契机，获得教育的成功呢？让我们在孔夫子的引领下，获得教育之道。

一、独具一双慧眼，于细微之处发现教育契机

"因材施教"是孔子教育的最大特点，我认为孔子之所以能完美地进行因材施教，就是基于他对学生的充分了解，而这得益于孔子对学生平日的细致观察。子曰："视其所以，观其所由，察其

所安，人焉廋哉？人焉廋哉？"孔子认为通过观察一个人的行为、经历和兴趣爱好，就能很好地了解一个人。所以，孔夫子对他学生的优缺点可以说是了如指掌。这点他在很多场合都有提到。

子曰："求也退，故进之；由也兼人，故退之。"

孔子通过自己的观察发现两个学生不同的性格，冉求做事畏缩，所以要推一推他，仲由勇气过人，所以要压一压他。

子曰："柴也愚，参也鲁，师也辟，由也喭。"（《论语·先进》）

孔子说："柴性愚直，参性鲁钝，师性偏僻，由性刚猛。"这里特地说一下高柴这个人。据记载，高柴是一个较迂腐的人，他的父母过世，他的孝心使他无法控制自己，悲痛得哭干了眼泪，继而流出血来。孔子对他说，孝顺父母是对的，但不能伤害自己的身体，而应该适可而止，然后奋发图强，让父母亲因为有你这个孩子而感到安慰。从中我们发现，孔子能一下子找到安慰高柴的点，又激励了他要努力向上而不是沉沦，这与他对学生平时的细心观察了解是分不开的。

再看下面一段文字：

子夏问孔子曰："颜回之为人奚若？"子曰："回之仁贤于丘也。"曰："子贡之为人奚若？"子曰："赐之辨贤于丘也。"曰："子路之为人奚若？"子曰："由之勇贤于丘也。"曰："子张之为人奚若？"子曰："师之庄贤于丘也。"子夏避席而问，曰："然则四子者何为事夫子？"曰："居！吾语汝。夫回能仁而不能反，赐能辨而不能讷，由能勇而不能怯，师能庄而不能同。兼四子之有以易吾，吾弗许也。此其所以事吾而不贰也。"（《孔子家语》第四卷六本第十五）

在这段文字里，孔子和颜悦色地告诉子夏："颜回很守信用，但不懂得变通；子贡聪明，但他不够谦虚；子路很勇敢，但宽厚、忍让方面仍待学习；子张处事谨慎，为人严肃，可是旁人却不容易亲近他。他们四个人各有所长，也各有所短，所以我还是可以给他们做老师的。"由此看出，孔子是多么了解他的学生，他知道门下所有弟子的优点和缺点，所以他也非常自信自己是可以成为他们的老师的。所谓"知己知彼，百战不殆"，我想，善于观察学生，是一位优秀师者要具备的首要条件。

苏霍姆林斯基曾经说过："观察是智慧最重要的能源。"作为班主任，要独具慧眼，善于观察，善于发现，捕捉最佳的教育时机，采取最恰当的教育方式，因势利导，这便是"教育机智"。班主任若要走进学生的心里，就要靠自己事事留心，时时观察，处处发现，来感知学生的思想和心理，从学生的细微情感变化中发现问题。这样，当教育契机来临时，我们才能游刃有余地抓住并充分利用。所以，我们教育者在日常管理中应该拥有一双慧眼，培养自己良好的教育感觉，从而能更好地抓住那些不易察觉的教育契机。在《班级管理智慧》中，我看到过这样一段话：班主任要做教育的有心人，要独具一双慧眼，要有一种教育的灵感与敏感，善于从学生所做的一些不起眼的小事中发现教育的契机，见人之所未见，发人之所未发，于看似平常的细节中见"新奇"。细嚼之下觉得这话颇有道理，因为班主任工作是细致琐碎的，必须深入日常生活的管理中。在这个过程中，如果班主任是一位细致的观察家，拥有慧眼，善于观察，目光敏锐，就能从学生的一举一动、一言一行中洞悉到学生的内心世界，捕捉到学生微妙的心理。若能在每个转瞬即逝的生活细节中，抓住这极好的教育契机，就会拥有教育的成功与精彩！

二、保持一颗爱心，于心灵深处捕捉教育契机

"班主任工作是爱心与智慧的交融。"在班主任工作中，爱心就是最好的慧心，没有情感的教育，就不能称为教育，不能获得学生情感的认可，那就很难能成为优秀的教育者，更不用说是成

功的教育者。

可以说，孔子教育生涯中的点点滴滴无不浸透着他伟大的仁爱之举。《论语》的核心思想是"仁"，实质是"爱"，孔子对所有学生的爱，是一种发自内心的善意，正是他的这种广博、真诚的爱赢来了所有弟子的尊重。"诲人不倦"充满着师者浓浓的关爱，"有教无类"更体现了师者的博大情怀。在这种爱的驱使下，老师就会有强烈的教育愿望，千方百计地去教好学生。子曰："爱之，能勿劳乎？言之，能勿诲乎？"我想，说的就是这个道理。不仅如此，孔子对学生的关爱更是无比真挚的。当他的得意门生颜渊不幸早亡时，他伤心欲绝，痛哭流涕，连呼："噫！天丧予！天丧予！"学生伯牛染上了"恶疾"，不能见人，孔子去探望他，从窗外握着他的手，说："亡之，命矣夫！斯人也而有斯疾也！斯人也而有斯疾也！"孔子用自己的师者情怀感染着每一个弟子，春风化雨，润物无声，从而打开学生的心灵之门。他无私的爱换来了学生真诚的交流，可以说真正体现了"亲其师，信其道"的理念。

特级教师斯霞说："爱是最好的教育方法。"班主任的工作是一种充满爱的教育。所谓爱的教育，就是要以情动人，就是在行为上真正体现出对学生真诚的关心，并且将美好的情感注入学生的心田，从而建立良好的师生关系，那才是最有效的教育。一个班级中难免会有一些特殊的学生，或是单亲，或是留守，或是家庭离异，或是桀骜不驯，或是性格孤僻等，面对他（她）们我们更应该先从感情上走近他，让他信任你，然后再和他进行真诚的交流，这样才能成功施教。陶行知说："真教育是心心相印的活动。"所以，教育者在抓住教育契机的同时，拥有一颗真诚对待学生的慧心是至关重要的。正所谓"撼人心者，莫先乎情"，在把握教育机会的同时，我们更应该与学生进行心与心的交流，让他们感受到来自师者的真切的爱，那么一切教育问题也就迎刃而解了。

三、拥有一套妙法，于智慧之处寻得教育良机

有的时候，我们抓住了教育契机，却因为方法不对路，弄巧成拙，反而让"爱"变成"害"。相反，如果我们拥有巧妙的教育方法，我们的教育工作开展起来就顺利多了。因此，行之有效的教育方法，才是教育者成功的法宝。

孔子的育人方法，也是非常灵动的。颜回曾说孔子"仰之弥高，钻之弥坚。瞻之在前，忽焉在后"，说的是孔子学问的高深莫测，无所不在，但我认为这用来形容他的教育也不为过。他的教育真的是"循循善诱，使学生欲罢不能"，简直到了出神入化的地步。有人总结了孔子的教学方式除集体教学外，主要有四种：个别教学、随机教学、无为教学、说记教学。孔子的教学方式灵活多样。随机教学，就是孔子能根据课堂教学情况，能够随时调整教学内容，有针对性地进行教学，他根据教学内容灵活地采取讲授、实地参观、问答、谈话、讨论等方法。孔子还善于创设谈话情境，追求一种和谐的谈话氛围，在特定情境中使师生的心灵沟通起来。如在《沂水春风》中，子路、曾皙、冉有、公西华四个人陪孔子坐着聊天，师生其乐融融，孔子就叫弟子们各言其志，各抒其见，各展所长，孔子随机点评，师生的理想交错其间，这都达到很好的教育效果。

温州的方海东老师，无疑是一个成功的教育者，他就是在教育契机中不断创造智慧，有时仅凭手中一个小小的媒介，就能成就学生思想的翻天覆地。例如他的《一只鸡蛋的故事》，讲的就是一个学生在上课时跟同桌做了玩笑动作，把英语老师惹火了，而这个学生一直是个调皮的学生，以前经常犯错误，可是这个学期和上个学期相比已经有了明显进步。面对此情景，方老师认为此时过多的责备并不能达到很好的教育效果，而且也会让自己之

前的努力付诸东流，所以，他别出心裁，让这个学生剥一个小小的鸡蛋。在鸡蛋从"破"到"碎"的过程，方老师让学生领悟到了自身行为的错误，明白了小错不改，会导致整个目标的失败。就这样，一个鸡蛋改变了这个调皮学生，并且让他对老师永远心存感激，这无疑是智慧的教育。我们在管理中也发现，有时运用一些方法和策略相机引导学生，比苦口婆心说教效果来得更佳。这就告诉我们，教育契机无处不在，就看你有没有发挥教育智慧，若能够寻得教育良机，不断变换教育方法，就能达到教育的成功。

教育是一门艺术，推开教育的门更需要智慧。日常生活中的教育机会俯拾皆是，作为教育者，就要善于把握生活中的每一个细节，利用这些"流星"式的教育契机，巧妙点化学生，从而达到"四两拨千斤"的效果。孔子之所以在教育学生时能得心应手，正是在于他能有效抓住教育契机，把握教育良机，行走在爱与智慧的道路上。所以，让我们做一个成功的教育者、艺术的教育者，让我们用自己的一双慧眼、一颗爱心，用自己独特的一套教育方法，寻找教育契机，让阳光普洒所有学生阴霾的角落，撑起学生成长的一片美丽天空，从而做所有学生幸福的领航者！

教育，我们如何安放的幸福

——观《孔子的为师之道》有感

吴桂华

闲暇时刻，观看了戴佩荣老师讲《孔子的为师之道》的视频，颇受启发，孔子不愧被后代尊称为至圣先师，在他身上闪烁着教育的真知灼见和毋庸置疑的人格魅力，值得每一个教育者好好学习和借鉴。难怪，当全世界75位诺贝尔奖获得者在巴黎开会时发表宣言，告诫人们："如果人类要在21世纪生存下去，必须回到2500年前，去吸取孔子的智慧。"我想，在我们的工作中，不妨汲取点孔子的教育智慧，或能让我们更从容地行走在教育之路上。

有人是这样形容班主任的，"起得比鸡还早，睡得比服务员还晚，责任比主席还大，拿的比打工仔还少"。尽管这只是一种戏谑和调侃，却是很多起早摸黑、苦不堪言的班主任日常教育生活的真实写照。众所周知，现如今，我们很多学校的班主任就像那不停旋转的陀螺，一直周旋于单调、琐碎、繁忙的事务中。在班级里每天都会上演各种各样鸡毛蒜皮的小事，让许多班主任身心俱疲，心力交瘁。因此，很多教育者就这样在这种日复一日的单调中失却了所有的教育热情，甚至失却对教育的那份最初的执着和梦想。试想，在这样的工作状态下，我们的教育又怎会充满幸福呢？我们不妨借鉴一下孔夫子的为师之道。

一、做一个有思想的教育者，在教育旅途中享受诗意

孔子的教育大纲上写着"不学诗，无以言"，即要学习古代的文化经典，让自己可以典雅地表达。不仅如此，孔子一生也是在"学不厌，教不倦"的追求中，孔子本身对于怎么学，怎么当老师都有很好的心得。作为教育者，我们更要懂得不断学习、充电，才会"腹有诗书气自华"，成为一个有思想的教育者。

有人说："教育是一种诗意的修行，是用生命影响生命、用生命温暖生命的过程。"这是对教育多么美妙的评价，它提醒着我们教育者应该像诗人一样，浅吟低唱，用最美好的思想和行动去引领孩子们成长。一名好老师的思想就是一片无垠的蓝天，因此，每一名老师都应努力成为一个思想者，不要把自己陷入琐碎、忙碌的工作中，要腾出时间让自己学习，要腾出时间让自己反思，因为教育的反思是教师专业成长不可或缺的途径。著名教育家吴非老师在他的《不要跪着教书》的序言中写道："想要学生成为站直了的人，教师就不能跪着教书。如果教师没有独立思考的精神，他的学生会是什么样的人呢？"对学生，对教育，我们的思想直接影响着我们怎么教学生，我们怎么爱学生。可是，我们的老师太忙了，忙得几乎没有了自己的想法，当自己的想法越来越少时，我们也就变成了一个"行者"。没有思想、没有创新的老师是不可能成为好老师的。而阅读，无疑是提升班主任思想的最好途径，多读一些教育专著，能为我们的教育打开一扇新的门，打开一片新的天地。

有人说，世界上没有相同的两片树叶，也没有相同的两位教

师，但肯定会有这样两类教师：一类是充满思想的，一类是思想的奴隶者。作为一生都要从事教育的人来说，让我们用心去思考，用力去工作，用爱去感悟，这样才能在我们的教育岗位上迸发出应有的激情，从而做学生生命的精神领袖者！因此，做一个思想者，是我们所有老师的一个美丽追求，让思想增添我们的风采，让思想引领我们的行动，让思想陪伴我们一生一世，更让我们的教育来一场诗意的旅行！

二、做一个有智慧的教育者，在教育契机中寻找转机

在戴佩荣老师的视频中，有这样一件有趣的事情：孔子在做老师时，有趣的事情有很多，其中最有名的就是他怎么收下子路这个学生的。有一天，他走在街头，看到一个年轻人，一看就有点像不良少年，头上插着公鸡毛，身上披着野猪皮，带把剑，随时都可以和别人决斗，那个人就是子路。孔子就主动跟他说，你看起来还蛮直爽的，怎么不来跟我学习呢？子路说，何必学习呢？南山有竹，资质非常好，砍下来当箭可以射穿犀牛皮。子路认为自己就是南山的竹子，天生资质很好，不用学习，就是一个人才。这时若是你碰到这样的年轻人，会怎么办呢？换成是我们就算了，反正是他自己的选择。结果孔子就对他说，那么你把南山的竹子前面削尖，前面装上箭头，后面插上羽毛，不是可以射得更深吗？子路立刻懂了，是说就算资质很好，天生丽质吧，稍微加上后天的磨炼，那可以有更杰出的表现。于是，子路立刻拜师。试想，如果孔子没有抓住这次契机，那就很难折服像子路这类学生。

人是不可能两次踏进同一条河流的，意味着事物是不断发展变化的。尤其在这日益信息化的时代，我们的学生也是不可能一成不变的。我们常常感慨，现在的学生越来越有个性，越来越难搞定，问题学生更是层出不穷。如果我们的教育还是死水微澜，

我们的教育势必会疲于奔命，捉襟见肘。温州的方海东老师，无疑是一个懂教育的成功者，他就是在教育契机中不断创造智慧，有时仅凭手中一个小小的媒介，成就学生思想的翻天覆地。例如他让学生剥一个小小的鸡蛋，从"破"到"碎"的过程，孕育出教育的生机，让学生领悟到自身行为的错误。不仅如此，他用一个"划苹果"，以划痕苹果的"氧化过程"促使学生感悟到大问题往往源自最初的小破坏这个道理。还有"一滴墨水"，以一滴墨水在烧杯中的弥散，促使学生感悟到个人对集体的影响这个道理。这些无不告诉我们，教育契机无处不在，就看你有没有一颗慧心，若能够寻得教育良机，不断变换教育方法，就能达到教育的成功。

当然，除了有一颗慧心，更要拥有一套慧法，寻找行之有效的教育方法，才是获得教育成功的法宝。因为有的时候，我们抓住了教育契机，却因为方法不对路，弄巧成拙，反而让"爱"变成"害"。相反，如果我们知道"方法总比困难多"，我们的教育工作开展起来就顺利多了。著名教育家叶圣陶先生曾经就说过："教师之为教，不在全盘授与，而在相机诱导。"因此，我们应努力做一个有慧法的班主任，当教育契机来临时，就能游刃有余地抓住并充分利用。

总之，在教育的道路上，我们要用自己的智慧，努力做一个"艺术"的教育者，在教育契机中，与学生来一场美丽的邂逅！

三、做一个有风范的教育者，在教育内涵中唤醒灵魂

雅斯贝尔斯曾说："教育是一种唤醒。教育本身就意味着一棵树摇动另一棵树，一朵云推动另一朵云，一个灵魂呼唤另一个灵魂。"这就意味着教师本身应该有独立的人格和独特的风范，我把它理解为宽容和爱：拥有宽容的胸怀，才能包容学生，赢得

学生的尊敬；怀有爱心，才能用真诚的灵魂唤醒另一个灵魂，拥有学生的相知。

《论语·乡党》有这样一段话："厩焚，子退朝曰：'伤人乎？'不，问马。"大意是：马厩失火，孔子退朝赶回来问："可有人受伤？"然后才问伤着马没有。孔子生活在春秋战国时期，当时马比人或者养马的人要珍贵，地位要高，马棚着火以后，孔子先问人，而后才问马，这体现了孔子一贯的"仁者爱人"思想。教育者也应时刻关爱每一个学生，尊重每个生命，那么师爱就会成为一种神奇的力量，从而收到意想不到的教育效果。

然而，我亲眼目睹，在我们的周遭，很多班主任在日益繁重的工作压力下，失去了教育者应有的耐性和包容，面对学生的点滴错误，只是无尽地咆哮、恐吓、责骂，甚至在情绪失控下，鞭打学生，引发师生冲突。尽管这背后也有那对学生成长的殷切期盼，但这一刻，教育者在不经意间失却了他原有的光辉形象。尽管学生几乎每天都会给我们制造一些麻烦，但很多时候如果能换一个角度去想想，在教育过程中，少几分责骂，多几分理解，用和风细雨的爱在不经意间滋润学生的心田，往往就能换来彼此间深深的信任，真正用心灵碰撞出爱的火花。试问这种幸福是其他职业所能得到的吗？

我曾在一本书中，读到这样一个故事，让我特别感动。有个男孩，在毕业典礼后对他的老师说："老师，能让我拥抱你吗？"老师拥抱了他，学生说："除了母亲，这是我第一次拥抱一个人，我就是要把这个第一次给我的老师，我有这个愿望已经一年多了。老师，您是我的神。"我相信，故事中的老师，肯定是用自己的美好风范和人格魅力赢得了学生的尊敬。面对学生如此的举动，我们才感受到为人师者才能拥有的平淡的幸福。在我的身边也发生过这样一件事情，三八妇女节到了，办公室里的一位男老师收到一张卡片，卡片上赫然写着："亲爱的老师，您是我永远的妈妈！"这样的老师是何其幸福！我想，这样的老师，才是真正有风范的人。"一位合格的教师，就是一盏灯，他的光不一定耀眼，但一定能够长久地照耀着人一生的道路。要时刻想到，你的工作是无可替代的。你在追求一种幸福，不要简单地把你的工作理解为谋生的手段。"让我们用自己的师者风范，撑起学生成长的美丽天空！

孔子是一位真正的师者，他为后代子孙树立了一个别样的教育观，而散落在《论语》中关于教育的观点和态度恰恰需要我们拥有一颗纯净的心灵去感悟和聆听！最后，我想说，只有我们幸福，学生才能幸福！为了我们自己，为了我们的孩子，让我们做一名幸福的领航者！

攻生之计，在于攻心

——《论语》之班主任之道

夏春玲

随着经济的发展、社会问题的增多，学生的问题也越来越多。面对着伴随独生子女而出现的"自负型学生"，单亲离异家庭而出现的"自卑型学生"，在公寓商品房中长大而出现的"窝居无趣型学生"及"视频生活"中产生的缺乏思考的"感性型学生"，我们如何当好班主任，让自己走到学生心中去，从而更好地引领他们的学习成长？带着这个思考，我仔细翻阅《论语》，希望从孔老夫子的教育经验中汲取营养，更好地引导学生。

一、仁爱之心让学生心服

德高为师，身正为范。班主任如何让学生心服？首先，班主任要坚持"一以贯之"的原则，孔夫子带学生就一直坚守这一原则。《论语·里仁》里有这样一段话："子曰：'参乎！吾道一以贯之。'曾子曰：'唯。'子出，门人问曰：'何谓也？'曾子曰：'夫子之道，忠恕而已矣。'"用两个字是"忠恕"，用一个字是"仁"，这就是孔子一生贯彻的为师（政）原则。因此，如果一个班主任带学生一年，这一年就要有"一以贯之"的思想；带三年就有三年"一以贯之"的思想；如果一个老师一生当班主任也该如此。

　　然后，用仁爱之心让学生感动。学习上，孔子教生无异于教子。曾有陈亢以为孔子偏爱自己的孩子而问伯鱼，听到的是"未也。尝独立，鲤趋而过庭。曰：'学诗乎？'对曰：'未也。''不学诗，无以言。'鲤退而学诗。他日又独立，鲤趋而过庭。曰：'学礼乎？'对曰：'未也。''不学礼，无以立。'鲤退而学礼。闻斯二者。亢喜而归"。教育孩子与教育学生一视同仁，子曰："小子何莫学夫诗？诗可以兴，可以观，可以群，可以怨。迩之事父，远之事君，多识于鸟兽草木之名。"学生斐然成章时，孔子急呼"归与！归与！吾党之小子狂简，斐然成章，不知所以裁之"，透着急切和喜悦；当学生宰予昼寝时，孔子以"朽木不可雕也，粪土之墙不可杇也，于予与何诛"的话呵斥之，怒其不争；当求为富于周公的季氏聚敛而附益时，孔子以"非吾徒也。小子鸣鼓而攻之可也"的话引导学生，批判他。在事业上，孔子评价学生学业、推荐学生为官胜于待子。颜渊、仲雍、子贡、子路、子游、子夏等人屡得孔子称赏，却找不到孔子称赞孔鲤的言辞。在教育学生时，孔子不是一个"扁平"的圣人形象，而是一个"圆型"的普通教师的形象，他时而急切，时而慢条斯里，时而愤怒，时而激动万分。不管如何表现，都出于他对学生的"仁爱"。

　　生活上，孔子待生如待子。尤其是对待有贤德的弟子，孔子视如己出。博通书礼，德才兼备的公冶长在狱中，"子曰'可妻也。虽在缧绁之中，非其罪也。'以其子妻之"。因南容'邦有道，不废；邦无道，免于刑戮。'以其兄之子妻之"。学生生病或死了，他痛不欲生。伯牛有疾，孔子"自牖执其手"而说"斯人也而有斯疾也！斯人也而有斯疾也！"颜渊死，孔子高呼"天丧予！天丧予！"，并说"非夫人之为恸而谁为？"

　　孔子爱学生，学生也爱孔子。同理，我们以仁爱之心打动学生，学生也会为你所倾倒。因此，我们作为班主任，首先要学会设处地真心诚意地为学生着想，这样，学生因信其人而听其言，而习其道。而现在，由于利益的驱使，许多班主任为了成绩而指导学生，以致学生对老师的话充耳不闻。于是，"自负的学生"对学习不以为然，"自卑""窝居""不思考的学生"就躲进自己的象牙塔，埋进自己的怪圈中无法自拔，最后成为所谓的"问题学生"。

二、渊博学识让学生信服

　　孔子不仅以仁德打动学生，同时其渊博的学识也让学生信服。在历史上，孔子可称得上"学富五车，才高八斗"者。《孔子世家》曾说："三百五篇孔子皆弦歌之，以求合韶武雅颂之音。礼乐自此可得而述，以备王道，成六艺。"司马迁也曾赞叹："'高山仰止，景行行止。'虽不能至，然心乡往之。"然而，在《论语》中我们也可以看到孔子在其弟子心中的地位。颜渊心目中的老师是"仰之弥高，钻之弥坚。瞻之在前，忽焉在后。夫子循循然善诱人，博我以文，约我以礼，欲罢不能。既竭我才，如有所立，卓尔。虽欲从之，末由也已"。达巷党人心目中的老师是"大哉孔子，博学而无所成名"。子贡以比喻的方式将自己与老师做比较——"譬之宫墙，赐之墙也及肩，窥见室家之好。夫子之墙数仞，不得其门而入，不见宗庙之类，百官之富。得其门者或寡矣。夫子之云，不亦宜乎！"——高度赞美孔子的才能。而子贡又曾将孔子与其他贤者做比较，"他人之贤者，丘陵也，犹可逾也；仲尼，日月也，无得而逾焉。人虽欲自绝，其何伤于日月乎？多见其不知量也。""夫子之文章，可得而闻也；夫子之言性与天道，不可得而闻也。"孔子卓越的才能，让学生信服。故孔子在陈蔡间被困，绝粮七日，弟子饥馁皆病，但颜回认识到孔子道大，不为当时所容，

"是有国者之丑";孔子去世后,"不少弟子为之守墓三年,临别而去,哭尽哀,或复留。唯子贡庐于墓凡六年,然后离去。弟子及鲁人往从墓而家者百有余室,因名孔里"(《孔子年谱》)。因此,当班主任就需有渊博的学识,虽然孔子所达到的高度我们难以企及,但是,我们尽可能将我们的专业学精学透,给学生讲解时讲透。"精"的同时,我们要尽可能多阅读各方面的书籍,让自己往"博"方向发展。当学生为我们的水平倾倒时,我们班主任的日子就好过了。即使我们达不到孔子的要求,我们的学习精神也能让学生信服,从而为教育学生、让学生相信你打下坚实的基础。

三、肯切评价让学生佩服

奖赏与批评对班主任来说是一门艺术。掌握了这一窍门,有时可以遮盖学识上的不足,学生同样佩服你。古人云"赏不僭而刑不滥"。班主任管理学生也是如此。我从孔子身上学到的是,无论是表扬还是批评都做到"点到为止,一语中的",即"不愤不启;不悱不发;举一隅不以三隅反;则不复也"《论语·述而》。"点到为止",学生才有时间去慢慢体悟其中道理,才能发挥学生学习生活的积极性,才会学以致用举一反三;"一语中的",学生才会有"醍醐灌顶"的感觉。

评价学生,中肯到位,使学生的特长发挥到极致,达到各尽其才的目的。"孔门七十二贤"中:"德行:颜渊、闵子骞、冉伯牛、仲弓。言语:宰我、子贡。政事:冉有、季路。文学:子游、子夏。""求也退,故进之;由也兼人,故退之。""柴也愚,参也鲁,师也辟,由也喭"。他们特点鲜明、卓越而令人景仰,这与孔子恰当的评价艺术分不开。

评价首先体现在正面评价上。子贡曾问曰:"赐也何如?"子曰:"女,器也。"曰:"何器也?"曰:"瑚琏也。"瑚琏,宗庙里盛黍稷的祭器，以此比喻子贡是治国安邦之才，对子贡是最高的评价。"孟武伯问子路仁乎？子曰：'不知也。'又问。子曰：'由也，千乘之国，可使治其赋也，不知其仁也。''求也何如？'子曰：'求也，千室之邑，百乘之家，可使为之宰也，不知其仁也。''赤也何如？'子曰：'赤也，束带立于朝，可使与宾客言也，不知其仁也。'"对子路、冉有、公西华的才能评价，准确到位而有意义。这不仅影响学生的学业，而且影响学生的一生，对他们一生的立业都有重要的意义。对得意门生颜渊，他的赞美之词更是毫不吝啬。

孔子对学生的批评地道而毫不留情面甚至有点恶毒，特别是在涉及原则性问题时。对于好勇自信的子路，孔子感叹说"若由也，不得其死然"，批评说"由也好勇过我，无所取材"，对于他的学而不精，孔子就说"由也升堂矣，未入于室也"；对冉有的不符"礼"喊道："非吾徒也。小子鸣鼓而攻之可也。"虽然如此，孔子的批评到最后都得到了验证。他的弟子乃至于我们现在都不得不佩服孔子的洞察力和先见。

因此，要在对学生充分了解的基础上进行评价教育。这样不论是表扬还是批评，都让学生受益匪浅。而我们在班主任工作中，往往盯着成绩而忽略其他，以至于表扬的话少说，批评的话学生也听得刺耳，以致于许多工作难以展开，对学生的全面发展也不利。

"温而厉，威而不猛，恭而安"的孔子教诲我们，做班主任要做到"德高""识博""善评"。这样，学生从内心上得到满足，才能更好地接受教育。正所谓"攻生之计，在于攻心"。

品孔子思想，创生态文明

夏春玲

在科技逐步发展的今天，经济日益发展，人们的生活水平日益提高，然而，人类自身的生存环境也变得恶劣，如泥石流、沙尘暴、温室效应、雾霾等。十八大报告提出："将生态文明建设与经济建设、政治建设、文化建设、社会建设相并列……文明建设生态文明，是关系人民福祉、关乎民族未来的长远大计。面对资源约束趋紧、环境污染严重、生态系统退化的严峻形势，必须树立尊重自然、顺应自然、保护自然的生态文明理念，把生态文明建设放在突出地位，融入经济建设、政治建设、文化建设、社会建设各方面和全过程，努力建设美丽中国，实现中华民族永续发展。"

当我们如此郑重其事地在十八大上提出"生态文明建设"这一主张时，回首两千多年前，发现孔子早就为"生态文明建设"做了理性分析并付出了实践。

一、悟"天人合一"，创"和谐生态"

和谐生态，要求人与自然和谐共处，而达到和谐共处的最高境界，就是"天人合一""物我两忘"。《论语·侍坐章》曾写道："'暮春者，春服既成，冠者五六人，童子六七人，浴乎沂，风乎舞雩，咏而归。'夫子喟然叹曰:'吾与点也。'"也就是"暮春三月,已经穿上了春天的衣服,我和五六位成年人,六七个少年,去沂河里洗洗澡,在舞雩台上吹吹风,一路唱着歌走回来。孔子长叹一声说:'我是赞成曾皙的想法的。'"他之所以只赞赏曾点的主张,就是因为曾点用形象的方法描绘了礼乐之治下的景象,展现了"天人合一""物我两忘"的境界,也体现了"仁"和"礼"的治国原则,孔子和他的学生们自述其政治上的抱负,从中可以看出孔子的政治理想。同时,我们发现,孔子将享受自然作为最高享受的生活态度,最高的政治理想。

二、怀"敬畏之心",促"和谐生态"

人要对自然鬼神有敬畏之心是和谐生态的前提。《论语》中,涉及自然的主要有"上天""鬼神"两方面。虽然描写不多,但寥寥数语便点出了人与自然和谐相处的关键所在。

对于上天,孔子认为,"君子有三畏,畏天命,畏大人,畏圣人之言"。他将天命、大人、圣人之言等同,并指出这些是君子该敬畏的。而天命,即冥冥之中的安排,也隐示着自然规律,孔子敬畏上天自然的原因是,人在自然面前与天地一切是平等的,因为天的公正,是值得尊敬的。"文王既没,文不在兹乎?天之将丧斯文也,后死者不得与于斯文也,天之未丧斯文也,匡人其如予何?"阐述的就是这个道理。因此,我们要注意维护天的至上地位。如果我们不获罪于天,我们就可以不用祭祀。王孙贾问曰:"与其媚于奥,宁媚于灶,何谓也?"子曰:"不然,获罪于天,无所祷也。"即便是富贵也是上天决定的,"商闻之,死生有命,富贵在天"。

对于鬼神,孔子并不相信鬼神的存在。"未能事人,焉能事鬼?""未知生,焉知死?"但是他又不是绝对的"无神论"者,他持一种"宁可信其有,不可信其无"的态度。因此,他认为"祭如在,祭神如神在""吾不与祭,如不祭。"即便如此,他对鬼神还是敬畏的,"子不语怪力乱神""敬鬼神而远之"。

三、怀"仁爱之心",保"和谐生态"

人对自然要有仁爱之心是"和谐生态"的重要保证。生态的不和谐主要是人类的自以为是造成的。人类以为人凌驾于自然之上,是万物的主宰,于是剥夺世间万物的权利,滥杀无辜生命,滥伐山间草木,滥用自然资源。孔子却认为,人对自然要有仁爱之心,即敬爱生命、敬重万物。同时,人也从万物身上得到应得的馈赠。在实际行动中,他做到"钓而不纲,弋不射宿",只用有一个鱼钩的钓竿钓鱼,而不用有许多鱼钩的大绳钓鱼。只射飞鸟,不射巢中歇宿的鸟。这种"取之有度"的方式,体现了孔子对待自然的态度。因此,对待自然万物要有仁爱之心,要保护自然,对大自然资源合理利用、不过度索取的生活态度。"色斯举矣,翔而后集。曰:'山梁雌雉,时哉!时哉!'路共之,三嗅而作。"孔子在山谷中行走,看见一群野鸡在那儿飞,孔子神色动了一下,野鸡飞翔了一阵落在树上。孔子说:"这些山梁上的母野鸡,得其时呀!得其时呀!"子路向他们拱拱手,野鸡便叫了几声飞走了。"路共之,三嗅而作"反映了孔子爱护自然生态,符合人与自然和谐相处的情景。"我岂匏瓜,系而不食;棠棣之华……"真正反映了人与自然和谐相处的关系。

时至今天,看到《论语》中的这些妙语,不由得心生敬佩。两千多年了,我们走过了如此漫长的时间,我们不是为利益所驱,就是为欲望所使。我们不断地从自然身上掘取我们需要的,直至现在,拥有日益富裕的生活条件,却没有真正健康的生活环境,我们不禁感叹孔子的先见。

从建设中国特色社会主义文化视角
看《论语》的继承和发扬

许娇斌

在当代中国，我们要以马克思主义为指导，建设面向现代化，面向世界，面向未来的民族的科学的大众的社会主义文化，即中国特色社会主义文化。那么，这与继承和发扬《论语》有何关系？

只有坚持和发展中国特色社会主义文化，才能把继承中华优秀传统文化和吸收人类优秀文化成果结合起来，使悠久的中华文化焕发出新的生机，实现文化强国的梦想。建设中国特色社会主义文化强国，是发展中国特色社会主义文化的宏伟目标。为实现这一目标，必须走中国特色社会主义文化发展道路。这就必然要求我们继承和发扬优秀传统文化，并充分挖掘和利用我国深厚的历史文化资源。要实现文化强国的目标，还必须增强全民族文化学习和创造力，需要树立高度的文化自觉和文化自信，对自身文化价值的充分肯定，对自身文化生命力的坚定信念。要发展具有中国特色、中国风格、中国气派的社会主义文化，就离不开对中华民族优秀历史文化的继承。中华文化曾有过辉煌的历史，而在璀璨的传统文化中，儒家的重要经典之一《论语》，可以说它是影响了中国数千年的中国传统文化的基石。其理论观点和道德观念等，经过数千年的发展，已经成为中华文化的一个非常重要的组成部分，对今天的中国人的价值观念、生活方式和中国社会发展依然具有深刻影响。毛泽东说："从孔夫子到孙中山，我们应当给予总结，承继这一份珍贵的遗产。"如果我们抛弃优秀历史文化传统，割断民族文化血脉，文化发展就会像无根浮萍，断线风筝，就会迷失方向和目标。

那么，从建设有中国特色社会主义文化视角，我们应该如何继承和发扬儒家经典《论语》？

《文化生活》告诉我们，所谓"文化"是指相对于经济、政治而言的人类全部精神活动及其产品。既包括世界观、人生观、价值观等具有意识形态性质的部分，又包括自然科学和技术、语言和文字等非意识形态的部分。形式上也非常丰富，如思想、理论、信念、信仰、道德、教育、科学、文学、艺术等。《论语》作为儒家经典，内容主要涉及道德、修养、教学、礼乐、政治、人格这六个方面，集中反映了孔子的政治主张、伦理思想、道德观念及教育原则。对此，我们应以马克思主义为指导，立足发展中国特色社会主义文化要求，用辩证的思维方式去判断，尤其是对其中涉及的具有意识形态性质的思想理论，应做批评继承。例如，《论语》所记孔子的思想核心是"仁"，"仁"也是儒家的最高道德准则，但其所谓"仁"的概念是从家庭出发的尊卑长幼、贵贱亲疏的差别的爱。这个"爱"体现在孝、悌、忠、信的道德礼数上，而"礼"则是建立在宗法等级制基础上的一系列典章制度的总称，代表西周的政治制度和伦理原则，其本质是"明贵贱，辨等级，序少长"，建立一种"君君臣臣、父父子子"的奴隶封建秩序。它符合封建统治阶级的要求，所以被后来历代封建统治者利用来巩固统治。因此，我们要如习近平所说："对历史文化特别是先人传承下来的道德规范……有鉴别地加以对待，有扬弃地予以继承。"

　　文化是经济和政治的反映，一定的文化由一定的经济、政治所决定，又反作用于一定的经济、政治，给予经济、政治以重大影响。有什么样的生活制度和发展道路，就会孕育和滋养与之相适应的文化。孔子在奴隶制向封建制过渡的社会经济政治制度上所产生的思想，以及其在两千多年的发展中，被统治阶级长期尊崇，必然深深打上封建社会经济、政治关系的烙印，具有历史的局限性，与当今中国特色社会主义文化发展要求不完全相适应。孔子政治思想的核心是"仁""礼""义"。《论语》："颜渊问仁，子曰：'克己复礼'，为'仁'。"孔子的"复礼为仁"，就是要恢复宗法等级制的"礼"，巩固阶级压迫剥削制度的同时，"省刑罚，薄税敛"，提倡不要过分压迫剥削罢了。这也正体现了渗透于整个孔子思想的"中庸之道"，孔子的中庸学说也是着眼于对当时社会经济政治的观察和实践，是为了经世致用，因而也为后来封建统治者所倡导，并演化出了一套制度模式，用以维护封建统治秩序。因此，我们对于《论语》，应该以面向未来、面向世界的科学的辩证的思维方式，认识它在现实生活中的作用，分辨其中的精华和糟粕。对于符合社会发展要求的、积极向上的内容，应该继承和发扬；对于不符合社会发展要求的、落后腐朽的东西，应该加以改造和剔除。

　　传统文化具有相对稳定性，在世代相传中保留着基本特征。作为儒家学说经典的《论语》，它所反映出来的两千多年前的社会人生精论，富有哲理的名句箴言所涉及的人格、道德、修养、教育等基本思想理论，已深深沉淀在民族文化中，流淌在我们传统文化的血脉中，并仍显现于当代社会生活中。例如上文已提到的孔子的中庸思想，曾长期为统治者所推崇和利用，也已为国人所熟悉并为部分人"身体力行"。孔子所提倡的中庸，从本意上看是"去其两端，取其中而用之"，即去除偏激，选择正确的道路。孔子中庸之道的"无过而无不及"，要求辨黑白，明是非，做事情要把握事物的"中",这对于建设社会主义仍具有一定的借鉴意义和积极价值。社会主义事业建设发展过程中,文化发展曾走入过极端,社会发展也有过"偏左"或"偏右"的历史,并且付出了巨大的代价,其实正因为缺乏了中庸之道要求的去除偏激。但同时,一些人又错误地把中庸思想理解为不讲原则、八面玲珑的折中主义,甚至演化为自私伪善、碌碌无为的畸形的生存之道。因此,我们继承和发扬《论语》,既要"取其精华,去除糟粕",剔除孔子所谓的"礼所以制中",合乎礼就是中,封建等级宗法中的礼教要求,取其合理的去除偏激的,选择正确道路的辩证思想。同时,又要为其注入新的时代内涵,让中庸思想具体内涵因时而变,体现时代精神,即要"推陈出新,革故鼎新",以发扬儒家思想的积极作用,促进人和社会的发展。今天讲"中庸之道"是讲以人为本,以尊重人的个性发展和社会整体和谐统一为目标,追求自然和社会发展,天人合一,构建社会主义和谐社会的境界。这也是同儒家的"大同""天下为公"的社会思想一脉相承的。

当前,我国文化整体实力和国际影响力与我国的国际地位还不相称,与我国深厚的文化底蕴还不相称。为此,必须走中国特色社会主义文化发展道路,实现社会主义文化强国的目标。建设文化强国,传统文化是财富,它架起了我们文化前进的阶梯,增强了我们的民族认同感。一个民族和国家如果漠视对传统文化的继承,就会失去文化发展的根基。但文化继承要有所淘汰,有所发扬,更要有所创新发展,才能适应新的社会实践的需要,服务于社会实践。正如《礼记》所言"苟日新,日日新,又日新",《论语》思想也应不断顺应时代变迁,并不断注入新的时代精神,不断满足人们新的精神需求,才能更具有生命力。

仰望孔子教子，俯视自身育儿

叶威武

我家小子就读小学四年级，正是求知定性成长的黄金时期。他于千万人中普通平凡，于我家却是举世无双。然基本上长于我等妇人之手，常觉家庭教育有偏颇。又因自身职业之故，常见到一些青春叛逆期超越底线的极端例子，回头看其实大多起底于家庭教育的失败。因而常诚惶诚恐，觉得对吾子的教育实在是一项长期的赌博。

"摸着石头过河"可十分恰当地形容我对小子的教育。基本也是回头看看自己接受的成功或失败的教育以此反映到小子身上，或者环顾四周，看看他人经验。头绪多了一时理不顺，投射到小孩身上也就问题多多。一日读《论语》，遂恍然大悟。

《论语·季氏》，有这么一段。陈亢问于伯鱼曰："子亦有异闻乎？"对曰："未也。尝独立，鲤趋而过庭，曰：'学诗乎？'对曰：'未也。''不学诗，无以言。'鲤退而学诗。他日又独立，鲤趋而过庭，曰：'学礼乎？'对曰：'未也。''不学礼，无以立。'鲤退而学礼。闻斯二者。"陈亢退而喜曰："问一得三，闻诗、闻礼，又闻君子之远其子也。"

通过这段话，可以从一个侧面了解孔子家庭教育的几个核心要求。

　　一是孩子"读好书"的有效培养。孔子很重视《诗经》。因为《诗经》是我国最早的一部诗歌总集，文辞优美、简洁。子曰："诗，可以兴，可以观，可以群，可以怨。迩之事父，远之事君，多识于鸟兽草木之名。"由此我们可以看出两个问题：孔子自身对此书精髓了然于胸，知道它是一本不折不扣的"好书"；因为精通，故能够于千万本书籍中恰当地推介给孔鲤读，可以告诉他读《诗》不但有益于一个人良好志趣、品格、情感的形成，也有益于丰富自己的学识。

　　反观自身对小子的"阅读管理"是何其粗放。先是"道听途说"那些"好书"，标准基本就是"获什么什么奖"，哪个名人网上推介了"孩子阅读五十本"等；然后心血来潮点开某宝，点点点，等着包裹到家，放到孩子书架就是了。基本上不知道这些"名童书"写了什么，好在哪里，为何获得他人的青睐。当然也就无从指导，更别说交流。某日，小子读《佐贺的超级阿嬷》泪流满面。很遗憾，我还笑话了他。因为我不知道什么感动了他，所以也就话不投机半句多，气得他立马拿书找伙伴去了。这样的"阅读管理"只是给本书而已。从孔子父子对话中可以看到，我们"读好书"的有效培养应分三步走：请父母先好好看书，至少了解内容；推介孩子看，留出充裕的时间让他们精读；与孩子交流书的内容。书，其实不一定需要读很多；有效地读好书，才是本质。

　　二是两手都要抓。孔子很重视礼，因为礼不但是人与人相处的规范，其实也是一个人应有的道德修养。不懂得礼，人与人之间就没有办法和谐相处，一个人在社会上也得不到他人的尊敬。不按照礼的要求来为人处事，一个人才华越高，对社会和他人造成的损害往往也会越大。因此，孔子要求他的孩子，重视礼的学习，说一个人如果不学礼，就不懂得怎样立身。这就表明，孔子对自己孩子的教育是全面的，是文化知识与道德伦理的教育，是两手都要抓。

看看我们当下的家庭教育，往往顾此失彼。礼的教育，或者更具体的"情商"教育往往处于弱势。"小时候太乖巧，长大没出息"，在这样的理念影响下，更会助养一批批以自我为中心，不能恰当遵守规则的少年。可是当他走到社会中去，他会发现自由一定是建立在对规则的遵守之上的。所以不必担心，我们把小孩教得太通人情世故；而要担心，我们的小孩太"无礼"，不容易被他人认可从而不被自己认可。现在社会尤其需要我们的小孩能够被他人认可，被他们自己认可。认可的重要因素就是要学会与人相处的规范及自身具备知识以外的"软实力"。"敬人者，人恒敬之。"

三是对孩子自尊心的保护。孔子两次与孩子谈话，都是在身边没有其他人的情况下进行的，这就不会使孩子感到难堪。知道孩子没有读《诗》《礼》，他也没有生气，没有责骂，而只是指出不学《诗》、不学《礼》的危害，使孩子容易认识到自己的错误，并予以改正。

缺失的爸爸、焦虑的妈妈代表了大量当下家庭教育的形式。我家也不例外。工作的压力往往容易使我焦躁、情绪化，在儿子成长中常会无意中践踏了他的自尊心。比如，在教育失控时歇斯底里的恶言，在孩子缺点暴露时不分场合的指责等。小子多言"妈妈，为何你常常看不到我的优点"。一次自尊伤害，一阵或许一生有阴影。我应当吸取自己成长过程中被打压式教育积累阴影的教训，多学圣人。

四是对自己孩子的成长，持一颗平常心。要学《诗》，要学《礼》，这是孔子经常对他的学生强调的，孔子在自己儿子面前，也强调这些话，表明他对儿子没有特殊的照顾，对自己孩子的教育持一颗平常心。

我本凡人，望子成龙，但是每个人的成长有无数的偶然，所以不必一定要望子成龙，不必一定指望他最终要成为踏着五色祥云的英雄。我当尽力，成事在天。

论 语 之 生 活

是学习之道，也是养生之道

陈方剑

《论语·为政篇》里记载："子曰：'吾十有五而志于学，三十而立，四十而不惑，五十而知天命，六十而耳顺，七十而从心所欲，不逾矩。'"在这里，孔子自述了他学习和修养的过程：十五岁立志于学习，三十岁能够自立，四十岁能不被外界事物迷惑，五十岁懂得了天命，六十岁能正确对待各种言论不觉得不顺，七十岁能随心所欲而不越出规矩。他所讲的既是学习之道，其实说的也是养生之道。

一、十有五而志于学——养志

方今之时，学生入幼儿园，读六年小学，经三年初中，年十五周岁升入高中，即面临选科。选择什么选考学科，决定了今后的奋斗方向。选择的文理工科，大学的不同层次，学习的刻苦与否，人生的有为无为，就此揭开序幕。十五岁，既是立志学习的年龄，也是树立志向的年龄。养一份鸿鹄之志，还是存一份燕雀之心，将决定你人生的高度与精彩。养学习之志，其实也是养人生之志。

二、三十而立——养身

子曰：不知礼无以立。人过三十，当知守礼对于养身的重要。首先要不逞血气之勇，养身以成长。不能再如十七八岁时，被哥们江湖义气一鼓舞，被居心叵测的言辞一刺激，被眼前蝇头小利一蛊惑，被香烟酒精饭局一感染，为朋友两肋插刀，虽千万人吾往矣。轻者受个轻伤，重者身陷囹圄甚至一命呜呼，浑然忘了父母的养育之恩，自己所立的远大志向，真可惜也。所以，要用礼来克制自己的冲动。其次要明确工作职业，养身以糊口。年过三十，千万不可再做"啃老族""月光族"，选定一份职业，尽心力而为之，赢得一份收入，可以糊自己的口，也要糊家人的口，甚而至于买房安家。所以，要明礼来清楚自己的责任。再次要分清主次劳逸，养身以发展。因为生存压力大，房贵车贵人情贵，许多人纷纷兼职，多者甚至身兼数职。由于过度劳累，使得身体严重透支，疾病缠身，中年离世；或是肥了兼职的田，荒了本职的地，受到领导训斥，以致升职无望。所以，要守礼以循序渐进。

三、四十不惑——养智

子曰：四十五十而无闻焉，似亦不足畏也已。意思是人如果到了四五十岁时还默默无闻，那他就没有什么可以敬畏的了。人到四十，阅历渐丰，精力已盛，当是人生发展的一个高峰。此时，尤需养智。首先要戒愤青心态。有一类人，总感觉自己怀才不遇，明珠暗投，于是牢骚满腹，怪话连篇，老是释放负能量。殊不知自己缺乏的正是自知之明，倘若真是金子，搁如今社会，总是会发光的。你发不了光，入不得领导的法眼，还一味地怨天尤人，那只能证明你要么无才要么有的只是小才，不堪大用。其次要悟人生智慧。于工作，则思革新；于生活，则思有度；于为人，则思谦恭；于处世，则思共赢。这些智慧，既可更好地谋生养生，也可有效地教导传承，是升华自己帮助他人的精髓所在。再次要养平和心态。进退有序，不疾不徐；张弛有致，不温不火；待人有礼，不骄不傲；处事有度，不烦不躁。如此，于工作，游刃有余；于生活，优游有闲；于为人，温润有礼；于处世，宁静致远。

四、五十知天命——养性

庄子在《天道》中说："是故古之明大道者，先明天而道德次之，道德已明而仁义次之，仁义已明而分守次之……"通晓自然的规律是最为重要的。年过五十，气血渐衰，不比年少气盛之时。此时，你已步入老年行列，你要明白的首先是服老。到医院体检，血压血脂血糖都不正常，箭头记号或上或下，身体机能日趋硬化，反应能力日见迟钝。可总有些人以"烈士暮年壮心不已"自勉，死不服老，欲与年轻人比强比能。天台话有云："一不赌食，二不赌力。"这些人常跟年轻人比酒量比力气，以至于喝酒过量，用力过度，诱发疾病，伤身伤心。其次是你要不卖老。总有些人面对年轻人，心有余而力不足时，总爱炒卖老经验。什么"我走过的桥比你走过的路长，我吃过的盐比你吃过的饭多，想老子当年也曾……"惹得年轻人厌烦。有更甚者，乘车硬要年轻人让座，跳舞挤占年轻人场地……那就更是"老而不死是为贼"了。再是你要学会服道。天道运行，四时有序，阴阳消长，其中自有生杀之机。按时作息，起居有时，不麻将战通宵，不工作白加黑；既不好强，也不逞能，不透支体力精力，不显摆资格业绩；淡泊欲望，看清名利，不为权贵去折腰，不为浮云遮望眼。劳作之余，但看花开花落，且品云卷云舒，于小院中，于陋室里，浴一缕光，沏一壶茶，执一卷书，岂不快哉！

五、六十而耳顺——养心

人到六十，退而休养，正是养心好时机。首先要养明智之心，分得出忠奸贤佞，辨得清是非曲直，听得进逆耳忠言，识得了惑心谰言。既能明白自身的优劣所在，也会分析别人的说话动机，还能参考他人的客观意见，如此则能耳顺且心宁矣。其次要养宁静之心，静坐常思己过，闲谈莫论人非。莳莳草，弄弄花，遛遛狗，散散步，看看书，听听经，聊聊天，眯眯觉……粗茶淡饭饱即休，补破遮寒暖即休，三平二满过即休，不贪不妒老即休。黄庭坚在《四休导士诗序》里的描述，很好地印证了这一点。再次还得养进取之心。孔子说"发愤忘食，乐以忘忧，不知老之将至"，道出了进取的乐趣，可以忘食忘忧忘老，让人艳羡。退休了，倘若只是享受这份宁静时光，有时不免慵懒无聊。此时，应当利用这一大把的时间，学一学兴趣之事，补一补遗憾之能。弹弹琴，下下棋，练练字，学学画，打打拳，撰撰文，上上网，充充电……欲望以提升热忱，毅力以磨平高山。如果说颐养宁静之心是为了滋水，使老年生活圆润，那么培养进取之心就是为了点火，使老年生活精彩。

六、七十而从心所欲，不逾矩——养命

古语说"人生七十古来稀"，那是指古代。现今中国平均寿命七十五岁，人过七十还不算老。但是若要追求长命，那你所作所为都需合乎道。如庖丁解牛"依乎天理，批大郤，导大窾，因其固然"，遵循自然规律，避开各种矛盾，养成良好习惯，当作生命本能。想吃些什么，吃，只是别忘了矩；想喝些什么，喝，只是别忘了矩；想玩些什么，玩，只是别忘了矩；想乐些什么，乐，只

是别忘了矩。如此，颐养天年，则幸福指数高矣！生活质量高矣！

圣人哲语，言简义丰；春秋笔法，微言大义。吾闻孔子学习之道，得养生之道焉。

守丧与尽孝

陈方剑

2012 年 12 月 28 日，第十一届全国人大常委会第三十次会议上表决通过了《老年人权益保障法（修订草案）》。该草案明确规定，家庭成员应当关心老年人的精神需求，不得忽视、冷落老年人，要"常回家看看"。我闻此消息高兴之余就在担心：怎样去界定他（她）有没有回家？谁去调查取证？花多少经费去调查取证？经费从哪里支出？违反者该如何量刑？这样的法令能持续多久？能不能取得各部门的大力支持？尘埃尚未落定，音讯尚未飘远。2013 年 12 月 12 日又传来了国务院假日办"今年除夕不放假"的规定。人大要弘扬孝道，国务院却设置障碍。政出多头，互相掐架，让普通百姓情何以堪。由此可见，在当今中国，要想真正实现孝道是何等的不容易。

孝悌是仁义之本，养生丧死无憾是仁政之根本。区区一个探望老人的问题就引来两路神仙打架，要想实现孝道真可谓是难于上青天。下面我就守丧之礼来谈谈实现孝道的困难。

宰我问：三年之丧，期已久矣！君子三年不为礼，礼必坏，三年不为乐，乐必崩。旧谷既没，新谷既升，钻燧改火，期可已矣。子曰：食夫稻，衣夫锦，于女安乎？曰：安。女安！则为之！

夫君子之居丧，食旨不甘，闻乐不乐，居处不安，故不为也。今女安，则为之！宰我出。子曰：予之不仁也！子生三年，然后免于父母之怀。夫三年之丧，天下之通丧也。予也，有三年之爱于父母乎？

古人遇父母丧，需守丧三年。孔子说"夫三年之丧，天下之通丧也"。为何定三年？孔子讲得很明白，"子生三年，然后免于父母之怀"。一个孩子生下来，三年以后才能离开父母的怀抱。父母哺育我们三年，我们才能稍许独立；我们回报守丧三年，是在偿还曾经恩情。比起父母给予我们的，我们的付出又何其少呢。

那么，守丧三年，实际上守多少时间呢？荀子说："三年之丧，二十五月而毕。"前二十四个月是两年，第二十五个月是第三年的第一个月，这就是所说的三年之丧。现今越南的一些地方，有些人守丧还是二十五个月。这正印证了"古俗求之野"这一说法。城市，集中了优秀人物和先进文化。人物优秀，标新立异者众多，盲目追风者众多，潮流变化者众多，故积淀不变者较少。唯交通传播闭塞之乡野，受教者不易，受教后不移，故残存于今之文化遗产也多。

守丧的时间确定了，守丧的道理也明白了，可是执行的人却不明白。像宰我，他就认为三年守丧时间太长，会造成礼崩乐坏，认为一年之期即可。这种观点很有市场。守丧三年，站在个人角度，做官的，位置没了；经商的，钞票没了；务农的，饭粮没了。站在政府角度，上班的人欠了，原有的秩序乱了，浪费的资源多了。于是乎，也就有了如今的丧假五天的规定。由此看来，宰我的观点还算是有分寸的。

我在这里并不想拘泥于守丧的时间到底该多长。我想要阐述的是推行孝道关键的一点，正如孔子所问的"食夫稻，衣夫锦，于女安乎？"孝顺与否，在于安心。问心无愧，则事父母无可挑剔；心安理得，当事父母曲尽心情。可实际上，父母冷暖少人问，父母床前少人陪，父母膝前少承欢。及至于父母丧，尸骨未寒，嬉笑宴然；音容尚在，笙歌艳舞。锦衣玉食，灯红酒绿，浑不知今夕是何夕，全忘了父丧在何时。这能让人心安吗？按照汉代的居丧之礼，死者的某些亲属主要是子女在死者未葬时应居服舍，葬后应居住在墓旁的草屋中，并不饮酒吃肉，不近妇人，不作乐，不聘妻，不访友。杨树达先生曾援引大量史料对此做过认真的考证，可以参看。孔子的弟子们守丧期间都在干些什么？不能上班，所有人每天都在怀念老师，回忆老师的言行，整理老师的语录，于是就有了《论语》。我们呢？若能远离吃喝玩乐，每天反思自己的行为，做好自己的人生规划，给自己的人生充电，岂不是很好的人生积淀？倘能有所长进，让父母只为子女的疾病担忧，品德无亏，行事无错，岂非真正实现了孝道？

可见，实行孝道关键在于你是否心安。倘能人人安心尽孝，则人与人和谐，家与家和美，国与国和乐，世界大同。真不知国务院假日办的官员们怎么想的，自己能心安吗？能让人心安吗？

尊敬教师，长路漫漫

——从"严师出高徒"考证说起

陈方剑

治学之道，贵在实事求是，不务虚，不曲解，更不误解。可在现实生活中，我们只凭主观臆断，以讹传讹，导致谬误的事例何其少呢？就以众人耳熟能详的"严师出高徒"来论，"严师"的"严"是否指的是"严格"？亦即教师要严格要求学生。恐怕多数人都是这样认为的，殊不知这就是一个误解。

从文化古籍的考证来看，《学记》原文："凡学之道，严师为难。师严然后道尊，道尊然后民知敬学。"其中，"严"解释为"尊敬"，而不是"严格"。再看前面四个字"凡学之道"，这里是指学习的道理，而不是"凡教之道"。因此把"尊敬教师"误解为"严格的教师"是很荒谬的。倘若管理越严格学生表现就越好，那么少教所培养出的人才恐怕是最多的，因为它的管理远较一般学校严格。果真如此，岂不是当代教育的笑话。

再从尊敬教师的传统来看，万世师表的孔子本身就是一个典范。《论语·卫灵公》中记载："师冕见，及阶，子曰：'阶也。'及席，子曰：'席也。'皆坐，子告之曰：'某在斯，某在斯。'"孔子生怕师冕不知台阶，坐错位置，及时提醒；生怕师冕不知客人，受到冷落，及时告知。孔子对待师冕的态度，可谓细心之至恭敬之至矣！因此，孔子的尊师之道备受推崇，也深深地影响了他的学生们。《论语·子罕》中记载："颜渊喟然叹曰：'仰之弥高，钻之弥坚。瞻之在前，忽焉在后。夫子循循然善诱人，博我以文，约我以礼，欲罢不能。既竭吾才，如有所立，卓尔。虽欲从之，末由也已。'"以颜渊之贤，叹师为观止；又"子贡曰：'譬之宫墙，赐之墙也及肩，窥见室家之好。夫子之墙数仞，不得其门而入，不见宗庙之美，百官之富。得其门者或寡矣。夫子之云，不亦宜乎？'"以子贡之才，推师为备至。可见尊敬教师之道，薪火相传，时有亮证。古有杨时"程门立雪"之佳话，现有朱德给师让座之美谈。惜乎发展至21世纪的如今，尊师之道有渐渐式微之势，真是令人痛心。

试看今日之中国，一首打油诗可见教师地位之低微。"上告教委整死你，得罪校长治死你，笨蛋学生气死你，野蛮家长打死你，不涨工资穷死你，竞聘上岗玩死你，职称评定熬死你，考试排名压死你，教育改革累死你，假期培训忙死你，光辉职业哄死你，一生操劳病死你。"

再看当今学校之现状：批评学生，学生跳楼怎么办？劝退学生，义务教育入学率怎么办？注重素质，考试分数怎么办？注重分数，学生素质怎么办？家长有权势，你想维护公平何其难！家长不讲理，你想维护师道尊严何其难！政府给不足钱，你想教师努力何其难！师源越来越差，你想提升素质何其难！毕业分配不了，你想说服学生何其难！比不过官二代，你要教育公平何其难！

"对待穷人的态度，考验一个社会的良知；对待知识分子的态度，考验一个社会的文明程度。"教师既是穷人，又是知识分子。因此，对待教师的态度，既是在考验我们政府的良知，也是在考验我们政府的文明程度。要想实现中国梦，必须提升全体国民的素质；要想提升全体国民的素质，必须从尊敬教师做起。

怎么做？

首先，要提升教师的工资，提到让全社会都羡慕的程度。经济基础决定上层建筑，工资低，教师难免不安心；工资低，师源自然难保证。如果人们像热衷考公务员一样来考教师，那么，教师的积极性就有了保障，师范生的质量就有了保证，学校的教学质量就有了保障。

其次，要维护教师的权益，维护教师正常开展教育的权益。适度的批评，本就是一种教育，如果导致学生跳楼，要多方面找原因；适当的体罚，本就是一种惩戒，如果搞一刀切，怎么能让学生敬畏；必要的退学，本就是一种处罚，如果顾忌入学率，谈何教育公平。无谓的检查评比少一些，细致的关怀多一些。

再次，要注重媒体的宣传，保护教师队伍的正面光辉形象。几千万人的队伍，免不了有一两个败类，其比例较之于其他行业，不知高尚多少。所有对于猥亵学生者，贪污公款者，依法严惩；对于私自办班者，擅自带生者，告诫为主。无须大动笔墨，大加宣扬，弄得人感觉教育问题一团糟，闹得人心惶惶。

尊敬教师，从你我做起。希望子贡为师守孝六年的真诚，能为这个冬日的你带来一丝温暖。

字里行间话自省

陈肖盈

1926 年深秋的一个寂静夜晚，鲁迅在灯下独自品尝忧愁时，写下了这样一句话："我的确时时解剖别人，然而更多的是无情面地解剖我自己。"解剖他人，批判社会，是需要勇气的，因为你得面对随之而来的社会压力、周遭环境的反击以及"举世皆醉我独醒"的孤独。然而解剖自己，更需要勇气，因为你将付出失去内心平衡的代价。但真的勇士，不仅"敢于直面惨淡的人生，敢于正视淋漓的鲜血"，还敢于直面自己内心的真实。孔子就是这样一位真正的勇士，他把最锋利的"解剖刀"切入自己的内心，让我们从中学习借鉴。

作为一个教师，自我反省是促进教师专业化水平提高的重要途径。我们要不断地总结、提炼、升华自己的教育实践，逐渐走向成熟，最终成为一名充满智慧的自我反思型教师。

什么是"自我反思"？北师大肖川教授说："教师的自我反思是指教师对各种教育观念、言论、教育方法、教育活动、教育事实和教育现象进行的自主判别和认真审视，特别是对自己的教学实践进行检视和反省。"（肖川《教育的理想与信念》）

什么是"反思型教师"？教育专家李振西认为："通俗地说，

就是带着一颗思考的大脑从事每天平凡的工作，就是通过思考、解剖自己日常教育实践而不断超越和提升自己教育境界的教师。"

如何成为一名"反思型教师"？我们不妨向孔子学习，从《论语》的字里行间明白自我反思、自我反省的重要性。

教师"教书育人"的过程，其实又是一个不断探索的过程。在探索过程中，我们需要不断自我反省，不断学习。

孔子曾说："德之不修，学之不讲，闻义不能徙，不善不能改，是吾忧也。"即对品德不进行培养，对学问不进行钻研，听到好人好事不能跟着做，有了错误不能及时改正，这就是他所担忧的。孔子的忧虑之一是自己反省，思考自己能不能做到；忧虑之二是他的学生或者天下人能不能做到。

在反省之后我们要做的就是不断学习。正如现今的一些教育专家所言，要成为一名有思想、有智慧的教师，最好的方法就是不断学习。孔子也强调"学而不厌"是教师应该具备的重要品质。"学而不厌"体现着教师内心的开放、永不满足与不断进取。子曰："我非生而知之者，好古，敏以求之者也。"像孔子这么博学之人都说他不是生来就懂得知识，只不过是爱好古代文化，勤奋敏捷地去探求它罢了。作为教师，只有做到"学而不厌"，才能保持教学的源头活水，才能创造有生命、有活力的课堂。

除此之外，教师也应做到不断地总结与创新。及时总结在教育实践过程中成功的经验和失败的教训，使其上升到理性的认识。之后不断地探索以改进自己的工作，不断尝试新的教学方式和教学风格，做到创新。如此说来，总结与创新何尝不是另一种方式的自我反思呢？

由此可见，自我反思在教师成长过程中的重要作用，也正如美国教育心理学家波斯纳所说，没有反思的经验是狭隘的经验，至多只能是肤浅的知识。

但是要做到不断自我反省又是多么不易啊。孔子说："已矣乎！吾未见能见其过而内自讼者也。"孔子说："完了，我还没有看见过能够看到自己的错误，而又能从内心责备自己的人。"因此我们要常读《论语》，向孔子学习。

孔子曰："丘也幸，苟也过，人必知之。""我真是幸运，如果有错，人家一定会知道。"面对自己的过错，孔子总是很开心，觉得被人指出错误之处就可以加以改正。对我们而言，在教学过程中不管有没有出现错误，我们都要有不断自我反省的意识。正如《论语·里仁》中"见贤思齐焉，见不贤而内自省也"。我们都应该记住，一个教师的自我完善始于自省。因为不断自我反省、自我反思，能使教师明确自己的教育方向、教育目标，科学而理性地设计、实施自己的教育。

变味的论语回归

——读《论语》有感

洪建华

　　如果说当代的社会是国学沉沦的社会，如果说当代的社会是礼仪崩溃的社会，如果说当代的社会是精神信仰缺失的社会，那么，《论语》的高调回归也是理所当然，本也无可非议。只是，很多东西过犹不及，当论语在我们身边真的耳熟能详的时候，我们是否真正地理解了《论语》，是否真正地理解了孔子，是否真正地理解了自己？恐怕未必。我相信，这样变味的《论语》回归，不但是《论语》的悲哀，而且是以《论语》为代表的国学的悲哀，更是整个民族的悲哀。

　　很多人谈《论语》，言之凿凿，语之切切，能够引经据典，娓娓道来，往往身临其中，沐浴着君子之风，徜徉在儒家入世的浩然之气中。他能感受到君子所能拥有的思想境界，以及其带来的精神愉悦，而现实生活中，其本人修养言行未必如此。我们需要客观地分析，对待《论语》要有自己的理解和想法，不能人云亦云，亦不能因风而起，趋之若鹜。

　　谈谈我对《论语》粗浅的理解。《论语》只是孔子言语的记录，并不算严格意义上具备独立思想体系的完整的书籍。《论语》将孔子的言行归纳整理，试图构建孔子的思想体系。从个人理解，可以粗浅地划分为三个层次，即人与社会的关系，人与人的关系，人与自己的关系。从整体上看，这种关系被孔子处理得很好，既相对独立，又彼此联系。

《论语》提到个人和社会的关系。比如儒家经典的入世之说，对社会的责任而言，强调人为的创造文明繁荣，经济繁荣，构建和谐的大同世界。在儒家眼里，君子是能动、积极地参与社会政治活动，努力建设自己理想的社会。所以，才会有孔子的忠君爱国之说，才有周游列国之旅。这正是儒家积极入世的体现。当然孔子提出的思想如果从现代的眼光去分析，很多人往往浅显地联系到愚忠。从客观上分析，我认为这种思想的提出，在当时的社会制度下无可厚非。因为，在当时的社会制度下，我们只能期待着手握权力的统治者的怜悯，也就是当时说的君主的德与贤，这是儒家无奈的选择，这也是统治者期待的结果。两者紧密相连，这其中的是非功过姑且不论，总之这意味着影响非常大的事件。在中华民族的记忆中，很多国家大事并不是普通民众能够自主支配的，我们只能期待着有德明君的政治上的怜悯和道德上的施舍。因为儒家观点认为：人之初，性本善。只要将人特别是统治者，用道德培养成无懈可击的君子，那么无所谓制度的利弊。儒家用良好的理论为封建的统治披上合法的外衣，中国历史进程也因此而改变，中国的人治得到精神的理想化和制度的合理化。这种弊端我们已经习以为常，导致我们直到现在还对权力缺乏制度上的制约，只能寄托权力拥有者道德上的认知。从现实的另一个侧面可以得到解释的是，为什么我们现在的制度下还是腐败滋生呢？腐败，不但需要统治者在精神道德层面上的洗涤，更需要制度上的改革和保障。

《论语》不但提到个人和社会的关系，还提到人与人的关系。

《论语》中，孔子对人的两种性质进行了极端的分析探讨，即从多方面论证君子和小人的本质区别。将君子的形象塑造得高大全，在他的理想世界里，塑造他理想中的人。从现实的角度看，《论语》中谈到的对象，覆盖面其实很少。因为纯正的君子古代很少，现在更少；纯粹的小人，古代不少，现在也不少；真正的大多数，其实不是君子，也不是小人，是诸如我辈的常人。我们扪心自问，在民族大义面前，我们是否会杀生成仁？是否会舍生取义？必须承认，诸如我辈常人，在处理很多事情上，我们其实很反复，有时我们是君子，有时我们也是小人。而正是我们这样的人被孔夫子忽略了，实际上，我们是恰恰不能被忽略的，因为常人是占大多数的。孔夫子将人划分得太绝对。君子坦荡荡，但是很多平时不坦荡的常人，在大是大非面前，在大原则面前，还是坦荡荡，还能经得起考验的。古语有云，"仗义每多屠狗辈，欢场尽是义气妓"。《论语》还提到"君子怀德不怀土，小人怀土不怀德""君子周而不比，小人比而不周"，其实封建儒家的代表人物，大多都类似我辈常人：既有小人之心，也有君子之器。很难将人性截然地划分。个人愚见，《论语》对人性有过分拔高之嫌。如果按照这么高标准的要求与人相处，我相信在现在的社会哪怕是在古代，也是自欺欺人。如果拿这么高的道德标准要求人，无疑是不实际的。比如名家大儒朱熹，平素里高挂礼教的大帽子，道貌岸然，被称为理学大师。现实中，他曾经要求朋友的妹妹守寡不得改嫁，做一个贞洁烈妇；可是他自己却是满肚子男盗女娼，与尼姑偷情。还有欧阳修、苏东坡等大家，此类例子，不胜枚举。《论语》的理想没有错，孔子的理想也没有错，君子的品德不假。那么为什么现实生活中，还是那么少的君子，那么多的伪君子呢？因为我们评价的标准有问题，我们用拔高了的理想标准去评判一个人或者一群人，是不实际的。就像我们需要雷锋，要向雷锋学习，但不能要求每个人都是雷锋。

　　我觉得导向好就可以，现在铺天盖地的国学热，《论语》风，其中最大的误区就是专家认为，通过广泛的国学重温，能够洗涤社会中的不正之人，矫正现在人们的价值观世界观。我认为，动机是好的，效果甚微。真正面对《论语》回归的态度应该是，师父引进门，修行靠个人。君子从来都是自己修出来的，君子从来都不是评出来的。君子应该是少数人自己追求的境界，君子不应该是对绝大多数人的基本要求。而我们现在就是主观地要培养君子，可是事与愿违，不仅没有培养到君子，我们反而得到了很多副产品，他们比小人还可恶，那就是伪君子。

　　《论语》中，还提到关于个人自己的问题。我认为有两方面，一个是自我规划，一个是自我调整。孔子说，三十而立，四十不惑，五十知天命，七十而随心所欲不逾矩。这个是规划也是感悟，孔子立志入世，没有如愿，后来述而不著，那就是懂得调整。这就是境界，这就是理想和信仰。孔子本质上，就是一个有自己的信仰，想实现自己理想的老头，是一个对生活充满热爱的老头。他在失败面前懂得不放弃，懂得调整自己的人生规划，他的人生充实而快乐。

　　那么反观我们，缺少什么呢？我们缺少的是信仰，是对信仰执著的心态，是恬静的心态。缺乏信仰，缺乏精神的终极寄托。而这个时候，国学的回归是否能找回我们曾经缺失的信仰呢？我相信，很多悲天悯人的教育家，希望如此，更愿意看到如此，但是我觉得事实并不是如此。

　　历史的进程从来不会停留在一个阶段，国学的确创造了无比灿烂的过去，是无比珍贵的瑰宝。我们能做的只是借鉴，而我们该有的态度很明确，那就是欣赏但是不迷恋，借鉴但是不全盘接受，享受但是不沉迷，承认其作用但是不夸大其作用，将其作为导向的意义，而不是评价的标准。

　　国学应该是修养的学科，是欣赏的学科，我们可以接受，也可以不接受，可以欣赏也可以批判，可以感兴趣，也可以不感兴趣，这才是恬静的心态。现在很多教育家认为国学消失了，迫切的要将其追回。其实这种心态和方式本来就和孔夫子的恬静相违背。

我们期待回归的不是《论语》，不是国学，也不是修养，这些都不是本质，我们期待回归的是整个民族那恬静和平和的心态，这是《论语》体现的，却是我们教育家失去的。

这样的《论语》变味回归，才是真的悲哀！

处世之道

孙夏艳

  曾经，我的语文老师讲述过"半部《论语》治天下"，那时的我不明其意；现如今，初入职场的我在经历了两个月的酸甜苦辣之后，恍然大悟，《论语》里有太多为人处世之道值得学习和品读。

  现代社会，人和人的关系因为网络的发达可以说更近了，但是人与人之间心灵的距离也可以说更远了。在纷繁复杂的社会环境中，如何为人处世成为每个人无法避免的问题。孔老夫子言，过犹不及。在孔子看来，事情做得过头了和没有做到位是一样的效果。我们该如何把握为人处世的分寸，在面对自己亲近的人，我们该掌握什么样的原则。在《论语》中，这个问题得到了解答。

  "讷于言而敏于行"，顾名思义，说话谨慎，行动敏捷，就是在告诉我们少说话多做事，更是讽刺了那些光说不做之人。大家都知道祸从口出，祸从口出大多是没过大脑就直言的话。说话，要谨慎有条理，不要想到什么就直接说什么，先推测一下你说完这句话的后果，再去决定你到底该不该说这句话。在 9 月份，我在微信群中说了一句大家都不爱听的话，说出去当时并没有觉得不妥，后来细想之下觉得实在不合时宜，显得格外不懂事。这给我的启示就是，心直口快虽然在某些场合是美德，但职场有时并不需要这一套。

而敏于行就是行动要敏捷迅速不拖拉，同时要真正地有实际行动，而不是光说不做。我们身边总有一些女孩子，总说着要减肥，要减到多少斤，天天说，月月说，甚至年年说，总之，念叨了这么多年，却从未见她做过什么。我心想，如果光说不做就能达到目的，这是妄想。

再者就是近期大家都在说的拖延症，形容一个人做事拖拖拉拉，总把事情留到最后做。我自己就是一个重度拖延症患者。孔老夫子的智慧被我抛之脑后，十分惭愧。比如说每一课的教学反思，每次想上完课就写，但是上完课就坐在办公室的椅子上玩手机，想着吃饭再写也不迟，吃完饭又想休息一下吧，又拖着没写，就这样，一直拖着，总是上完这节课之后很久才写的反思。那时，很多教学细节已经被我遗漏，反思原本的意义和价值已全然丧失。尽管我深知这样的做法是错误的，但仍然控制不住自己的惰性发作。所以，"讷于言而敏于行"这句话对我的触动很深。

以德报怨何如。在处世之道中，除了要控制言行，还要控制自己的内心。以德报怨这个词我们不陌生，我们经常说生活里有这样的人，说你看别人那么对不起他，他还对人那么好，我们觉得这样的人格应该在孔子这里得到赞赏。没想到呢，孔子反问了他一句，子曰："何以报德？"孔子说一个人他已经用德去报怨了，那他还留下什么去报人家的恩德呢？当别人对他好的时候，他又该怎么做呢。孔子给出了他自己的答案"以直抱怨，以德报德"。如果他人有负于你，对不起你了，你可以用你的正直耿介去对待这件事，但是你要用你的恩德用你的慈悲去真正回馈那些也给你恩德和慈悲的人。孔子是有原则的，他给的分寸就是以直抱怨，用你的正直去面对这一切。其实孔夫子在这里向我们展示了一种人生的效率和人格的尊严，他提倡用你的公正、用你的率直和磊落的人格去坦然面对一切，既不是德也不是怨。其实孔夫子的这种态度可以举一反三推及我们生活中很多事情，就是人生有限，生也有涯，把我们有限的情感、有限的才华留在最应该使用的地方。

子曰："君子成人之美，不成人之恶！"按字面意思来解释就是：君子通常成全别人的好事情，不成全别人做的坏事情。君子通常可以看到人身上的优点、好处，赞扬别人的长处，替别人高兴；同时，也会非常谦虚地向别人学习！当君子看到别人身上的不足时，会非常反对，同时也会劝告他们，让他们不要再这样做，也会警醒自己，不要让自己学习不好的事情。在这句话后面，还有一句"小人则反之"，算是反义词吧！也就是说，小人成人之恶，不成人之美！这个现象存在我们学生身上，他们明明看到了一些行为恶劣的同学，不但不去劝阻，还会跟着他们一起闹，更是狂妄自大，从不把别人的话或者优点放在眼里。

在学校里，有很多成人之恶的同学，明明自习的时候别人在说话，他不但不提醒他不要说话，还跟他一起说，这就是不对的了。我们要做的，还是要成人之美，多赞扬别人，多发现身边同学的优点，去学习，相互鼓励，与之同乐！

中国的《论语》，是我们的根；中国的《论语》，是我们的芽。《论语》常读常新！

《论语》中敬畏自然的智慧
及对当今教育的启示

田爱琴

教育的最终目的就是让人们对生命有敬意，对自然有敬意，要爱惜生活，爱惜人生，爱惜自然。人类与自然都是宇宙智慧的创造物，都是宇宙生命的组成部分，尽管生命存在的形式不同，生命形态有高低之分，但都是平等的生命。因此，敬畏自然就是敬畏智慧，敬畏生命就是敬畏我们自己。再则，敬畏自然，就是爱护自然，爱护人类生存的家园，就是爱护我们自己。

《论语》是儒家经典，蕴含着丰富的敬畏自然的智慧，如敬畏自然，顺天、应时、不违天命，俭用爱生的智慧。孔子在《论语》中并没有明确提出"自然"这个概念，但在他的言论中却蕴含着丰富又鲜明的敬畏自然的理念。孔子在《论语》中谈论到自然所涵盖的内容时，一般以"天""天地"等加以表达。

孔子敬畏自然的智慧，大致体现在三个方面：一是对"自然"的敬畏感；二是顺天、应时、不违自然的顺应感；三是俭用和爱生的珍惜感。

首先，孔子对"自然"的敬畏感，具体表现在对"自然之神"的敬畏，"祭如在，祭神如神在"（《论语·八佾》）表现的是祭祀的虔诚；在祭祀的时候则要求人们"齐，必有明衣。齐必变食，居必迁坐"（《论语·乡党》）。且"子不语：怪、力、乱、神"（《论语·述而》）。反之，如果不敬畏天神，则会"获罪于天，无所祷也"（《论语·八佾》）。对"自然之神"的敬畏主要是针对一些迷信和宗教的神灵崇拜来说的。它有异于一般的迷信，却不具备成熟宗教的特征，但是在孔子时代类似宗教性的敬畏自然的智慧，依然影响巨大。

孔子对"自然"的敬畏感，还表现在对"自然之物"的敬畏。孔子时代的自然多少带着神秘的面纱，一部分敬畏是假借于物来实现的。《乡党》中记载"虽疏食菜羹，瓜祭，必齐如也"，即古人取出一些饮食来祭祖也一定要像斋戒那样，再如"有盛馔，必变色而作"（《论语·乡党》）；"迅雷风烈，必变"（《论语·乡党》），遇见迅雷大风一定要改变神色。孔子通过这些自然现象表达对自然的敬畏。

孔子对"自然"的敬畏感，还体现了孔子对于自然之美的重视。孔子注重自然给人带来的精神愉悦，这就是人拥有一种理解、欣赏和享受大自然的能力，这种理解、欣赏和享受远远超过了对大自然的生物学利用。早在两千多年前孔子就有了如此大智慧，"知者乐水，仁者乐山；知者动，仁者静；知者乐，仁者寿"（《论语·雍也》）；"岁寒，然后知松柏之后凋也"（《论语·子罕》）。子在川上曰："逝者如斯夫，不舍昼夜。"（《论语·子罕》）孔子对于智者和仁者的欣赏、松柏后凋的感悟、时间流逝的感叹，俨然上升到了审美的高度，让人钦佩、喟叹。

其次，孔子在《论语》中还表现了从自然之天而行，从自然之时而行，从自然规律而行。简而言之，就是顺天、应时、不违自然的顺应感。

从自然之天而行是相对于"天命之灭"而言的。何谓"自然之天"如"天何言哉？四时行焉，百物生焉，天何言哉？"（《论语·阳货》）四季变换，万物生长都是自然而然的。

从自然之时而行是指物与人都要遵循自然时令行事。自然之物要遵从自然之时而行，世间的一切生物都是要遵循时节捕食、生活、迁徙的。人类也要遵从自然之时而行，在生活和人事上也要从自然之时。如"不时，不食"（《论语·乡党》），这是孔子在生活细节上对自己的要求，吃东西要按季节、按时令。

"君子之于天下也，无适也，无莫也，义之与比"（《论语·里仁》），这在《论语》中描述人事问题上有所体现，同时也传达了在坚持自己原则和底线的同时灵活处理问题的智慧。这种适时变换的智慧是我们遵循自然规律的一个先决条件。只有这样，人类才能适时调整策略顺应，利用好自然规律，与自然和谐相处。

再次，《论语》中爱生和俭用的智慧表现在爱惜自然生命，"子钓而不纲，弋不射宿"。意思是只钓鱼而不网鱼，只射飞鸟而不射巢中的鸟。爱惜自然资源，提倡民众俭朴生活。孔子个人十分推崇节俭，如"节用而爱人，使民以时"（《论语·学而》），"礼，与其奢也，宁俭。丧，与其易也，宁戚"（《论语·八佾》）。孔子虽重"礼"，但宁愿俭朴一些也不要奢侈。"俭，吾从众。"（《论语·八佾》）"居简而行简，无乃大简也。"（《论语·雍也》）"奢则不孙，俭则固。与其不孙也，宁固。"（《论语·述而》）

最后，谈谈孔子敬畏自然的智慧对当今教育的启示。现代教育工作者应该培养学生的敬畏感，让他们敬畏自然、敬畏生命。当面包树的花儿在一瞬间绽放，每一个花瓣都使人惊叹为奇迹；每一次心跳都带来一次生命的震动，大自然用它伟大的力量，向我们证明它拥有无尽的财富，我们必须教学生敬畏自然与生命。

现代的我们敬畏自然的具体表现在顺应自然规律，吃时令蔬菜、水果；按自然节奏成长、生活、学习，拥有健康与活力。我们要牢记：我们只是自然界最普通的一分子，要善待自然与生命。其实，节约自然资源，也就是善待我们自己。

"忠"言"孝"语

——读《论语》知"忠孝"之"两全"

夏春玲

　　"忠孝自古不能两全。"然忠孝真不能两全乎？曾子曰："身也者，父母之遗体也。行父母之遗体，敢不敬乎？居处不庄，非孝也；事君不忠，非孝也；莅官不敬，非孝也；朋友不信，非孝也；战阵无勇，非孝也。五者不遂，灾及于亲，敢不敬乎？"即"自己的肉身，是父母赠予的身体。行用父母赠予的身体，敢不恭敬吗？平素处事不庄重，是不孝；事奉君主不忠诚，是不孝；莅临官人不恭敬，是不孝；与朋友交而不诚信，是不孝；亲临战阵而不勇敢，是不孝。这五样不能够做到，灾祸会降及亲人，敢不恭敬吗？"曾子告诉我们，"忠"为"孝"的重要表现，即用父母给予我们的身体去忠诚地为君主服务。而《说文解字》中记载，"忠，从中，从心；本义作'敬'解"，"古以不懈于心为敬；必尽心任事始能不懈于位；故忠从心。又以中有不偏不倚之意，忠为正直之德，故从中声"。所谓"孝"，则"善事父母者。从老省，从子，子承老也"。"忠"正直而怀敬意，是待人处事的一种品质，而"孝"则子承老也。因此，忠孝的核心是"敬"。忠孝并非不能两全，是后来人将"忠"局限于"君臣之间"，将孝局限于"子女对父母的奉养"上，是偏颇之词。尽忠竭诚即为孝。其实，《论语》中讲述的"忠""孝"也是这个道理。

一、《论语》中的"忠"言

《论语》中的"忠"言顺耳，诚字至上。《论语·里仁》15章中曾子回答门人"夫子之道。忠恕而已矣"。忠恕，是孔子待人的基本原则。忠，对人心竭力，指积极为人，即"己欲立而立人，己欲达而达人"。恕，待人仁爱宽厚，指推己及人，即"己所不欲，勿施于人"。因此，能近取譬仁之方也。此处的"忠"即真诚待人，其实，《论语》中还有很多处都涉及了。如君子"主忠信，行笃敬""子以四教：文，言，忠，信"，讲的都是忠诚待人的品质。当讲到"君臣"关系时，孔子强调"君君，臣臣"，即"君事臣以礼，臣事君以忠""事君，敬其事而后其食"。此处虽然点到君臣，但仍讲的是一种品质——真诚的品质。因此，《论语》中的"忠"是"忠诚待人"，是一种品质，其表现在形式上是"敬"。孔子认为"忠"可用于君臣之间，但并没有局限君臣之间。故"为人谋"而忠，"事君致其身"而忠。"人""君"范围上有大小，也正说明这个道理。

二、《论语》中的"孝"语

《论语》中的"孝"语连篇，诚心为上。"君子，不重则不威；学则不固。主忠信。"忠信，君子立德之本也。子曰："慎终追远，民德归厚矣。"谨慎地对待丧事，追念历代祖先，民风就变得纯朴，社会也变得稳定。孝是社会稳定之根本，孝也是为政之根本。"孝乎？惟？孝，友于兄弟。施于有政，是亦为政，奚其为为政？"

孔子认为，"孝弟也者，其为仁之本与"，因为"为人也孝弟，而好犯上者，鲜矣；不好犯上，而好作乱者，未之有也"。孔子采用不完全归纳法，展现了孝悌的重要性——仁之本。因此，孔子认为，孝是立德之本，更是立国之本，兼具伦理价值和政治学价值。

怎样做才是孝？曾在"综艺喜乐汇"中看到这样一个小品，一个儿媳拖着忙着去上班的儿子去看老父亲，手里提着一大袋东西，这是一个令人感动的至孝场景。当节目继续向前推进时，我们发现，这一大袋吃的却是狗食，带来的毛织品是狗衣，孙子打来的电话也是想听听狗的叫声。这时，我们看到的是老人憨憨地笑了。这时，我又想起《老人与狗》中一个"脑梗之后的张大爷"在梦里梦见"狗会说人话，它用歉疚的眼神看了看大爷，嘴巴咂巴了几下，又是点头又是摇头的，好一会才说，唉，你也真是可怜，还不如我！你呀，养什么儿子，做什么爹，还不如就做我呢！"这些父亲不如狗的现象，在现今社会非常普遍。然而，在孔子看来，这是不可思议的。"今之孝者，是谓能养。至于犬马，皆能有养；不敬，何以别乎"，而上面的"孝"连"养"都做不到，更不能说孝了。在孔子的"孝"语中应为"假孝"或说"不孝"。

其二，"孝"谓之"养"也，即物质上的满足，行为上的"孝"；也就是说，这种孝是做给别人看的。"北大校长周其凤在家乡为老母祝寿，在众人面前向老母亲跪下，情景感人"，孔子则认为"有事弟子服其劳，有酒食先生馔，曾是以为孝乎"，一"曾"译为"竟"，竟然以此为孝吗？不，这不是真正的孝。

其三，"真孝"即为"敬"。"敬"体现在三个层面。生前，先要观其行，要做到"无违"。侍奉父母要"竭其力"要"以礼"；"父母在，不远游，游必有方"；"观其志"是否符合父母的愿望；当父母与自己意见相左时，"事父母几谏，见志不从，又敬不违，劳而不怨"；还有"父母之年，不可不知也。一则以喜，一则以惧""父母唯其疾之忧"。在这些基础上，孔子更强调"色难"，即在父母生前，应该保持和颜悦色。要从内心上孝，这才是真正的孝。

死后，则更能体现"敬"，更能见出子女的孝。"父没，观其行；三年无改于父之道""死，葬之以礼，祭之以礼""子生三年，然后免于父母之怀，夫三年之丧，天下之通丧也"，对待死去的父母，我们应在行动上尊敬他们。以礼葬之、祭之，同时要为他们守三年之丧以报答父母的养育之恩。同时，在志向上，三年不改变父母的愿望。

因此，孔子之孝语，字字珠玑，扣人心弦。每每念及这些孝语，想起老父母，不禁羞愧至极。确实，真孝之于当今社会者，有几人欤。我们有的是"物质上的养"，如有此养，已然不错了，然真正做到"养"的也不多。更何况给予父母"精神上的赡养"更是少之又少呀！

三、《论语》中的"忠孝之道"

《论语》之忠，待人之忠，逐步向待君之忠，而《论语》之孝，则待父母之孝。由敬而为忠者，则为"真忠"，由"敬"而为孝者，则谓之"真孝"。故曰"孝慈，则忠"。因此，忠孝者，"敬也"，敬君主，敬父母也。李密陈情之所以得成，表面上是因为他的先尽孝后尽忠策略的正确。实质上，是因为他尽孝之尽敬，尽忠之尽敬，这种敬让人不可却之。因此，忠孝不能两全乎？但只要"尽忠之人""尽孝之人"能够"敬"，只要"君子""父母（长者）"也是可敬之人。这样，忠孝实可两全，它们是不相违背的。

因此，忠孝之道，实则是人人之间相互尊敬，相互信任，诚心待人，这便是《论语》告诉我们的，也是先贤告诉我们的——忠孝之道，敬之道也。

《论语》中的艺术人生

夏春玲

所谓的艺术人生，就是人在生活和生命活动中，能够正确地处理人与自我、人与他人、人与自然、人与文化等关系，使自己愉悦、快乐地生活，进而更好地展现人生的价值。在品读《论语》时，笔者发现，孔子与弟子的许多语录能够很好地引导我们过最好的人生，过最有价值的人生。

一、关注"人与自我"，要做到"养生修身"

"养生"是前提，"修身"是境界。孔子的养生包含养心和养身。养身，注重身体的健康。身体健康是自我要求的最有力保证。孔子的"食饐而餲，鱼馁而肉败，不食。色恶，不食。臭恶，不食。失饪，不食。不时，不食。割不正，不食。不得其酱，不食。沽酒市脯，不食"（《论语·乡党》）告诉我们，养身要做到营养平衡，食物新鲜，要做到"八不"。"养心"者，即重视心理的健康。《论语》要求我们淡看生死，淡泊名利，"未知生，焉知死"，"死生有命，富贵在天"（《论语·颜渊》）；要求我们心胸宽广，不怨天尤人，"在邦无怨，在家无怨"，"不怨天，不尤人"（《论语·宪问》）。

　　"修身"，即提高我们的道德修养和知识水平。如何"修身"？子曰："志于道据于德，依于仁，游于艺。"所谓"道"，"济世"之道也。孔子之志"老者安之，朋友信之，少者怀之"。达到"道"的最高境界就是"安贫乐道"，即"饭疏食，饮水，曲肱而枕之，乐亦在其中矣"（《述而》第七）和"贤哉，回也！一箪食，一瓢饮，在陋巷，人不堪其忧，回也不改其乐。贤哉，回也！"（《雍也》第六）的境界。"仁""德"，则是"正己"之道也。"据于德，依于仁"，强调"仁德"是立身之本。春秋战国时期，"知德者鲜矣"（《卫灵公》第十五）。"礼崩乐坏"，修身则需修"道"修"德"。"艺"，礼、乐、射、御、书、数。《论语》强调，"不知礼，无以立也"（《尧曰》第二十）。"人而不仁，如礼何？人而不仁，如乐何？"（《八佾》第三）。"弟子，入则孝，出则弟，谨而信，泛爱众，而亲仁。行有余力，则以学文"（《学而》第一）。"艺"是修身的重要要素，但，仁德不修，不足以习"礼、乐、文"。

　　人要真正做到"自我"发展，"养生"之时需"修身"，"修身"之时要"养生"。只有做到两不误，才算真正做到了"自我"。

二、关注"人与他人"，做到"正己安人"

　　在处理"人与他人"的关系中，要做到"正己安人"。"正己"强调对自身的要求，"正"什么？品德和能力。"安人"，就是让他人感到安乐。"正己安人"在具体的人际关系中，我们要处理三个层面的关系：亲人之间，上下级之间，朋友之间。在处理亲人关系上，孔子强调要"孝""悌"。"孝弟也者，其为仁之本与""仁者，爱人。"在处理上下级关系时，强调下级对上级要"忠"，"君君，臣臣"，上级对下级要"恕"。在处理朋友关系时，孔子讲究"诚"，"人而无信，不知其可也"。"言必信，行必果"。同时，"友直，友谅，友多闻，益矣。友便辟，友善柔，友便佞，损矣"。

"正己安人"既是修身的重要内容,也是处理人际关系的根本。"正己"是"安人"的前提,"安人"是"正己"的目的,也是处理人与他人关系和谐的前提。故"己欲立而立人,己欲达而达人","推己及人","己所不欲,勿施于人"就是"正己安人"的具体体现。

三、关注"人与自然",做到"和谐共存"

在《侍坐》章中,孔子极力赞成曾皙的想法——"暮春者,春服既成,冠者五六人,童子六七人,浴乎沂,风乎舞雩,咏而归"。曾皙享受自然的做法受孔子赞赏,是因为人与自然的和谐是孔子的政治理想。如何达到这种和谐?首先,对自然要"畏","君子有三畏,畏天命,畏大人,畏圣人之言","天命"者,自然也;"畏"者,敬畏也;"天命"置于君子"三畏"之首,足可知对于自然的敬畏之态。"色斯举矣,翔而后集。曰:'山梁雌雉,时哉!时哉!'子路共之,三嗅而作。"孔子与野鸡的对话和动作形象传达了孔子爱护自然生态的意识,呈现出人与自然和谐相处的场景。其次,对自然资源的汲取要注重"度",要合理利用、不过度索取。"子钓而不纲,弋不射宿"充分展现了对自然的尊重,对生命的珍爱。这不仅仅是从意识形态层面上,而且在具体的行动上做到了人与自然的和谐。因此,"子不语:怪、力、乱、神",敬畏自然,"和谐共存"。

四、关注"人与文化",做到"述而不作"

关于"文化",《论语》中涉及的主要是古代文化,尤其是周礼。首先,对古文化孔子是"敬仰"的。"述而不作,信而好古。""我非生而知之者,好古,敏以求之者也。""好古"就是对古文化的尊重。但也有局限,如"述而不作",只阐述而不创作,因对古文化只能陈陈相因而限制了思想创新和发展。其次，对周礼孔子是"推崇"的。"甚矣吾衰也！久矣吾不复梦见周公（中国古代的'圣人'之一）"，表明了孔子对周公的崇敬和思念，也反映了他对周礼的崇拜和拥护。孔子自认为自己继承了自尧舜禹汤文武周公以来的道统，肩负着光大古代文化的重任。因此，在《论语》中，仁是核心，礼是手段，通过礼来实现孔子"仁"的思想。

《论语》告诉我们，在人的一生中，如果我们能尊重自我，尊重他人，尊重自然，尊重文化，我们就能自在、和谐、快乐、优雅地生活，这便是艺术的人生。

过程的价值

忻传森

一、孔子用进取的一生诠释过程的价值

子曰:"吾十有五而志于学,三十而立,四十而不惑,五十而知天命,六十而耳顺,七十而从心所欲,不逾矩。"(《论语·为证》)。孔子说这些话的时候,显然已经超过七十岁了,孔子享年七十三岁,可见这是孔子对自己整个人生过程的回首与总结。回首自己走过的路,逝去的岁月,如烟的往事,历历在目,恍如昨日,面对悠远的历史与未来,面对深邃的时空,面对自己内心深切的责任感与使命感,孔子平静地娓娓道来,又不乏语重心长,充满沧桑与历史感。

十五岁立志求学,三十岁时可以立身处世,独立面对与处理人世间的一切挑战,那是一段充满激情、奋斗、成长的岁月,是人生中最值得怀念与留恋的时光。四十岁时,理性上已经通达,能清楚知道什么是人生,能准确妥当地加以判断,而不再被形形色色的表象所迷惑。五十岁时,领悟天命,了解到命运的无奈,只能尽力而为,只能通过自己的努力与坚持,使自己走向至善,让天下回归正道。知天命之后于是"化命运为使命",努力与奋

斗就有了不竭的内在动力，这一生就充满了希望、充满了光明。

六十岁时可以顺从天命、敬畏天命，开始能让内心的所求与天意相合，这也就是儒家所谓的"天人合德"。当然孔子毕竟也是正常人，也有七情六欲，也会有激动与犯错的时候，真正的孔子就是那样的真诚与可爱，他自己认为到了七十岁时，才真正达到"从心所欲而又不逾矩"的人生境界。我想此时的孔子已经参透生命的真义，洞明宇宙人生，已经超凡入圣。

孔子的一生都在不断进取，追求进步，追求光明，让学问与实践、人格和修养逐渐走向至善至美。虽生有涯，虽事业未竟，虽还有许多未知的领域，但在人生的历程里，在不断努力与进取的过程中，已经洒下汗水泪水，已有花香馥郁，已有价值与意义。这让我想起奥斯特洛夫斯基关于生命过程与价值的一段话："人最宝贵的东西是生命。生命对人来说只有一次。因此，人的一生应当这样度过：当一个人回首往事时，不因虚度年华而悔恨，也不因碌碌无为而羞愧；这样，在他临死的时候，能够说，我把整个生命和全部精力都已经献给了世界上最壮丽的事业——为人类的解放而奋斗！"这些荡气回肠的文字，就如孔子的文字，同样闪烁着真情与智慧的光芒，温暖着我的心，激励着我进取的脚步！

二、过程的价值对现代人的人生启示

我们每一个人，毫无例外地都要经历一个生老病死的人生，这是一个不可抗拒的自然法则。人生就是一个过程，我想，生存的目的也完全就是这个过程而不是其最终结果（死亡），离开了这个过程中的内容，所有的人生都是空洞的、毫无意义的，人生所有的精彩、所有的意义、所有的价值都已经融入在这个"过程"之中了。

年轻的时候我们努力学习，不断地认识自我、认识世界，积聚能量与爱心，对未来对世界充满好奇与美好的向往。我们踌躇满志，指点江山，激扬文字，书生意气里度过了人生中最美好最无忧无虑的时光。离开学校进入社会，一番打拼一番波折，然后找到工作立稳脚跟，然后结婚生子，然后安定下来。在这个过程中，理想与现实的激烈碰撞，美好梦想与残酷现实的巨大落差，让我们认识到原来真实的世界并不是曾经设想的那样温馨美好，而是充满了争夺与竞争，充满了无奈，丛林法则确实存在。几多经历几多磨炼，我们不断地调整自己，我们变了，我们的品性里增加了圆滑、刚毅、僵硬、沉默。很多时候甚至会找不到自己的位置，搞不清"我在哪儿？我是如何走到这里？我该到哪儿去？"在不断的拷问与追寻中，我们才逐渐认清自己，找到自己的位置。

人到中年，逐渐地生活安定了，事业有了一些成绩与基础之后也安定了，身力心力已不再如同年轻时曾经的那样强健与用之不尽，拖儿带口上有老下有小，逐渐地我们也累了，逐渐地我们再也走不出来了，逐渐地不喜欢改变，我们开始困于小小的围城，困于小小的事业与生活领域。很多人职业倦怠油然而生，感叹"人到中年万事休"，开始浑浑噩噩随波逐流，也有的沉迷于追逐名利，追逐官场，有的甚至开始追求感官与低级趣味，而不再是继续修炼与提升，不再在专业上努力进取。可是，其实在我们身边也有一些人，人到中年之后，反而更加勤奋更加精进不懈，思维活跃，高质量的文章一篇一篇地出，工作也更加智慧更加顺畅更富创造力，迎来人生又一个更加丰富的高峰期。

傅佩荣在《哲学与人生》一书中写道"一个人的自我成长，往往从中年以后才真正开始"，因为"真正的成长不是被动的、被安排的，或无意识的，这些知识只是'灌输'而已。真正的成长一定出于自己的意愿，并且知道自己在哪些方面应该再进修、再充实"。这不正好是对"人到中年、四十不惑"的最好勉励吗！是啊，人到中年，事业与人生的各种问题开始涌现，如何直面、如何应对，不能消极而是奋起，不能迷失自己大惑特惑，而是应该以智慧与冷静认清方向，继续努力、精进不懈，不断地继续成长。相信吧，在这个努力与成长过程之中，必有我们人生所有的意义、所有的价值！

三、过程的价值对教育生活的启示

我觉得现在的新课程确实有很完美的教学理念，这集中体现在其教学目标体系上，这一目标体系中最大亮点就是"过程"目标——把"过程与方法"作为教学的核心目标之一。我想把"过程"作为目标正是精髓之所在，也正与孔子的思想相契合、与传统文化不期而遇。"过程"目标不仅对我们的教学更具指导意义，对我们教师的人生也有启迪，这就是应重视人生的过程、关注教与学过程中的体验与价值。

人生的老去，是从心开始，痛苦还是幸福，首先是心灵的一念之间。我们无法阻挡时光的流逝，无法改变大自然的规律，无法扭转血肉之躯的生老病死。可是我们可以修养我们的心灵，让我们的心灵清明、纯净，让内心每时每刻都充盈、喜悦。可是我们可以充实与用好人生这个过程，珍惜每一寸时光，珍惜每一方时空里的人与事，更加努力进取，向世界展示出最好的自己、为世界贡献出自己最好的才情，从而让这个过程更加丰富、更有意义。

作为教师，这是一份很特殊很辛苦的职业，我们的幸福人生需要汗水甚至是泪水来赢得，但我更想说教师教学生涯的成功与幸福感，更需要支撑心灵的理念，首先就是要有一种享受教育"过程"的智慧。

有人说，对待教学与教师生活有三种境界。当我们把教学作为一种职业时，我们是为了谋生，这是人生最低也是最基本的需求；当我们把教学作为一种事业时，我们是由责任感和使命感而油然产生的孜孜追求；而当我们把教学看作人生历程，当作生命的重要组成部分时，我们则会将教学作为一种丰富人生的享受。前两种情形都是生活和环境使然，只有把教学当作丰富人生不可分割的一部分，当作一种享受时，你的工作才真正是一种发自内心的需要，才会乐此不疲，才能不断地把教学的过程完成得更加优雅、更加完美。

因此，对待教育教学，应该有一种"享受过程乐趣"的智慧，在自己的工作中体验从事教育教学工作的快乐，以欣赏与享受的心情度过学教人生的每一天每一月每一年。既然选择了教师职业，那就淡泊宁静、心无旁骛地工作，在"过程"中寻找快乐，这样既能把工作做得让自己满意，又不经意地出了成绩，这也是职业道德的基本要求。

教学过程中的核心要素首先是教学的内容，所以要欣赏与热爱自己从教的学科，从内容到方法。我是高中物理教师，在教学与研究的过程中，深深感到作为物理教师，从事的物理教学是多么的富有意义！悠远神奇的自然世界、丰富深邃的物理知识、严谨的物理思维、科学的物理方法、求实的物理精神，这些物理因素的熏陶必将影响学生的一生。物理学内容是那样的丰富、多彩、美丽，物理学更是一门具有哲学气质的、方法论性质的学科。凡此种种，用心体会，静心阅读、静心思考、用心去教学，在物理教学过程中，既完成了教学任务，又能丰富自我愉悦身心。

对待教学的"过程"，应怀有一种"享受之心"！不要总想着成绩与功利，在课堂上要甩开一切，把课备充分，演绎出让自己满意的精彩之课，享受教学过程中探究与生成的乐趣。只要这样，有时虽然只是把学生的成绩当作副产品，结果肯定也不会差。对待教学的"过程"，还应怀有一种"宗教之心"。几年前曾看到过一篇文章，具体内容忘了，但标题至今记得，就是"教育是一种修行"，多么令人感动的题目！把教育当作一种修行，不管你原本情愿还是不情愿，不管你是不是疲惫与怨愤，你都应该以宗教般的虔诚去做好。享受之心与宗教之心必定伴随着"感恩之心"。如果能怀着感恩之心去看待教学看待学生，你肯定会被学生眼中饱含的渴望和纯真感动，会被学生对你的尊重和认可而感到欣慰，会被自己的坚持、努力和付出感动。常怀感恩之心的老师，一定态度谦恭温和、面带微笑、充满爱心，更能给学生力量与信心。

　　作为老师，既然选择了教师职业，如果不出意外平平凡凡的教书生涯要维持三四十年，所以过程价值的理念很重要。如果我们认识到"过程的价值"，珍视教学生活中的每一个过程，以享受的、宗教的、感恩的情怀，努力认真地对待，把我们的身心融入"过程"，这样既享受过程中的快乐，又能收获过程中的幸福人生。带着一份使命感，投入生活与工作吧，如同孔子的学生曾子所说："士不可以不弘毅，任重而道远。仁以为己任，不亦重乎？死而后已，不亦远乎？"

王老头的知其不可而为之

叶威武

孔子"知其不可而为之"的精神感召了无数学者，流传千世而不朽，且潜移默化到了中国普通百姓骨髓中，成为日常的一种信仰，当然也成为吾家王老头的信仰。

"知其不可而为之"于王老头而言是一种蓬勃向上的追求精神，不拘于眼前狭隘的现实，不屈于短暂的挫折，是一种"敢做别人不敢做"的"创新精神"。

王老头家居山顶老坳，村民世代以绿茶为生，一代代习以为常。偏老头生有"异骨"，爱折腾，别人绿茶一年摘到头，市场上门收购价多少就多少。王老头偏只摘明前和雨前后，且独自送茶叶到市场上去"讨价还价"，"硬生生提高价格"。虽"势单力薄"最终未获成功，但是王老头说："我就是知道他们不会高价收，我也要试一试，不能等着挨宰。"后又"搞事"铲了绿茶种"黄茶"，"妄想提高价格"。后也终因土壤问题未能批量生产，但是王老头在"知其不可"的路上依然乐此不疲。20世纪70年代末期干脆抛开传统茶叶，带领村集体经济搞三角带生意。毫无"天时地利人和"可言的王老头"不登高山，不知山之高也；不临深溪，不知地之厚也"，扯起大王旗。其中屡败屡战，也常常累累如丧家之犬，最终在80年代获得成功，成为知名"山大王"。

我作为一个外来的后辈，深觉王老头如果知其不可就不为，遇到困难只管放弃，听天由命，随遇而安，"老王"就不是"老王"了。他不可能在乡里乡亲中有如此大的名声，"自助者天助"，或许就是这个道理。

"知其不可而为之"，于王老头而言更是一种不服老、不愿老的积极人生态度。王老头今年七十有三，一生充满传奇。三岁丧母，十七岁丧父，怕黑惧鬼神，至今尚"胆小如鼠"不能独自生活，故自小以"骂人"来壮胆。久之，不"脏话"几句，说话都不流畅，常尚未见其人已闻其骂声。怒要骂以泄愤，喜要骂以舒悦，悲亦要骂以解愁。

家中子女有三，皆已成家庭脊梁。常常对王老头说："爹啊，您年纪大了，不如当年了，多一事不如少一事。时代不同了，知其不可要安之若素，要服老，要安稳落业啊。"

王老头顿时拍案立起，怒目圆睁，张口放炮："他娘的，都管起老子来了。什么时代变了，人心变了不成？啥事我偏要做做看，什么可不可的，我去做了就是可以的。"说完拂袖而去，一路滚落无数"天台脏话"。

家道已中落，早不是"大王"的王老头依然保持着"风和日暖"，关心国计民生，关心天下大事，时时要到政府去训斥某些"不作为""不顺眼"的做法。他知道这些行为"不可"，会惹人厌，但是他以"老派"共产党员的单纯之心，自觉履行监督义务。他不计较功利，心怀赤子，"我行我素"，在古稀之年依然"可爱"。

王老头人生中充满"知其不可而为之"的悲壮侠士之风，他虽时有令人可笑，但细思之，实令人可敬。

理想单纯而美好，现实复杂而真实。当理想与现实相矛盾、相冲突时，我们该如何选择？是放弃自己些许美好的理想，向不是那么令人满意甚至残酷的现实屈服？还是坚守自己心中那份美好，不让世间的污浊对这份美好有过多的侵蚀？

人是不能生活得过于圆滑和世故的，人总要有"知其不可而为之"的勇气和执着才能觉得幸福。这是我读《论语》的最大感受，亦是我纵观王老头一生最大的体会。

谈适度

张静雯

　　一只饥饿的老鼠遇到了一只盛满大米的米缸，看着白花花的大米，老鼠兴奋异常，每天跳进跳出想吃就吃，但是缸里的米天天减少，缸口与米的距离一天天拉大。当小老鼠所能跳过的高度低于缸口与米之间的距离时，它没有摆脱米的诱惑，仍跳进缸中享受米的滋味，但这一跳，使老鼠在吃完米缸中的米之后，困毙在缸中。

　　俗话说"物极必反"，这个故事说明任何事物都必须保持其一定质的数量界限，虽然在一定界限内，量的变化不会改变事物的质，但一旦超出这个界限，量的变化就会引起质的变化。在自然现象和社会现象中，任何事物都有一个"度"，只有使事物保持特定质与量的界限，才能不断促进事物发展。老鼠的悲哀就在于没有把握好能够跳出米缸的度，以至于最后一跳误了卿卿性命。

　　"过犹不及"是孔子的核心思想之一。子曰："吾有知乎哉？无知也，有鄙夫问于我，空空如也。我叩其两端而竭焉。"孔子以"叩其两端"来表达对适度原则的关注。孔子一生很少发火，但在谈到鲁国的一位大夫季平子的时候却火冒三丈，说了"是可忍，孰不可忍"的重话。事情的起因是季平子在他的家中行乐舞，排了八排，每排八人，六十四人在庭院中跳舞。这就是所谓"八佾"舞的体制。按照礼制，天子八行，诸侯应该是六行，大夫是四行，一般士人是两行。季氏是大夫，应该享用四行之舞，他却僭用天子的乐舞，所以孔子表示愤怒。这个例子说明孔子十分注重礼制秩序，但同时也反映出孔子道德哲学中一个重要思想，就是适度原则。

世间万物皆有度，就说国画中的"留白"，要表现的东西并不需要完完全全显示出来，留一点白留下的是无尽的意韵，无尽的遐想，无尽的回味。鱼游水中，只需画出鱼的游，水草的摇摆即可；至于水，留下的宣纸上的空白处便是水至清的最好表现。诗歌中常用"隔"的手法，不过于直白，只是在所要表现的思想和情感上罩一层轻纱，虚实之度的把握，使得诗歌的语言富有了表现力和美感。

适度体现在人生的方方面面。古人云："不欲极饥而食，食不过饱；不欲极渴而饮，饮不过多。"说的是饮食要有度，不能饿到极点或者渴到极点才去吃喝，也不能吃得过多，喝得过多。摄入的营养也要适度，低了，人会因为营养不良而无法工作学习；高了，营养过剩人会生病，过度害己伤身。

工作学习要适度。低了，无法完成任务；高了，诸如"头悬梁锥刺骨"一样去学习，又会透支精力，使人累倒，无法再工作。期望值要适度，太高了，会因无法实现而丧失信心；太低了，没有了实现目标的动力。理想追求要适度，标准低了就变成短期目标，高了则成了空想。爱是好的，爱让人类得以延续，让生命得以成长，但爱是要讲原则和方式的，爱要适度，超过这个度，爱就会变成一种伤害。比如现在很多家长对孩子的溺爱，其实是葬送了孩子的未来。

不过这其中学问最大的最难以把握的就是为人处事的度。

"霁月难逢，彩云易散，心比天高，身为下贱，风流灵巧招人怨，寿夭多因诽谤生，多情公子空牵念"是红楼梦中对晴雯命运的判词。作为宝玉房里的四大丫鬟之一，她锋芒毕露待人处事偏激，处处树敌，最终在大观园的检查中，有人在王夫人耳边煽风点火，王夫人是以晴雯太过美丽、举止不端的罪名将她赶出了贾府。但若不是她平时待人处事不懂得把握尺度太过偏激，太过直接，不顾别人脸面的做法，又怎会招致祸端，落得个悲惨死去的结局？

　　同为宝玉房里四大丫鬟之一的袭人，与晴雯相比却是另一个极端。袭人做事举止得当，待人处事总是谦恭有度，对贾母对宝玉对园内各位小姐甚至对下面的小丫鬟，她都是处处为别人考虑，因此就连王夫人也对她另眼相看。只是她谦卑过度，以致自己没有原则，最终失去了自我。

　　悲晴雯，待人太过尖锐以致丧命；叹袭人，待人太过圆滑以致失去自我。她们都没有把握好一个度，以让她们安然无事又能保持自我。这是两种不同的悲剧，其根源却是一样让人叹惋，让人深思。

　　人与人的相处，人与事的相处，都隐藏着很深的学问。"度"在这里起了很大的作用，范蠡懂得与君主相处的分寸，而韩信不懂；唐太宗懂得与人民相处的分寸，而商纣不懂。历史告诉我们，要更好地解决问题处理事务，化解矛盾，需要采用适度的法则。

论

语

之

争

鸣

孔子眼中的理解

葛世杰

理解，如果按照字面意思，就是顺着脉理或条理进行剖析。苏轼《众妙堂记》："庖丁之理解，郢人之鼻斲，信矣。"引申到思维领域，人的相互理解就是心灵相通。

理解与宽容不同，宽容是一种修养，有一定程度的价值观泛化与认同；理解则是一种智慧，是因循他人的思路来看待事物。但人与人是何等不同，有的人脑袋一根筋，活得简单纯粹；有的人是"心如双丝线，中有千千结"，活得细致深刻。比如《西游记》中的师徒四人，猪八戒对待女人是贪婪，唐僧对待女人是回避，孙悟空对待女人是不屑，沙僧对待女人则是毫无感觉。同样一轮明月，李白看到的是"举杯邀明月，对影成三人"的潇洒，苏轼看到的是"人有悲欢离合，月有阴晴圆缺"的哲思，岳飞看到的是"知音少，弦冷有谁听"的寂寥。所以，李白会发出"古来圣贤皆寂寞，唯有饮者留其名"的感叹。可见，李白洒脱却也不能超脱。

可见理解很难，聪明人要被理解更难。陈国平写道："每个人心中都有一个圣殿，我们相同的是奔赴圣殿的路上孤独的内心，但永远无法理解对方的圣殿是什么样子。"那么"一千个人的眼里有一千个哈姆雷特"的另一层意思，应该是人要相互理解是不可能的。所以我想，一直被后人所解读的孔子，又是如何看待人的理解的呢？

子曰："学而时习之，不亦说乎？有朋自远方来，不亦乐乎？人不知而不愠，不亦君子乎？"

这段话，大多数人是这样翻译的："自己的学说，要是被社会采用了，那就太高兴了；退一步说，要是没有被社会所采用，可是很多朋友赞同我的学说，纷纷到我这里来讨论问题，我也感到快乐；再退一步说，即使社会不采用，人们也不理解我，我也不怨恨，这样做，不也就是君子吗？"

我从理解的层次看出的意思是这样的：温习反省来理解自我，是舒心的事情；有朋友能理解自己，是快乐的事情；别人不理解自己，是不能强求的事情。简单地说，就是：自知需要反思，他知需要宽容，相知乃是快乐。

我觉得，这就是孔子对待自己思想的态度，也是孔子看待理解的态度，本质上也就是对于人与人相处的态度。

一、孔子注重自我反思，寻求自知的喜悦

《论语》中有很多关于君子的言论。

"君子日三省乎己。"

"十室之邑，必有忠信如丘者焉，不如丘之好学也。"

"君子求诸己，小人求诸人。"

"君子和而不同，小人同而不和。"

"君子矜而不争，群而不党。"

这些内容，没有愤怒，没有攻击，只有平和的辨别。更多的是一种君子的自持和自省，他的态度就如同论语中的一句"三人行，必有我师焉。择其善者而从之，其不善者而改之"。

每当翻开《论语》，我总会想到马可·奥勒留的《沉思录》。同样是一位智者的反思，同样有着温润从容的情怀，同样含蓄宁静而又高尚的内心。如果说，《论法的精神》确定的是立法之道，《金刚经》确立的是修持之道，那么《论语》确立的则是君子之道。

很可惜的是，一个人理解自己，只适合搞搞学问；理解别人才能够去搞搞政治。所以，孔子试图通过诸侯来实现周礼的复兴，从而建立新的秩序，这是不可能的。

按照孔子的理论，诸侯本身必须是位有道君子。而作为特权阶层而不行使特权，就如同锦衣夜行是很难忍受的。

诸侯之上还有周王室，恢复周礼就是让诸侯自讨没趣，就如同岳飞跟赵构说要迎回被金朝关押的两位前任皇帝一样让人纠结。

最后，诸侯们迫于孔子的学识和威望，冷处理了他，让他一个人在旁边画圈圈去了。

二、孔子对于相知的寻求与失望

古人云："人生难得一知己"。伯牙与钟子期，马克思与恩格斯，管仲和鲍叔牙，拜伦和雪莱，这种知己谁不渴求。但毫无疑问，孔子是孤独的。

《史记·仲尼弟子列传》中，孔子之所严事，于周则老子，于卫，蓬伯玉；于齐，晏平仲；于楚，老莱子；郑，子产。

孔子很赞赏同个时代的杰出人物，也曾经试图去接触这些人，但是因为很多原因，大多得到的是冷遇和回避。

据史载，孔子与晏子是有很多来往的，但是两人的价值观与人生观却颇有分歧，一方面孔子觉得晏子"连事三君，德行有亏"；另一方面晏子不赞同齐景公干涉鲁国内政。一方面两人在一定程度上相互赞许，另一方面两人的身份导致两者又对彼此有戒心。晏子与子产都是杰出的实干的政治家，而孔子则疏忽了现实环境以及复杂的人心，从而使晏子等对孔子的一些行为持否定态度。

至于，楚狂接舆和荷蓧丈人对待孔子的态度又有不同，他们自身对于时政是失望的。他们赞同孔子的才能与为人，却认为孔子的努力是没有结果的，所以对于孔子是一种回避的态度。

老子欣赏孔子，但似乎又有点故意疏远孔子，他是这样评价孔子的：聪明深察而近于死者，因议人之非也；博辩广大而危其身者，因发人之恶也。老子似乎不屑于被人理解，比孔子要超脱多了。

当时的杰出人士，或者隐逸，或者佯狂，或者掌权，唯独孔子太过理想主义了。孔子试图使大家能够各尽其职，建立一个新的秩序。但由于对于政治的形势和人性的弱点认识有所欠缺，大家要么不领情，要么认为不可能。

不过话说回来，聪明人做傻事才是真的伟大。世界上很多悲剧人物，人们往往设想如果能稍稍通融一下是否会有更好的结局。但人之所以成为那样的人，就是因为心中有执念。

《论语·宪问》中，子曰：莫我知也夫。子贡曰，何为其莫知子也。子曰，不怨天，不尤人，下学而上达，知我者其天乎？

周游列国不得用，著书立说教育弟子又有点闷，不怨不尤，何其难也！于是，最终寂寞感只能化为偶尔的一丝情绪，一声长叹了。

三、孔子认为被人理解的不能强求

论语中有这样几段：

《论语·里仁》子曰："赐也，女以予为多学而识之者与？"对曰："然，非与？"曰："非也！予一以贯之。"

《论语·里仁》子曰："参乎！吾道一以贯之。"曾子曰："唯。"子出，门人问曰："何谓也？"曾子曰："夫子之道，忠恕而已矣。"

这里，我比较赞同傅佩荣教授的解释：子贡和曾参并没有真正理解孔子的意思，但是很多人会把他们的回答当成标准答案。

子贡和曾参是以他们理解的层次来回答，孔子对于子贡的反应是点到即止，对于曾参的反应则是"子出"。为什么呢？因为在孔子的观念中，理解是不能强求的。

"天下有道则见，无道则隐"，"君子不立于危墙之下"。这些言谈说明，孔子认为人力有时尽。他很清楚，不同的学生有不同的资质，因材施教也可以理解为不要跟悟性差的同学讲太过深刻的东西。

在当时，好几个诸侯国都大权旁落，孔子也有好几位学生在替这些诸侯国中掌权的家臣服务。孔子有时候会劝说几句，大多时候他也在心里接受了。

《论语·八佾》说："事君尽礼，人以为谄也。"

孔子心中的很多坚持，往往不被理解。或者因为人们太功利了，或者是因为觉悟太低了。孔子在当时，应该也能想到，很多思想不被理解是因为素质与文化的落后。那么孔子教育三千弟子，也有启发明智，让人懂得真善美的动机吧！如果能使诸侯成为思想上的贵族，能够实现"仁者爱人，智者知人"，或许让他们背叛本阶层也不是梦想。

所以，我想孔子的教育活动或许正是理解上的退而求其次的行为。便如同诸葛亮的一句话："不为良相，便为良医。"

人们经常会有一些假想，比如：颜回不死会怎样？我想颜回不死，应该会让孔子多几分舒心，但对于学说的采纳依旧是没有用处的。再比如：孔子如果受重视会怎样？我想孔子的思维太过书卷气了，不如王安石的强势，却与王安石一样太过理想化，在政治上有大作为还是很难的。

总之，如果说，著书立说是孔子自我反思自我理解的过程，那么周游列国则是他寻求认同寻求理解的行为。孔子在理智上觉得理解是不能强求的，在信念上又不肯放弃为建立新秩序而做的努力，在学术上是"不亦乐乎"，在政治上是"知其不可而为之"，于是性格的豁达与信念的坚持构成了一种矛盾，从而在他的一生中，我们看到了他可爱的人性的一面，也看到了"虽千万人吾往矣"的气概和坚持。

我理解的孔子

葛世杰

人们经常会提到古代文人案头有两本书必备:《金刚经》和《庄子》。那么，书桌上的其他位置呢？我想主要应该是摆放着儒家著作了吧！

儒、释、道作为影响中国最大的三家学派，如果把中华民族比成一个人的话，佛学与道学影响了人的情绪，而左右性格的则是儒学。所以，要理解我们这个民族，就不得不研读《论语》。当然，如果你是一个寻求内慧的自省者，研读《论语》，认识几千年前的一个伟大的灵魂也是很有必要的。

作为一部儒家经典，论语的地位是毋庸置疑的。我们经常可以听到这样一句话"半部论语治天下"，这是宋朝第一文臣赵晋评价的。这句话从表面看，似乎是突显了孔子以及《论语》的伟大，但是如果注意到这话是由统治阶级说出的，就能够想到这个治天下的结果未必一定是安居乐业，也可能是麻木不仁。而我通过翻读《论语》和孔子的传记，零星的话语，散乱的故事堆砌，孔子的形象和思想在我脑中逐渐清晰。然后，发现孔子与《论语》的确是伟大的，但似乎又与印象中大不相同。

一、被误读的孔子

1. 论语只是一位思想者的自我反思录，并不适合作为施政纲领，也不能作为行动准则

首先，《论语》是一本语录，《汉书·艺文志》说："《论语》者，孔子应答弟子，时人及弟子相与言而接闻于夫子之语也。当时弟子各有所记，夫子既卒，门人相与辑而论纂，故谓之《论语》。"

论语中涉及治国的语句有这样一些：

"道之以政，齐之以刑，民免而无耻，道之以德，齐之以礼，有耻且格。"

"子为政，焉用杀？子欲善而民善矣。君子之德风，人小之德草，草上之风，必偃。"

"道千乘之国，敬事而言，节用而爱人，使民以时。"

这次言论虽然反映了孔子一定的治国思想，但并不是孔子有目的地编写的一种作为治理管理方案的纲领性书籍，所以必然目的性不明确。生搬硬套将其作为一种纲领使用，必然造成灾难。

更正确地说，孔子修《诗》《书》，定《礼》《乐》，序《周易》，作《春秋》的目的是给一些东西划定界线。孔子的施政思想，是各个等级的人有各自的觉悟和行为，各尽其职，从而实现安居乐业的目的。所以，《论语》中的言论目的是感化人、教育人。君主的角色更像是自律的尧舜，而非一般意义上强迫百姓接受某种观念的政治：暴力统治。

其次，《论语》中很多言辞的对象是孔子以及孔子的弟子，而这群人本身就是当时的杰出人士，所以思想层次必然较高。其中，更有很多的内容是孔子要求的，而不一定是他们已经做到的，所以"人不知而不愠"才是正确的态度，无法普及要求。孔子也曾经说过，"中人以上，可以语上也；中人以下，不可以语上也"。

我可以举一些很简单的话：

"父母在，不远游，游必有方。""父在，观其志；父没，观其行；三年无改于父之道，可谓孝矣。"这两点我是做不到的，我经常跟我老爸意见不一，整年没几个电话。

"笃信好学，守死善道，危邦不入，乱邦不居。天下有道则见，无道则隐。邦有道，贫且贱焉，耻也；邦无道，富且贵焉，耻也。""邦有道，则仕；邦无道，则可卷而怀之。""邦有道，谷；邦无道，谷，耻也。"我不关心有道没道，只要让我做公务员，我什么都不管。

"已矣乎！吾未见好德如好色者也。"我只有在美女面前，才表现我好德的一面，美女不在的时候，我都是好色的。

"志士仁无求生以害仁，有杀身以成仁。"我从不想做英雄，更不会去做坏人，见义勇为太危险，我只会跑角落去打电话，而且我妈在喊我回家吃饭呢。

"吾日三省吾身。为人谋而不忠乎？与朋友交而不信乎？传不习乎？"我很忙，一天只看三回表："吃早饭了乎？吃中饭了乎？吃晚饭了乎？"

"今之成人者何必然？见利思义，见危授命，久要不忘平生之言，亦可以为成人矣。"见利忘义，临危逃命，更为普遍，范跑跑错不在跑，错在跑得洋洋得意。

"古之学者为己，今之学者为人。"读书为了什么？老师和父母从没说，为了提升你的修养，你要好好读书，我们都是为了大学和工作。

"士而怀居，不足以为士矣。"这点我做到了，因为房价太贵，不敢怀想，不过我打算下辈子做蜗牛。

"君子谋道不谋食。耕也，馁在其中矣；学也，禄在其中矣。君子忧道不忧贫。"种田和学习就是为了混口饭吃那是现实；葡萄美酒夜光杯，金钱美女一大堆，那是理想。飞剑修仙，以求大道，那叫幻想。哥不谈理想好多年矣。

"士志于道，而耻恶衣恶食者，未足与议也。"昨天，我因为看不出奔驰的标记，因为没听过传说中的"啊，money"西服，又被人笑了。

"君子无所争，必也射乎！揖让而升，下而饮，其争也君子。"我说我们举办奥运会，主要目的是为友谊不是为金牌，你信不信？

"毋意，毋必，毋固，毋我。"这个我做得很好，就是听从党的号召，服从我的领导，不看工资多少。

其实，我一条一条对照下来，我对自己的人品逐渐怀疑了，不过后来看到孔子一句"文，莫吾犹人也。躬行君子，则吾未之有得"，于是释然。所以说，这些东西作为个人激励自己的座右铭是可以的，但是作为统治者管理百姓的评价体系是不适宜的。

晏子曾经就这样评价孔子——"今孔丘盛声乐以侈世，饰弦歌鼓舞以聚徒，繁登降之礼，趋翔之节以观众，博学不可以仪世，劳思不可以补民，兼寿不能殚其教，当年不能究其礼，积财不能赡其乐，繁饰邪术以营世君，盛为声乐以淫愚其民。其道也，不可以示世；其教也，不可以导民。今欲封之，以移齐国之俗，非所以道众存民也"，颇让人眼前一亮。

2. 孔子是一位伟大的思想家，但不是伟大的哲学家

哲学的定义是理论化、系统化的世界观，是自然知识、社会知识、思维知识的概括和总结，是世界观和方法论的统一，是社会意识的具体存在和表现形式，是以追求世界的本源、本质、共性或绝对、终极的形而上者为形式，以确立哲学世界观和方法论为内容的社会科学。

作为哲学，必然要回答这样几个问题：世界的本源是什么？世界是如何形成的？世界是如何运行的？什么是人？什么是生命？人生的意义是什么？

孔子的博学自然是毫无疑问，从他编撰《诗》《书》《礼》《乐》《周易》《春秋》就知道他的才学。事实上，史书上也多次提到当时的人碰到有什么疑难的问题，就会想到请教孔子。但是如果我们仔细考察，他的学识主要是伦理道德，个体品行，风俗典故，而非对于世界宇宙生命的解释。他所有的内容前提都是"敬鬼神而远之"。也就是说，他关心的是：作为人，我们应该如何做人，而不是人是什么，我们为什么是人。或者看到这个存在的世界，他更关心的是，我们去怎样处理人和世界的关系，而不关心这个世界的本源。

所以总的来说，孔子的主要思想集中在伦理、政治、人生上，是关于人的社会思考。在这方面，老子的《道德经》和屈原的《天问》更有哲学的意味。

在形式上，《论语》的内容是散乱的，是一些智慧的火花，没有系统性和逻辑性，虽然有中心思想，但没有明确的命题和思辨，所以算不上严格意义上的哲学。在这方面，宋朝的理学明显更有哲学的意味。另外，元气学说、阴阳学说、五行学说对于世界本身有更多的解释。

3. 孔子是一位礼仪专家，但不是成熟的政治家

孔子有一个耳熟能详的故事，讲的是小时候，就喜欢玩关于祭祀的游戏。而从更多故事中，我们可以知道，孔子对于史料的掌握是非常强悍的。

《韩非子》：鲁哀公问于孔子曰："乐正夔一足，信乎？"孔子曰："昔者，舜欲以乐传教于天下，乃令重黎举夔于草莽之中而进之，舜以为乐正。夔于是正六律，和五声，以通八风，而天下大服。重黎又欲益求人，舜曰："夫乐，天地之精也，得失之节也，故唯圣人为能。和，乐之本也，夔能和之。以平天下，若夔者，一而足矣。"故曰夔一足，非一足也。

《国语》：吴伐越，隳会稽，得骨专车。使者问孔子曰："骨何者最大？"孔子曰："禹致群臣会稽山，防风氏后至，禹杀而戮之，其骨节专车，此为大矣。"使者曰："谁为神？"孔子曰："山川之灵足以纪纲天下者，其守为神，社稷为公侯，山川之祀为诸侯，皆属于王者。"曰："防风氏何守？"孔子曰："汪芒氏之君守封、嵎之山者也。其神为釐姓，在虞、夏为防风氏，商为汪芒氏，于周为长狄氏，今谓大人。"使者曰："人长几何？"孔子曰："僬侥氏三尺，短之至也；长者不过十，数之极也。"使者曰："善哉！圣人也。"

《太平御览》：鲁哀公使人穿井，三月不得泉，得一玉羊焉。公以为祥，使祝鼓舞之，欲上于天，羊不能上。孔子见公，曰："水之精为玉，土之精为羊，愿无怪之，此羊肝土也。"公使杀之，视肝即土矣。

这样的故事有很多，另外《论语》中多次提到孔子知礼守礼的事情，从这些都可以看出，孔子是当时的礼仪专家。

从政途上看，孔子虽然曾经位列"三司"之一，而且还取得较好的政绩，却不算是一个成熟的政治家。

孔子在当时的威望很高。不管是理念不同的老子、狂人、隐者，还是普通百姓，对他的知礼节守礼以及渊博的知识评价都很高。

仪封人这样评价："二三子何患于丧乎？天下之无道也久矣，天将以夫子为木铎。"

子贡这样评论国君问政于孔子："夫子温、良、恭、俭、让以得之。夫子之求之也，其诸异乎人之求之与？"

另外，孔子"弟子三千，贤者七十二"，可谓是桃李遍天下，人脉相当广，别人即使不重用你，也不会想来得罪你。

孔子对人的要求也很高。

对国君：

"能以礼让为国乎，何有？不能以礼让为国，如礼何？"以礼让为国简直就是幻想，如果做什么事都憋屈，人家做什么国君，如果要讲礼让，李世民能做皇帝么？

"劝君为民，若君皆能克己复礼。""居上不宽，为礼不敬，临丧不哀，吾何以观之哉？""其身正，不令而行；其身不正，虽令不从。""苟正其身矣，于从政乎何有？不能正其身，如正人何？"国君的身份，就像是张彩票，过期作废啊。让他们约束自己，就像让一个女子穿上一件世界上最漂亮的衣服后关到一间没有人没有镜子的房间里，人家怎么会答应呢？对待国君，那可真是要循循善诱，不加压力，不功不争，显其聪明，小错不提，让其舒坦。看过《宰相刘罗锅》吧，其实孔子如果拿出哄孩子和教学生的方法，而不是拿着礼和民的大旗，估计早就搞定了。

"齐人归女乐，季桓子受之，三日不朝。孔子行。"不用说了，耍脾气的臣子，君主是一定要腹诽的。

待人：

宰予昼寝，子曰："朽木不可雕也，粪土之墙不可圬也，于予与何诛！"白天睡觉，愤怒至于此。

孔子评论自己做家臣的弟子："今由与求也，相夫子，远人不服而不能来也，邦分崩离析而不能守也；而谋动干戈于邦内。"帮人打工受老板气，回来又挨老师骂，只因为不合礼。

原壤夷俟。子曰："幼而不孙弟，长而无述焉，老而不死，是为贼。"以杖叩其胫。老朋友在丧礼上，坐姿不正，被骂至于此。

"臧文仲居蔡，山节藻棁，何如其知也！""孺悲欲见孔子，孔子辞以疾。将命者出户，取瑟而歌，使之闻之。""阳货欲见孔子，孔子不见，归孔子豚。"对待权臣，太过注重礼，只顾及了自己的好恶，那么在国君面前人家也就不会替你说话了。

我讲这些东西并不是认为孔子脾气差。相反，我认为他的脾气是很好的。但往往一个有远大志向去改变社会现状的人，抱有的热情越多，遭受的失望也就越大。有大爱，故有大期待和大愤懑。这种人，粗看之下，往往性情急躁，容易激动，喜欢批判事物，但真接近了反而能发现他的大爱。我在想，或许马克思、孙中山、苏格拉底他们也会有这些气质吧。

"聪明深察而近于死者，因议人之非也。博辩广大而危其身者，因发人之恶也。"这或许是对孔子这种表现的最佳评价吧！

从客观上来看，由于当时的社会环境所致，孔子的学说无法在短期内起到强大国家的效果，所以国君对他的兴趣并没有像他想象的那么高。那些亲近孔子的国君，往往一边想借用孔子的名望，来让他作为自己的"形象代言人"，表示自己知礼守礼，近贤爱才。另一边又不希望受到孔子的名望和要求约束。从主观上来看，由于孔子在一些方面过于固执，不但会给君主压力，也会给同僚和弟子压力。

所以，孔子在政治上无所作为是意料之中的结果。

4. 孔子是一位君子，但不是圣人

孔子被尊为"大成至圣先师文宣王"，我记住了孔子两字，却从没有记住后面的号。我知道，当我说出这句话时，一定会被飞来的板砖埋了，不过我倒觉得我对于孔子的尊崇远比那些专家教授实诚。

分析孔子的言论，我们可以看出有这样几个特点。

（1）孔子具有鲜明的阶级性

首先，《论语》的阐述角度有鲜明的阶级性。

《论语》涉及其他弟子和其他人物，又或者涉及一些知识和时政而进行交流时，往往围坐而谈的样子，由近及远。涉及治国之道时则是自上而下的，虽然也怀有人文气息，但无法避免是以统治者的立场来看待问题的。

子曰："民可使由之，不可使知之。"有很多类似的言论，虽然对百姓有关爱之意，但无法回避的是，孔子认为统治阶级天生有决定百姓命运的权力。

其次，从孔子自身的经历来说，孔子本身也是很在意出身阶级的。

在孔子小时候，季平子设宴款待名流，孔子前往，结果受阳货阻拦，他当时的回答就是："我乃陬邑大夫叔梁纥后裔，焉敢不来！"可见他是以自己的贵族身份为自豪的。

在颜回死后，颜回的父亲希望孔子卖车买椁来葬颜回。孔子拒绝的理由之三，就是"我曾经做过大夫之职，出入无车是违礼的"。孔子一方面是因为礼，另一方面在于他对于阶级观念是很看重的。

子路在《论语》中出现多回，他在孔子面前像一个小孩子一样爱表现：抢着发言，爱吹牛，喜欢为孔子做一点事。但是由于子路的出身问题，孔子虽然内心对他有所关爱，但在很多地方还是不经意流露出几分轻视之意的。

再次，从孔子对待做事与守礼的态度看，孔子很固执于礼的阶级性。

孔子谓季氏，"八佾舞于庭，是可忍，孰不可忍也！"

季氏旅于泰山，子谓冉有曰："女弗能救与？"对曰："不能。"子曰："呜呼！曾谓泰山不如林放乎？"

禘自既灌而往者，吾不欲观之矣。

夷狄之有君，不如诸夏之亡也。

子曰："管仲之器小哉！"或曰："管仲俭乎？"曰："管氏有三归，官事不摄，焉得俭？""然则管仲知礼乎？"曰："邦君树塞门，管氏亦树塞门；邦君为两君之好有反坫，管氏亦有反坫。管氏而知礼，孰不知礼？"

恶紫之夺朱也，恶郑声之乱雅乐也，恶利口之覆邦家者。"

"唯上知与下愚不移。"伟大如孔子，当他立下了维护古礼秩序的时候，一切都可预期了。即使国君不接受自己的看法，也不改变自己的理想，而是辗转列国，终不能用。"三军可夺帅也，匹夫不可夺志也。"大概就是说这个吧。然后，少了个良相，多了个千古良师。

（2）孔子的爱好与理想

从总的来说，《论语》中的孔子是一个活生生的孔子，是很有人情味的孔子。

孔子其实也多次跟女的闹过小暧昧，只可惜老是被子路所埋怨。

会对女子埋怨："唯女子与小人为难养也，近之则不逊，远之则怨。"

会对权力偶尔弯腰。

会对情色偶尔动心。

会在弟子错时不留情面地指责，会在弟子死后痛哭。

《论语》里，我最喜欢的是《沂水春风》。"莫春者，春服既成，冠者五六人，童子六七人，浴乎沂，风乎舞雩，咏而归。"何等美好！

其实孔子并不反对老子说的"小国寡民"的生活，但他需要不是自然分布的"小国寡民"，而是知礼守礼的，有一定秩序的"小国寡民"。西方有话："卑微者寻求欲望的满足，高尚者寻求秩序和原则。"在孔子心中，无法容忍没有秩序的东西，不管是学习、为政，还是礼和仁，都是孔子心目中的秩序在各处的倒影。

爱好让人快乐，而理想让人痛苦。"浴乎沂，风乎舞雩，咏而归"是他的爱好，天下大治是他所追求的理想。君子行该做之事，而把想做的事放到了一边，所以在《论语》中，就有了很多的礼和仁，很多的政和道，面对理想难达的一丝灰色和爱好的一丝亮色倒是显得轻浅了。

（3）孔子是孤独的

他想告诉国君，国君不对路，他很失意；他想告诉学生，学生崇敬地低下头，他很无聊；他想告诉以杖荷蓧的丈人、狂人，他们一笑而过，他很郁闷；他想与老子交流，老子回避了，他很无奈。

"沽之哉，沽之哉！我待贾者也。"这是不被国君重视的愤懑。

"事君尽礼，人以为谄也。"这是不被时人理解的无奈。

"三年之丧，期已久矣。君子三年不为礼，礼必坏；三年不为乐，乐必崩。旧谷既没，新谷既升，钻燧改火，期可已矣。"这是弟子宰我的疑惑，让孔子愤慨。

"凤鸟不至，河不出图，吾已矣夫！"这是孔子对理想不能实现的灰心。

楚狂接舆歌而过孔子曰："凤兮凤兮！何德之衰？往者不可谏，来者犹可追。已而已而！今之从政者殆而！"孔子下，欲与之言。趋而辟之，不得与之言。孔子郁闷中……

孔子觉得很孤独，而且他觉得这种孤独是无法排遣的，这从另一个角度来说，孤独是高尚的，是精神上的贵族病。"泰山其颓乎，梁木其坏乎，哲人其萎乎。"

"学而时习之，不亦说乎？有朋自远方来，不亦乐乎？人不知而不愠，不亦君子乎？"这句话，别人读出的是做人之道，我读出的是不被理解的孤独。

学，这里我理解为自己的学术、思想；有朋从百忙之中，自千里之外来，但朋友，知心方可称朋友；人不知，是不理解自己的学说，或者说不理解自己。所以说，我翻译为：琢磨自己的想法，理解自己是快乐的；朋友，总在远方，但偶一会面已经是难得的快乐；众人对自己的理解，是不可强求的。故，自知需要苛求，他知需要宽容，相知乃是快乐。

如果考察圣的本意，耳顺，即所言耳根圆通、事理通达的意思。那么，如果以当时的文化水平，孔子可谓圣人。但事实上，在后世，因为皇帝的助推宣传，所谓的圣人则取"于事无不通，光辉伟大"的意思了。我个人认为，任何人，没有当世称圣的道理，也没有后世称圣的必要，所以如果取技艺精湛的意思，谓之"儒圣"或者"经圣"可也，谓之"至圣"，谬矣。

中国历史上冤枉的人特别多，特别是一些功臣。武将大多被棒杀，文人大多被捧杀，最冤枉的要算孔子。人家好好地搞学问时，诸侯不理他，人家死了以后先断章取义，盗用名号，再给他加上尊号，然后在五四运动的时候，封建的罪恶没有推给权谋者，却给了一个学者。

《论语》的误读最主要表现为：

扩大化：孔子要求一部分人的、用来自省的，被人拿来要求所有人。

片面化："君使臣以礼，臣使君以忠。""君君、臣臣、父父、子子。"到后来，只关心臣的尽忠，而忽视了君的"礼"。然后大臣一见就跪，给坐那是"虚座"，皇帝发脾气就喊"臣，惶恐"，退朝时，要后退，到皇帝看不见的地方再转身，还得是战战兢兢的。结果只要求了百姓对统治者的义务，而淡化了统治者的觉悟。

极端化：孔子说要守礼有序的，变成了"饿死事小，失节事大"，变成了"君叫臣死，臣不得不死"。孔子说的"父为子隐，子为父隐"变成了大义灭亲。

从这里可以看出，要折腾人，最好的办法莫如捧高他，套牢他。被赞扬的模范如是，被歌颂的军嫂如是，被神化的教师职业也是如此。一个个被捧高的人，就如同一个个被推到前台的傀儡，吸引了众人的目光，被舆论鞭打，而使不合理的制度存活。

记得金庸曾经说过，自己的作品就像自己的孩子，被人随便修改是不能容忍的。有人说历史就像小姑娘，任人打扮。现在看来，文学作品也是如此，某些职业也是如此。

罪恶的是人性，不是其他。

二、被统治阶级利用的孔子和《论语》

推行变味的《论语》和孔子的思想，成就了中国几千年封建统治，成就的是儒家文化影响下的一种民族特性。

1. 形成了三种人：不识字的农民，热血的读书人，虚伪的权谋者

这三种角色在造反和统治中就扮演了不同的角色。

在造反的时候，农民仅仅是为了生存，混口饭吃而已，所以口号喊着"开城门，迎闯王，闯王来了不纳粮"；权谋者呢，比如吴三贵，开国门，那叫"冲冠一怒为红颜"；国足呢，敞开着球门不干事，是因为不缺粮，又无权谋，更没有理想激发的热血，所以什么人都不算。在统治的时候，农民大多是被逼上梁山的，能给条活路，那都是"好死不如赖活着"。

在朝代的变更中，往往最先起来造反的是读书人，比如说李大钊。朝代结束，遗老遗少的还是读书人，比如说崖山之后无中国的陆秀夫，不事清政府的黄宗羲，自沉昆明湖的王国维。在造反过程中，读书人一般充当军师的角色。

比如说萧何，萧何当年大小是个官，结果，也被套牢了，老实地投奔刘邦，成了真正的人民的公仆。

比如说诸葛亮，先追求士为知者死的感觉，那叫装样子；后来，拿把扇子，戴个高帽，有事没事给个锦囊，那叫装酷；本来诸葛亮同志很有搞宗教的资质，可惜读了太多书，结果被刘备套牢，扶持了老子又扶持小子，所以在《出师表》中的伤心不已，那就不是装深沉，而是真的伤心了。

傻人做傻事很正常，聪明人做傻事那才让人感动，那才叫崇高伟大。

在统治过程中，文官为了某种感觉，经常以死纳谏，心里贪图因谏而死，名留青史。而事实上，皇帝宽容文官，不一巴掌拍死，是因为文官不掌握力量，权当是一只蚊子萦绕。

攫取最后利益的领导者则是权谋者。

白衣秀才王伦先上的梁山，结果被林冲砍死了，再经过一起的晁盖，大哥的位置最后还是让宋江这个权谋者坐了。

刘备是卖枣的，拿个名号，该哭则哭，该脸皮厚则脸皮厚。在民间故事中，为了占个大哥的位置，爬个树也找借口说是："树从下往上长。"

而刘邦是个小流氓，经常调戏人家老婆。后来在社会大学中明显毕业，后来混成了皇帝，做了大流氓，那就抢人家老婆了。

有人会说了，那读书人多亏啊。其实人是很奇怪的东西，重要的东西往往并不是因为他真的重要，而仅仅是因为你以为他重要，"求仁而得仁，又何怨"。

可见，我们把农民称为没有受过教育，把读书人称为应试教育，把权谋者称为素质教育。三种教育程度不同的人群产生以后，社会就稳定下来了，造反的过程就公式化起来了，于是一个朝代接着一个朝代地循环下来，如果不是外来的力量来打破，我相信这个循环还将继续下去。

2. 形成了几千年的专制统治

在上面三种人群建立以后，封建统治就成功稳定下来了，封建统治很成功，但不是孔子的成功，也不是《论语》的成功，而是统治者利用《论语》的成功。老百姓接受了这个思想，就自发地形成了秩序，所以说是"有贱民，方有暴君"。

在封建统治建立以后，统治者自然是秩序的维护者，而被压迫的百姓最后也会无意识地成为了秩序的监督者，相互监视。这种情况可以参考鲁迅《阿Q正传》《祝福》，从而使整个社会自上而下形成了一种合力，使整个秩序牢不可破。如果没有帝国主义的枪炮，估计封建社会仍将继续。

话说回来，专制和民主差别在哪里？

专制政府是强盗，手里拿刀子，不服他统治就给你一刀；民主政府是骗子，嘴上抹蜜，费尽心机骗你选他。专制统治者为了平息众怒，维持统治秩序，必然讨厌觉醒的人，所以往往会采取愚民政策，降低百姓的智商。比如秦始皇焚书坑儒，比如汉武帝废黜百家、独尊儒术等灭绝文化的行为。民主政府即使在这一届未必如竞选时推行政策，但是在下一届选举的时候，他就必须要骗术更高明才能得到选票，那么，政客需要提高自己的智商。其实所谓骗得了一时，骗不了一世，在一次次选举中，百姓慢慢地就增长了政治知识，提高了政治修养。那么，政客终究还是要拿出一点实惠的。选举就是一场全民的政治素养培养课，只要有多次的选举机会，总能使制度变好的。

所以，专制统治的关键，就在于确立了"圣人""圣言"，于是真理永恒确立，于是人们不再去思考道理的对错，而只去寻求处事的方式。于是，做人比做事更重要，于是人人都精明却不聪明了。

3. 中国科学的落后

中国科学的落后主要原因有二。

第一次是在汉朝的"废黜百家，独尊儒术"后，其他杂家尤其是墨家消失，于是整个社会的科学研究在文化上首先割裂，只有工匠们的一些手艺保存了下来。而且，由于儒术的地位尊贵以后，其他方面的地位就下降了。《梦溪笔谈》也好，《天工开物》也罢，比较西方，作者的地位是不高的。

第二次是儒家思想成为正统后，"万般皆下品，唯有读书高""君子远庖厨"的观念深入人心，于是掌握经验的工匠没有知识，掌握知识的士大夫没有兴趣从事实际操作，于是知识和实践相脱节，所有的社会生产的隐性收获无法变成系统化的知识和理论。

中国发明了火药，造的是烟花；西方接收了技术，用来造火枪。等到西方拿着火枪打进来的时候，中国人拿着的已经是烟枪了。

中国发明了印刷术，主要是印佛经和四书五经，稍微涉及知识的书，也主要是皇家收藏为主，并不在民间普及，西方开始启蒙运动，开始文艺复兴，文明中心移走了，中国还在喊天朝上国。

西方先有意识地发明足球运动，开展足球联赛；中国人开始在历史的旧纸堆中翻找：我国古代早就有足球运动了，那叫蹴鞠。

西方先有意识地组织大学，发展大学，中国边搞应试教育，边在旧纸堆中翻找：我国早就有大学了，那是春秋时期齐国君王醒公的稷下学宫。

总是要西方发现了中国的什么东西，中国人才发现自己古代有过。西方重视中国某一个人，中国人才开始对他重视。我并不怀疑我们史料的真伪，但我总觉得我们真正需要的是理解足球运动的精神，理解大学的精神，改变自己的价值观。

科学是面向未来的，而不是比较过去。教育也是如此。

4. 德治的结果

《论语》中有很多关于君子和小人的内容。

君子坦荡荡，小人长戚戚。

君子喻于义，小人喻于利。

君子怀德，小人怀土；君子怀刑，小人怀惠。

君子周而不比，小人比而不周。

君子和而不同，小人同而不和。

君子泰而不骄，小人骄而不泰。

君子求诸己，小人求诸人。

君子有勇而无义为乱，小人有勇而无义为盗。

君子矜而不争，群而不党。

君子不可小知而可大受也，小人不可大受而可小知也。

我们经常会出现用这些话来打击别人，说别人是小人。而因为孔子称圣后，这话是天经地义的对，于是被打击的人不能反驳，只能回避。但是如果细细考察，我们可以说，孔子在这里描述的君子指的是德行高尚的人，小人指的是普通人。但我们往往把两者对立起来。

这些话境界是高的，形式也是优美的，但是如果把两者简单地对立起来，那么就只有品德高尚的君子与行为卑鄙的小人，普通人在哪？既然没有普通人这一类别，倘若大家都不想做小人，于是就不得不用君子的思想觉悟来要求自己。做君子很难，所以大家表面上争着做君子，但心里却有不平了。再然后，人人养成了人前做君子、背后做小人的习惯。再然后，人人都虚伪起来。

好了，西方试图培养公民，结果合格的公民培养出来了；中国试图培养君子，结果一大群伪君子出来了。

伪君子最大者莫过于朱熹，在世称圣。身居高位的人，一句话可以兴邦，一句话可以灭国，是不大好随便表示态度的，而他有了太多的言论，也就给整个世界太多的规定。

于是整个世界一片死气沉沉。

孔子之所以无法在当时得势力，就是因为他强调整体的秩序，包括约束国君的行为。而当他死了以后，统治者大喜，采纳了老百姓安于秩序、服从统治的内容，淡化了统治者的义务和个人的追求。

中国有句话，叫作死者为大，其实应该说死者无奈。《论语》随着孔子的死也死去了。于是智慧丢失了，只有干枯的准则留下，于是所谓的儒家得以广大。孔子的遵礼循仁，但最终仁走了，礼留下，就成了吃人的礼教。发展到现在，礼节成了礼物，礼就成为了理。

5. 防御性的人群和攻击性的制度

孔子曾经这样评论别人：

"臧文仲其窃位者与！知柳下惠之贤而不与立也。"

"群居终日，言不及义，好行小慧，难矣哉。"

"伯夷叔齐不念旧恶，怨是用希。"

一个社会体系，在工作上，只能要求尽责，在个人问题上，只能规定什么不应该做，却不应该规定什么该做。一些行为是不该由个人负责的。

孔子这样要求自己：

"不患人之不己知，患不知人也。"

"躬自厚而薄责于人，则远怨矣。"

"不患无位，患所以立；不患莫己知，求为可知也。

"大凡有德君子，严己宽人，虚怀若谷，唯求己之行有礼，不求人之行于己。"

孔子由于站在高处，孤独而不为人理解，所以他很多东西从不要求别人，只要求自己，但是统治者用此求仁得仁的理解来管理，那么个人的空间就必然消失了。

当工作中遭遇不公待遇后，有领导安慰："是金子总会发光的。"事实上，这话自己能说，朋友能说，评价的领导不能说。

有职员牺牲个人时间工作，领导号召大家学习。这种个体的牺牲是种觉悟，领导的倡导却是错误。

一个人借钱给别人，然后对借钱的人如何花钱很生气。事实上，你可以借与不借，却不能支配别人如何使用。

有人告你的时候，法院要你自己证明自己无罪。如果要自己证明，还要法院干什么？

学生晚上完不成作业的时候，老师会说：你看某某，他做到晚上十二点，你就不行吗？

单位可以规定，中餐不能喝酒；但不可以规定，职员工作外如何生活。

然后领导会拿出看似很正面，其实却不符合逻辑当理由的理由；更可怕的是，很多的普通人也浸染其中。权力是那么自然地侵入了个人生活。

手机在公交车上被偷了，别人说，谁叫你不看好了；一个人在街上包被抢，记者归纳原因是手没抓牢。

于是在中国制定制度就有了进攻性，经常规定该做的东西，在这方面经常把个人的空间算死了，于是做人就很累了，即使是符合逻辑的，也要承担莫名的后果。

再比如，学生的安全问题，教育是社会性的活动，教育正常的伤亡却由某个学校承担，于是校长怕了，于是老师怕了，于是学生动不了了，于是教育失败了。

世界上没有绝对安全的地方，世界上没有绝对安全的大型活动。我们应该规定老师该做的东西，之外的问题由社会承担。

三、结语

一直觉得，读一本书，就如同审视另一个心灵。写书的人往往会有所表露对于这个世界的美或者某份思想的美的理解，通过看《论语》，我看到了一个人曾经这样活过，与神圣无关，但与读书的人有关。

有人说，一千个人就有一千个哈姆雷特。看一本书，我们从中也可以看到自己生命的境界。书本可以构成一个独立的世界，里边的人，可动可静，可融于人群，可遗世独立，我们从书本中走出，可以孤独，也可以很热闹。

最让人高兴的是，或许零零碎碎，磕磕碰碰，迷迷糊糊，但是，至少这些是自己的看法。自己的，才是最好的，不是吗？

我理解的子路

葛世杰

在《论语》中，子路的印象令我最为深刻。

一方面，由于他的性格特点，最喜欢发问，最喜欢抢答，最喜欢表现，无意中也促使了《论语》这部语录体典籍的形成。并且，也正是因为他的性格特点，我们可以发现，《论语》里边记载他的事迹言辞的文字是最多的，子路一词足足出现了四十一次之多。而关于孔子言辞的很多问题，我们凭借子路的回答，很有代入感。

另一方面，相比较于其他学生的文质彬彬，三思而后行，子路的坦率和真诚相当阳光。其他弟子或者更为贤能，但总感觉是活在别人的目光和看法里，只有子路，却是活生生地在故事中展示真实的自我。比较最为熟悉的三位，子贡是机智的，颜回是聪颖的，子路是单纯美好的。他是一个至诚的人，对自己诚恳，不掩饰伪装，对孔子诚恳，尊敬而又直爽。

一、对待孔子的态度

子贡对待孔子的态度是尊敬有余，亲近不足。在外人面前评论孔子为"高山仰之"，但具体做事则是有选择地听取意见。子贡明事理，知礼节，对待孔子的理解有一种距离上的把握感。颜回则比较有自己的学术见解，悟性极佳，能举一反三，又能刻苦研究，在很多时候可以跟孔子坐而论道，但如果涉及分歧，估计就是"吾爱吾师，但吾更爱真理"。子路对孔子则是有一种情感上的依赖，学识上的崇拜。如果把三者的身份做个比喻，子贡是典型的弟子，颜回是亦师亦友，子路则是一个小书童，亲近，却只能单向交流。

据记载，子路小孔子九岁，喜好勇力服人，曾"陵暴孔子"，但被孔子设礼降服，子路于是儒服委质，因门人请为弟子。印象不好时，拦路嘲笑，佩服的时候，又诚恳地请为弟子。觉得对就理直气壮，觉得错就低声下气，这就是子路。坦然行来，与"知之为知之，不知为不知"，可谓异曲同工。

子路觉得孔子是完美的，所以听闻孔子要见南子，走"夫人路线"来实现自己的政治抱负，子路很不高兴。直到孔子赌咒发誓才作罢。孔子辗转数国，历尽苦难，即使有妥协的想法，其他弟子谁敢不高兴？子路不，子路的不高兴有赌气的成分，还有对亲近的人的失望的成分。

子路也会考孔子："卫君待子而为政，子将奚先？"子路的询问不是拷问，而是对于孔子学问受到重视的高兴，是满怀欣喜下关心的询问，自己又被批评了也不烦恼。

子路在孔子提问的时候，总喜欢抢答，满心希望孔子能够赞赏。《子路、曾皙、冉有、公西华侍坐》中即如是。当然，在其他更多的时候，子路也总是当出头鸟，被孔子屡次打击，也是笑笑了之，痴心不改。

子路也有细腻的一面。在《论语·述而第七》中，子路因为孔子的病而求告鬼神。在孔子旧病不愈后，"使门人为臣"，料理孔子的丧事，虽遭孔子痛骂而不后悔。

子路在孔子面前似乎像个闲不住的孩子，满心旨在表现自己，怕被忽视，希望得到表扬。又满心地关心孔子，陪伴孔子走很长时间，走过很多的路。在周游列国的途中，数次解围于危难时刻。

二、孔子对子路的态度

孔子对待子路是矛盾的。这从《论语》中可以明显看出，一方面，孔子能感觉到子路对自己的亲近与忠心，又不满足于其性格上的粗线条。另一方面，大概也是因材施教的表现。

孔子认为子路安贫乐道，心境坦然，又调侃子路容易得意扬扬。（子曰："衣敝缊袍，与衣狐貉者立，而不耻者，其由也与？'不忮不求，何用不臧？'"子路终身诵之。子曰："是道也，何足以臧？"）

孔子认可子路对待自己的忠诚，但批评子路有勇无谋。（子曰："道不行，乘桴浮于海。从我者其由与？"子路闻之喜。子曰："由也好勇过我，无所取材。"）（子路曰："子行三军，则谁与？"子曰："暴虎冯河，死而无悔者，吾不与也。必也临事而惧，好谋而成者也。"）

孔子认为子路做事莽撞，但守信诺。（子曰："片言可以折狱者，其由也与？"子路无宿诺。）

孔子认为子路对于乐理登堂却未入室。（子曰："由之瑟奚为于丘之门？"门人不敬子路。子曰："由也升堂矣，未入于室也。"）

孔子认可子路有一定的能力，却并不看好子路。（闵子侍侧，訚訚如也；子路，行行如也；冉有、子贡，侃侃如也。子乐。"若由也，不得其死然。"）（子曰："由也，千乘之国，可使治其赋也，不知其仁也。"）

孔子对于子路的评价，永远有一个转折，抑扬是永远陪伴的，感情和理智打架似乎是常见的事情，归根结底，因为性格、出身、价值观等问题，孔子在情感上接纳子路，却无法在学识和前途上看好子路。当子路问道："君子尚勇乎？"孔子答："君子义以为上。君子有勇而无义为乱，小人有勇而无义为盗。"这其实反映了孔子对待勇武的观念，其实反映了孔子内心对子路理智上的根本看法。

三、子路的结局

子路的死亡是很戏剧性的。卫国之乱，太子蒯聩出亡后又回到卫国。他有个外甥名叫孔悝，统领一座城，而子路则是孔悝的朝臣。蒯聩为了建立自己的势力，想寻求他外甥却没有得到应许，于是直接挟持了他。子路知道危险，却毅然返回卫国去救孔悝。返回途中，遇到蒯聩截杀，"结缨而死"。

子路的死亡，具有悲壮的色彩。他为了道义而死，印证了他的性格，可谓死得其所，在一定程度上也验证了孔子对他的论断。虽然孔子因为他的死亡十分哀痛，却不是很赞同他的行为，但不能否认的是，他的"结缨"也就是戴正帽子的行为，也在某方面是作为一个儒家的殉道者开启了历史。孔子说"三军可以夺帅，匹夫不可夺志"，那么子路临死的行为，显然是儒家思想浸润的效果。

从《论语》所记录的子路的言行，以及子路的生平事迹，我想到这样几点。

学生有这样几类：情商高，行为老到的人，往往能在政治和商场中取得成功，如子贡；悟性高，学习刻苦的人，往往在学术上取得成就，如颜回；顽皮而真诚的人，或许不能取得大的成就，却对老师最为亲近。学生的性格，往往是伴随他的一生的，老师不能够改变他们的性格，只能影响他们的行为习惯，铸就他们正确的价值观。老师可以给有能力的人一些平台，给过日子的人一份理解，给莽撞的人多一份提醒。

在中国历史上，有很多浩然正气的儒生形象，他们的坚持之处，正是因为把儒家思想当作了信仰。孔子有句话，叫"朝闻道，夕死可矣"。子路从不受教化之人，变成了以死维"礼"之人，可以说，是最合格的孔子的学生。中国古代礼教的失败，在一定意义上来说，是仅仅把儒家经典当作了科举的敲门砖，而把信仰从中剥夺了。没有信仰的教育是没有生命力的。

如果比较子贡、颜回、子路的结局，其实依旧相符于现代社会。世故的人，获得所谓的成功；学习好的人，能保持相对的独立；而过于单纯的人，却往往被社会弄得遍体鳞伤。好的社会，不仅仅是为成功者喝彩，还应该允许那些无害的个体生存下去，这才能称为和谐。

零碎罗列，讲了这些，一方面是因为感叹教化的威力，另一方面也是为子路鸣不平，更多的则是觉得这个社会应该对真诚的青年多几分宽容。

笑侃 "女子" 和 "孔子"

葛世杰

这几年，孔子很忙。

于丹谈论《论语》的学习心得方兴未艾；买本《世界博览》杂志，半本都是介绍孔子学院的建立和运行情况；接着，是周润发演的电影《孔子》开播；学校连续多年举办《论语》讲座；坐教室里，偶然摊开一张报纸，居然看到两篇是些孔子的教学对现代教育的影响。

而女子呢，一直都在忙。

世界杯的时候，打开百度，除了比赛的视频，都是一些足球宝贝的照片，一身暴露的足球服和一个足球，然后摆出一个令人流鼻血的 pose。其他的比如篮球比赛有篮球宝贝，赛车有赛车宝贝，去看车展，还有美丽的车模做陪衬。于是有美女的地方就有了人群，有人群的地方就有了江湖，有江湖的地方就有了偷拍自拍，有人拍的是车，有人拍的是人。

两者比较，女子是穿得越少越吸引眼球，于是服装的进化史就成了布料的减少史；孔子是包装得越来越吸引人，于是那些旧有的称号又重新挖掘起来，些许的关系也一点点扯上，于是 "国学" 日热。

旧时代，对于美貌女子的追求体现了男子最大的自然追求，而师从孔子的科举之路则体现了男子最大的社会追求。自从宋真宗赵恒《励学篇》写道："娶妻莫恨无良媒，书中自有颜如玉。"广大书生的好色就名正言顺，甚至大义凛然起来，进士放榜捉女婿也就自然而然起来。古代文人的科举之路，往往是一边学习孔子之道，一边寻求女子之好。清风翻书固然潇洒，红袖添香更是暧昧。作为一个书生，如果不通晓经文，出口成章当然是不合格的，但如果没有翻过墙根私会小姐或者被捉去当女婿，那更不好意思出去说自己是读书人。如果万一没有功名，还可以写写传奇小说，臆想一下书生、小姐、白狐的故事。所以，古代很多著名的文人，往往是做官前寒窗苦读，做官后则生活风流。

比如白居易，如果单从他的诗文来看，文学才华没得说，勤政爱民也没得说。但事实上，他蓄养家妓上百人，最为著名的当然是樊素和小蛮。甚至到六十七岁高龄的时候，他还写诗纪念两位"樱桃樊素口，杨柳小蛮腰"。可谓活到老，色到老的典范。

同样是宋代，精通乐律的著名词人周邦彦与名妓李师师相好，一日宋徽宗赵佶闻艳明夜访李师师，周邦彦无奈躲于床下。后来此事写成一首《少年游》。"低声问：向谁行宿？城上已三更。马滑霜浓，不如休去，直是少人行。"和皇帝是情敌，诗人此时心情自是如老坛酸菜面一样，酸爽非凡。

甚至于柳永也是如此。虽然由于功名未遂，作《鹤冲天》，一句"忍把浮名，换浅斟低唱"，使得宋仁宗批："此人好去'浅斟低唱'，何要'浮名'？且填词去。"于是柳永遂以"奉旨填词"自嘲。现在细细想来，浮名换浅斟低唱或许是一时之语，爱浮名也爱浅斟低唱才是实话。

所以古代文人的态度大多是：孔子很可敬，女子很可爱。

现在上网的屌丝，比起古代对于孔子的敬仰那是少而又少，对于女子的爱慕那是如"黄河泛滥，一发不可收拾"。装酷时，也会嚷嚷一句"醒掌杀人权，醉卧美人膝"，一旦碰到真正美女，那大多是膝盖发软，直呼"女神"了。

事实上，"书中自有颜如玉"一句也可以看出，女子是男人读书的一大动力。可见，男子先成为孔子的信徒才能得到女子，女子赢得男子才能赢得世界。男子的拼搏要么成为皇帝，要么成为皇帝的手下。前者概率有点低，所以大多也就师从孔子，学习儒学，走科举之路。女子要名载史册就直接多了：嫁个大人物。唐朝的武则天，宋朝的高太后，清朝的慈禧，辽国的萧太后，甚至清朝的陈圆圆，如果更远一些，还有魏征的妻子，苏格拉底的妻子。总之，每一个醒目的女子背后总会有一个醒目的男子。

当然，如果是现代女性，大抵是反对我这个观点的。在很多人眼里，一提起孔子，就会想到封建礼教对妇女的迫害。事实上，"夫为妇纲"是出自董仲舒的《礼纬·含文嘉》，"不孝有三，无后为大"是出自《孟子》，至于追责到女子身上，就更不是本意了。翻遍《论语》，与女子直接有关联的只有一句，"唯女子与小人为难养也，近之则不逊，远之则怨"。这句话应该说有点小抱怨，却无谴责之意，而且说的是实话。大抵意思是说：女子和小人都是很难相处的，对她们亲密，她们就过分随便，任意笑骂打闹；而稍一疏远，便埋怨不已。当然，如果分析原因，倒是不同，前者是因为过于情绪化，后者则是道德修养的欠缺。

那么，孔子对待女子更具体的态度是什么呢？

1. 孔子认为女子是很麻烦的东西

"唯女子与小人为难养也，近之则不逊，远之则怨。"

有人会认为"女子难养"的女子应该是"汝子难养"，指的是南子，这当然有一定可能。不过，一则南子其实也是女的，二则女子的麻烦其实是众所周知的，而漂亮女子则是大麻烦。

现代人对此也很有感触。张爱玲的《谈女人》中提道："如果你不调戏女人，她说你不是一个男人；如果你调戏她，她说你不是一个上等人。"还有网上的笑话中那句"你连禽兽都不如"，大抵也反映了女子的某些性格特质。

你看在《天龙八部》中，萧峰因为答应阿朱要照顾阿紫，结果一接近，被阿紫带来了多少麻烦，而萧峰因礼节而疏远马夫人，又被马夫人害得多惨。

如果说，孔子讲这句话的时候是小抱怨，那么被小三揭发的贪官才是大怨恨。小三很难养啊，亲近她吧，不跟你客气，要车要房，要包要化妆品，要这要那，花钱如流水；疏远她吧，人家要怨恨你，甚至举报你贪污。所以说到小三，屌丝们眼睛发红，官员自己眼睛掉泪。

"君子有三戒：少之时，血气未定，戒之在色；及其壮也，血气方刚，戒之在斗；及其老也，血气既衰，戒之在得。"

因为如此，孔子的观点是"戒色"，也就是警惕女子。一方面，如果沉溺美色，有损男子的尊严；另一方面呢，孔子觉得年轻人的目标是奔着修身—齐家—治国—平天下的道路前行的，如果在修身和齐家上耽搁太多的精力，治国和平天下大概就少了几分希望。这或许也是孔子有感于当时几位有权势的女子的言辞。

2. 女子应定位于家庭生物而非政治生物

"饮食男女，人之大欲存焉。"——《礼记》

"《诗》三百，一言以蔽之，曰'思无邪'。"——《诗经》

"妻子好合，如鼓琴瑟。宜尔家室，乐尔妻孥。"——《诗经》

《诗经》和《礼记》都是孔子编撰的，这些话表明孔子并不提倡禁欲，而是提倡正常的男女关系，认为它是人际关系不可缺少的一个方面，也是家庭和睦、社会稳定的基础。大抵就是"色而不淫"的意思。

"君君、臣臣、父父、子子。"

　　但是，孔子只强调家庭中女子的角色，却没有在社会政治中认可女子的地位。为什么说是父父子子，而不说母母女女呢，因为局限于当时的社会环境，他也默认男子的社会地位。或者说，孔子希望女子扮演好家庭的角色，却不希望女子参政。

　　孔子和孟子都是自幼丧父的，而且也一直提倡孝道。所以说他们歧视女子是说不通的，大概由于时代的局限，他们觉得男子为中心是天经地义吧。

　　不管怎样，孔子的儒学造就的是男子为中心，女子为附从的旧社会。现在呢，大多的男子没有强大到养小三的地步，所以受气也是受自己老婆的气。有时也可能感叹一下世风日下，女子不古。更有才一点的，比如张纬出本散文集《羞涩与温柔》，来纪念旧时代的逝去。

　　而社会的进步终于给予了女子公平的机会，于是她们小宇宙爆发。如果说，以前的女子是通过征服男子来征服世界，现在的女子就直接来征服世界了。先是锻炼对化学药剂的抵抗能力，眉笔、口红、脱毛爽、染发剂等一一征服；再是锻炼对物理属性的抵抗能力，再热的天也要背个包，围条丝巾，再冷的天，也是短裙丝袜，可谓寒暑不侵；然后就是锻炼体力，再苦再累，一旦上街，精神百倍；最后还需培养脑力，一方面在高考状元、高考重点人数遥遥领先于男子，另一方面在教师、医疗人员、公务员考试中又把男子甩到身后，似乎男性同胞大多战斗力不足。毫无疑问，人类已经无法阻止女子的崛起了。很多男子已经选择了投降，花样男、伪娘层出不穷。或许几年以后，我们对一个人的最高评价就是：静如女神，动如女汉子。

　　令我等男同胞绝望的是，生物理论也支持女子更优秀。从DNA 来看，女子的是进化的成熟体，而男子的 DNA 则是有缺陷的。以前看到上帝造人的故事，总以为上帝先造了男人，然后用男人的肋骨造了女人。现在从生物学的角度，我们可能会更相信另一版本。

上帝先是造了女人，但是，伊甸园中女人觉得很孤独。于是，上帝就告诉了她，

"有一个解决的办法，我创造一个男人给你。"

"男人，什么叫男人？"夏娃问。

"男人也是动物的一种，非常奇妙也充满了缺点。"上帝又说，"他们会撒谎，也会骗人，但是他们永远长不大，脑筋像个小孩的。"

"那有什么好玩？"夏娃又问。

"他们比你强壮，会打架，会狩猎。不过因为思想不成熟，需要女人来指导。"

"听起来不错，那么我需要什么代价。"

"你的一根肋骨，"上帝又说道，"另外他们死要面子，所以你一定要让他们相信是先创造了他们然后创造了你。"

于是，世界上有了男人。

毫无疑问，上帝对女子是偏爱的。有一首英文歌《God is a Girl》，我很相信，因为从无常的命运和无逻辑的爱情来看，上帝是情绪化的，喜怒无常的。

文至此处，历史的真相终于凸显：孔子伟大的原因之一就是保护了男子这个弱势群体上千年啊！让我们向伟大的孔子致敬，并向强大的女子们唱起赞歌。

作为一名已婚男子，你懂的。

也说"德之贼"

葛世杰

《论语》中有两则，孔子的情绪最为强烈，一则是：孔子谓季氏，"八佾舞于庭，是可忍也，孰不可忍也！"这一则表达的是最强烈的愤怒；另一则是：子曰："乡愿，德之贼也。"这一句表示的则是最强烈的痛恨。对于前一则中的愤怒，我们知道那是为什么；而对于后一则中的痛恨，我们却是想知道那是为什么。

那么何谓乡愿呢？孔子眼中的乡愿指的是当时社会中的为人称道的"老好人"。他们不分是非，同于流俗，言行不一，伪善欺世，处处讨好，也不得罪。他们不会直接地做出什么伤天害理的事情，但往往会抹煞是非，混淆善恶，纵容作恶分子，而对真正善行的人造成心理上的打击。

那么何又谓德之贼呢？在社会中，直接践踏法律道德，实施暴行的，应该说是"德之强盗"，比如杀人放火的歹徒，强权越权的官员。而"德之贼"则是行为隐蔽的：不直接做坏事，却纵容恶行、附和恶行；故意淡化行为的善恶，并最终导致社会道德的败坏。这就导致大多百姓往往不能认清他们的真面目，所谓"似德非德而乱乎德"，"乡愿"即如是也。

孔子对待"乡愿"的态度为何如此严厉？这要从"德之贼"

的特点来说。

（1）行为的隐蔽性。"乡愿"的表现往往不是直接而明显的，他们带着伪善的面具，以及"为你好"的借口，甚至一些冠冕堂皇的"口号式"的言辞来参与事件的处理。缺少思维深度的人特别是阅历不深的年轻人，往往会为之吸引，与之亲近，进而附和认同他们。这个正如同一个人的自杀大家都反对，而一个人吸烟是慢性自杀，浪费时间是隐性自杀，大家都视而不见了。

（2）人群的模糊性。"乡愿"的行为往往是为了自身的利益，而不顾道德。但很多的普通百姓往往会出于自身生存的需要，也会做出许多类似的举动。比如鲁迅笔下的看客，在革命战争时期，出卖"红军"的普通百姓等。甚至，很多本身正直的人，在有一定忧患的时候无意识地也会做出类似"乡愿"的行为。所以，"乡愿"的范围，还会受到具体社会环境的影响。

（3）社会的危害性。"乡愿"不反对恶行，也不支持善行，只是于含糊其辞中示好于百姓，又不去得罪暴徒，从而谋取自身的利益。这种行为往往会导致广泛的跟风，从而导致整个社会道德的败坏。

从这三个特点可以看出，"乡愿"其实就是传说中的伪君子，是与孔子提倡的"君子"之道天然对立的。那么，比较伪君子和真小人，孔子更痛恨谁呢？我觉得应该是前者。这可以引用余秋雨的一句话："文明的伤心处不在于与在野蛮的搏斗中伤痕累累，而在于错将野蛮当成文明。"因为一些践踏道德的暴力事件（比如抢劫事件），只会导致社会人群的集体憎恨和打击，而这些"伪善"的行为（比如一些"砖家"），往往会导致社会中每个人对周围人群包括君子和伪君子一起怀疑。所以说，真小人是让人知道敌人在哪里，伪君子则让人分不清敌我，甚至错判敌我。所以说，对于孔子的社会理想来说，"乡愿"才是最大的敌人。

类似"乡愿"的"德之贼"的行为看似没有作恶，却在根本上会动摇社会道德。所以，在发展和谐社会的现在，辨别"德之贼"、警惕"德之贼"也有很重要的意义。

一、现代社会中的"德之贼"

1. 玩闹时的"指责者"

在幼儿园，有时候碰到这样的场景：两个孩子玩闹的时候，有时候有轻有重，但他们投入而不自知。这个时候有旁观的人，一脸正义地批评其中一个小朋友：你看，打得太重，他都哭了。结果，那个小朋友被诱导得真的哭起来。

社会中，两个朋友开着无忌的玩笑，有的话甚至过了。但他们自身没有感觉。这个时候，一位旁观者出来，他指着其中话说重的那位说："你怎么可以这样说他呢？"这时候，这一对朋友或许一笑了之，也可能会心有芥蒂。

出来批评的是真的为了他们好么？我觉得不是。如果是关心他们，完全可以在私下里提意见，让小朋友玩闹注意点，让朋友说话注意分寸。而当面说这样的话，结果就是：示好于一方，展示自身道德于旁人，另外就是可能让两位朋友彼此疏远。

"指责者"破坏了朋友相处的豁达和随性。

2. 争端中的"平均者"

网上出现了病人拿刀砍死医生的实例，有的人支持医生，觉得病人即使受委屈也不能没有底线；有人支持病人，觉得现在医院太坑人。但有一部分人，貌似公正地评论："砍人固然是错的，但是被砍的人总有被砍的理由。"他们似乎不关心事情的真相和细节，然后站在远处，雍容大度地各打五十大板。

单位管理中处理矛盾的时候，有的人指责领导的作为或者制度，但总有一些人，他们一方面表示支持群众的观点，另一方面表示领导也很难做到尽善尽美。当然，事实上，争端的双方完全可能有各自的对错，但是像这种人，似乎更关心自身说话的姿态，而丝毫不关心事情的真相。

两个同学发生争吵甚至打架的时候，有的老师处理时，先不询问事情的细节和过程，而是直接判定两者都有错，比较少地去顾虑学生的心理，并且最终得到让学生心服口服的处理结果。这个最终结果会造成学生对学校的不信任，最终会导致更大事件出现的时候不能提前被老师知道。

这些人的处理方式，并没有注重于解决问题。他们寻求的是不得罪双方的前提下，示好与人。

"平均者"破坏的是公共的正义和信誉。

3. 道德上的"审判者"

"文革"中，有很多人打着冠冕堂皇的借口，在学校和单位中打砸烧抢。他们自以为站在道德制高点上，以各种各样的大帽子压人，最终却是放纵自己的欲望，谋取个人的利益。

"钓鱼岛"事件发生后，同样有很多人打着爱国的幌子，做出很多违背道德的事情。他们视自己为大义，以一切购买日本车和日本电器的人为道德沦丧者。他们自己却无知地在使用着很多日本的产品，他们也无知到不懂强迫他人接受自己理念本身就是最大的不道德。

这些人，道德真的高么？我看未必。在他们眼中，道德仅仅是谋取个人利益的福利。所以，他们才是最没有道德的人。他们的行为，是一些高尚的东西掺杂了太多的个人目的和个人利益，从而使真正爱国人的号召也被淡化。

"审判者"破坏的是个人的权利利益的神圣性。

4. 社会道德的"剥夺者"

有一些人，以假扮乞丐乞讨为职业，利用同情心来谋取利益。并最终带来了很多人的跟进，据说出现了乞丐村，乞丐专业户。这些人最终使很多勤劳的人对社会的分配产生了怀疑，也让很多富有同情心的人产生怀疑，最终勤劳者心神不定，困苦者得不到帮助。

南京彭宇案，是一起标志性的案件，表示中国法院已经成为了"小说家"。这引领了一种冤枉好人的风潮，出现了好几起冤枉好人的事件。最终，所有真正的好人有了顾虑：要不要帮助他人？会不会影响到自己？最终，这个世界变得冷漠。

这些行为，表面看，仅仅是委屈了当事人，结果引发了这个社会的效应。他们让社会道德退步了不知道多少年。而社会道德的建立往往比倒塌难得多。

"剥夺者"毁坏了整个社会公德的基础。

5. 政府行政部门的"不作为者"

听说过这样一件事情：一位老人住院，子女因为出钱的问题吵闹，后来老人想不开从医院病房跳了下来，摔死了。于是子女到医院来闹。医院没有办法，只好赔钱了事。

也听说过这样的事情：有一所学校，一个学生晚上两点爬围墙去玩游戏，不小心在围墙上掉下来，摔断了腿。于是父母到学校来闹。学校没办法，只有赔钱了事。

"钉子户"的事件更为普遍，一方面更多人为了更多的钱而做钉子户，另一方面又有行政部门协同房地产公司强拆。行政部门似乎不清楚自己的真正职能。

在这些事件中，政府的行政部门不像是一个职能部门，而更像一个中国典型的市民，要利益不要风险。政府的部门代表是领导个人的意志而不是组织机构的目的。

所以最终的结果是：管理单位不分对错只要稳定，出事情的单位觉得反正出的不是个人的钱也就认了，事故者的家属发现只要闹就有钱，于是闹得更加卖力。旁观者也学聪明了，有事不管对错，闹了再说（路西法效应）。

"不作为者"让和谐成为隐忍，让政府的信用丧失，让社会道德的准绳被利益代替。

二、"德之贼"泛滥的原因以及反思

碰到一些道德沦丧的社会实践，人们喜欢说"人心不古"。那么是否古代的人道德准绳就高，现在的人道德就天生低下呢？我觉得不是的。此生如果能够幸福安逸，谁又愿意颠沛流离？如果能够自然豁达，谁又愿意费尽心思？但事实上，庞大的社会有着巨大的惯性，推动着你我不由自主地往前走去。所以，这些问题并不是个人问题，而是社会问题。

1. 群体性的生存压力

中国媒体以及网络舆论经常自豪地谈到中国百姓的储蓄习惯。事实上，如果没有生存压力，谁愿意把钱放着不用。中国人难道天生不喜欢买东西，天生节俭，天生喜欢把东西遗留给后代？我觉得不是，消费观念必须要有强大的对国家和社会制度的信心来支撑。

一样地，很多国家觉得中国人特喜欢凑热闹，特爱投机。比如没有钱的小市民钻制度的空子占便宜，有钱的大妈炒黄金翡翠房屋。他们认为是中国民族的问题，我觉得是制度的问题，因为多变的时代中，人们有一种恐慌，是一种不计生活质量的生存智慧。这种压力形成以后,蔓延到整个社会,甚至会扭曲了市场规律。

所以，我觉得要改变这种状态，关键是国家如何保证制度的稳定性，分配的合理性，以及行政部门必须保证清醒，不能过于追逐眼前利益。

2. 畸形的教育理念

在中国，直到现在父母和教师的教育，始终是"不好好读书，长大了没有饭吃"。我不知道其他国家是如何给予学习压力或者学习动力的。反正我对于这句话很是迷惑。生产力发展到今天，难道还解决不了温饱问题么？社会制度改革到现在，还没有普及基本的社会保障制度么？所以，这是教育的失败。

学校中，以生存压力促使学生学习似乎习惯成为自然。作文中即使写上千百遍梦想，但现实中，老师先已经放弃了梦想。我们习惯了为了读书其他让路，甚至爱好甚至亲情；我们习惯填报容易找工作的专业而不是喜欢的行业；我们习惯地认为听话的就是好学生，读书差的就是差生。

我们的教育无比现实，我们的教育只谈生存，无关生活，甚至没有把受教育者当成活生生的人。所以，要改变社会观念，首先要坚定教育理念。一方面加强责任教育，培养合格的公民；另一方面加强审美教育和生命教育，培养一种积极的生活情操。

3. 功利性的价值取向

写成功学的人，似乎都是商人，却没有科学家。网络上看，成功的人，似乎都是明星，而很少是"玩家"，也就是那些自得其乐的人。似乎整个社会都以赚多少钱，吸引多少眼球为成功的标志。而我们这些生存观念特别强的人，又把"成功"的理念推向了极致，从而出现了为了成功不择手段，为了成功丧尽道德的事。在很多时候，对于那些一脱成名的人，那些不法牟利的人，我们似乎眼红别人的成功，却很少去驳斥别人的不道德。

一样地，在刑罚的领域，我们评判违法事件的轻重，往往简单到以造成的经济损失为判断准绳，很少会涉及社会的道德危害。于是，往往一些血腥的案件处置更重，而轻放了一些实质性危害更大的，危机到公共道德的行为。这就导致了人们更加投机，更加注重欺骗性的手段，更加不顾惜个人道德和社会公德。

所以，纠正价值取向是当务之急。

总之，我觉得真正的和谐社会不是一种隐忍，而是一种平和与闲适。是和而不同而不是同而不和，是每个人的精彩与个性生活，而不仅仅是为了生存的垂死挣扎。

那么，请警惕"德之贼"，请远离"德之贼"。

《论语》关物理学什么事?

井丹丹

《论语》关物理学什么事?乍一想,似乎风马牛不相及,其实不然。《论语》讲"人",物理学讲"自然",那么"人"和"自然"有关系吗?正如"一千个人眼中有一千个哈姆雷特"一样,我们也绝不能粗暴论断《论语》与物理学没有关系。关于二者之间的微妙联系与对比,笔者自任教之初就有了研究的想法,彼时全国上下正兴起一股"《论语》热",我也不免入俗加入其中。一晃几十年过去了,在这期间偶有灵感心得,经常狂喜不已。每有倦意,便想起诺贝尔物理学奖获得者内斯阿尔斯曾说过的那句话——"如果人类要在 21 世纪生存下去,就必须在《论语》中寻找孔子的智慧"。于是赶紧重温经典,感悟哲言。

一、《论语》和物理学都是社会产物,二者相辅相成

人,像动物、植物、星球和原子一样,是自然的一部分。但同时又不一样,人不仅作为自然界的生物,而且作为社会性的人,人必然有对自然及社会的认识、研究和理解,同时又不能脱离自然,需要依附于自然。

　　《论语》是反映孔子主要思想的记录，其主要集中在伦理、政治、人生上，是人关于人的社会性思考的结果。而物理学是人对自然界物质变化规律的研究，其主要集中在力、运动、能量上，是关于人对自然界的思考。仔细想来，人类社会的发展及历史不就是关于人的两方面的发展和认识吗？人类发展若失去对自身及社会的思考就会走入歧途，若不关注自然变化的研究及其改造就不会有现代文明。犹如飞机的两翼，稍有偏重就会失去平衡。在良性社会发展中，二者总是相辅相成的。人对自然的认识会促进对人及社会关系的处理，社会关系的和谐又会使思想解放促进科技发展，增强对自然的认识和驾驭。发生在 14 世纪到 16 世纪的欧洲文艺复兴就是最好的例证，那时随着经济复苏和发展，人们生活水平提高，一些人文主义者主张人生目的是追求生活中的幸福，肯定人的价值和尊严，从而极大地改变了社会关系，一时人才济济，百家争鸣。社会关系的改变促使了商业、手工业及科技，最后导致了第一次工业革命的爆发。又如在我国"文革"时期，践踏《论语》、打击儒家，社会关系遭到了严重破坏，工农业生产也一时陷入瘫痪，中国的物理学也失去了发展黄金时期。改革开放后，儒家学说恢复了地位，中国科技蒸蒸日上，经济也傲视全球。

　　在《论语》中，孔子关于人及社会关系的思想核心是"仁"。"仁"的思想施行于社会就是"仁政"，"仁政"也是孔子一生追求的社会政治理想。"仁"的思想对于个人就是"仁者爱人"，"爱人"包含着丰富深刻的人道主义内容，表现了对人格的尊重。把二者综合在一起则蕴涵着"和谐"之意，人与社会乃至自然都应该"仁"，应该和谐相处。只有社会关系和谐了，人才能由自身出发去思考自然，促进物理学的发展。

二、《论语》和物理学关注的三个层次是相同的

《论语·颜渊》："忠告而善道之，不可则止，勿自辱焉。"

《论语·里仁》："见贤思齐焉，见不贤而内自省也。"

《论语·卫灵公》："己所不欲，勿施于人。"

……

若将《论语》内容粗浅划分，即可理出三个层次的人文关系，即人与社会关系、人与人关系、人与自己关系。孔子将这三种关系处理得很好，既相对独立，又彼此联系。

在物理学中最著名的牛顿运动定律也有三个层次：牛顿第一定律说的是物体本身的一种性质；牛顿第二定律研究的是物体与环境影响下的运动形式；牛顿第三定律则是物体与物体间相互作用的一种规律。

"人"和"物"的关系被处理得如此相似，我一度怀疑牛顿是否看过《论语》。而对《论语》感兴趣的物理学家大有其人，如开头提到的那位获诺贝尔奖的物理学家，还有大物理学家费曼和麦克哈特，其中麦克哈特还郑重其事地向其他物理学家推荐《论语》。中国的物理学家杨振宁、丁肇中都在多次谈话中提到《论语》的重要性。

其实不仅是牛顿三大定律是从这三个层次阐述的，物理的其他规律也是从这三个层次研究的。例如，物理中著名的热力学三定律，第一定律讲物质与物质之间能量变化规律；第二定律是物质在环境中变化的方向的规律；第三定律则是关于物体本身的一种温度变化特征。

细细想来，要理解任何一个对象，都应该从这三个层次中去研究。研究"人"如此，研究"自然"亦如此，《论语》与物理学从未如此统一过。

三、《论语》与物理学的认识论是相通的

"博学之，审问之，慎思之，明辨之，笃行之"虽非出自《论语》，但亦是儒家治学求进的态度和方法。当我读到这句经典名句时，内心不由得一颤，这不正是当年伽利略为了研究自由落体运动而创立的科学研究方法吗？

博学之——观察现象、学习新知；

审问之——发现问题、提出假设；

慎思之——逻辑推理、数学分析；

明辨之——实验检验、验证猜想；

笃行之——结论修正、推广实践。

伽利略的这套物理学研究方法竟与儒家的认识方法如出一辙，不仅仅强调多学善思，更注重实践应用。不单单从书本上探寻真理，还要让真理在实践中检验，所以我们在尊称伽利略为近代物理学奠基人的同时，不能不想到儒家的贤圣孔子。

其实儒家研究学问在很多方面与物理学家的认识都是一致的。"当仁不让师"，"志士仁人，无求生以害人，有杀身以成仁"，"朝闻道、夕死可矣"等反映了儒家在追求真理中不妥协的精神。同样，物理学家在追求科学真理中也是持之以恒、英勇献身，哥白尼为日心说而被绞刑，伽利略不向宗教妥协而被监禁，核物理学家贝克勒尔不畏辐射英年早逝等，他们无不是为求真理所致。

"知之为知之，不知为不知，是知也""子绝四：毋意、毋必、毋固、毋我"说的是不凭空猜测，不绝对肯定，不拘泥固执，不唯我独尊，这是儒家个人治学操守，亦是很多物理大师的可敬之处。

"一瓢饮，在陋巷，人不堪其忧，回不改其乐"，这种淡泊名利，衣食简陋的精神对于物理学家来说不胜枚举：牛顿在工作中专注的小故事让人回味无穷；居里夫妇几十年如一日在实验室努

力工作感人至深……

四、相同的时空观和"天人合一"的思想

《论语·阳货》："日月逝矣，岁不我与。"

《论语·子罕》："逝者如斯夫，不舍昼夜。"

这些大抵反映了儒家的时空观。时间如流水一样，一去不复返。牛顿在《自然哲学的数学原理》中写道："绝对的真空和数学的时间，由其特性决定，自身均匀地流逝，与一切外在事物无关。"这种绝对的时空观与《论语》的时空观几乎是一致的，是东方文化与西方科学在不同领域的碰撞。当然都是限于当时的认识水平，而我们现在更多地接收爱因斯坦的相对时空观。

《论语·阳货》："天何言哉？四时行焉，百物生焉，天何言哉？"

《论语·先进》："子曰，未能事人，焉能事鬼？""未知生，焉知死。"

孔子的言语既表达了对自然的思考，也表达了对自然的一种情怀，这种观点与后来物理学家的自然观是一样的。人绝不是宇宙的中心，自然有其本身的运作规律，物理学家也仅是对这种规律的一种认识，这种认识又促使人类活动与自然运作一致，达到"天人合一"。

行文至此，忽然想起我省著名物理教师吴加澍曾说过的一句话："物理即是悟理。"其实《论语》不也是我国贤圣对人的一种"悟理"吗？如果《论语》悟"人"，物理悟"物（天）"，天人合一才是道。人与天在很多方面是相同的、和谐的。一个是内，一个是外，从整体来看，它们是统一的、相通的。

儒学的前世今生

井丹丹

半部《论语》治天下，是儒学流传至今的轶闻佳话。以《论语》为核心的儒学几经沉浮折射出中国几千年社会变迁，儒学与天下的关系还应回到孔子本人的一段经典语录：

孔子身边的学生问："一个地方有了足够的人口，接下来应该对他们做什么呢？"孔子只回答了两个字："富之。""富了以后呢？"学生又问，孔子还是回答了两个字："教之。"

当今中国的经济已经超过了日本，成为世界第二经济体，联系近几年的"儒学热"，不禁让我们想到儒学与天下变化的微妙关系，今日所说的儒学还与古时的儒学一样吗？

一、儒学的前身是礼学

孔子生于公元前 552 年，卒于公元前 479 年，享年七十三岁。这段时期恰为东周后半期，宗族制度在瓦解，家庭制度兴起。周朝是所谓的礼制社会，要想在周朝任职为官，必须对周王朝礼制方方面面（例如其思想、制度、言辞、仪式、法度、操作、规矩等）做到精通娴熟。可当时社会是什么样呢？梁启超曾这样写道："周既不纲，权利四散，学术下移，游士学者，各称道其所自得以横行天下……"

孔子游学的第一站是哪里？东周啊！东周在鲁国的西边，他去"问礼"。问谁呢？孔子问的是周王朝的国家"图书馆馆长"老子。孔子向老子问了什么，老子又是怎么回答的呢？史上有各种说法，但很多史学家认为最有可能是孔子问老子周礼，老子对孔子说天下一切有变，不应该固守周礼了，也就是周王朝没得救了，也不必去救，一切都应顺其自然，那才是天下大道。孔子当然不赞成，他要对世间苍生负责，他要用周公旦确立的西周礼制来约束人，来管理人，同时又希望统治者实行"仁政"。

孔子在拜别老子的二十年后，开始长途跋涉，即周游列国。大多数国君一开始都表示欢迎和尊重孔子，但却完全不在意他的政治主张，更不希望他参与国政，何也？完全是因为他的礼乐思维不合时局，想想当时各诸侯国之间的烽火战争，强国吞并弱国的"丛林法则"。谁还相信"礼""仁"呢？宋襄公以仁义立军，结果争霸不成反而丧命，最后沦为历史笑柄。所以最后孔子不招待见而自嘲自己为"丧家犬"实乃无奈的感叹！

"克己复礼"是达到仁的境界的修养方法，出自《论语·颜渊》。历代学者都认为，这是孔门传授的"切要之言"，是一种紧要的切实的修养方法。"礼"即是"周礼"，孔子解释自己推行周礼是因为人们在使用这样的礼仪，而不是把周礼搁置在所有行为规范之上。孔子自己的解释是："吾学周礼，今用之，吾从周。"孔子早期主要就是这个。后期孔子主要是大规模的整理"六经"，即《诗》《书》《礼》《易》《乐》《春秋》并教其学生，这六经其实也是周朝已存在的一种"礼"。

《论语》的核心是"仁"。"仁"是一种理念，"礼"才是实践方法。

二、儒生的前世是术士

前段时间读了一些有关秦始皇焚书坑儒的史书资料，让我对先秦的儒生有了新的认识。

秦始皇自我解释坑儒动机时，有一段非常重要的史料："吾前收天下书不中用者尽去之。悉召文学方术士甚众，欲以兴太平，方士欲练以求奇药。去不报，徐市等费以巨万计，终不得药，徒奸利相告日闻。卢生等吾尊赐之甚厚，今乃诽谤我，以重吾不德也。诸生在咸阳者，吾使之廉问，或以妖言以乱黔首。"（《史记秦始皇本纪》）

从这段看出，始皇一开始并不想杀掉这些"文学术士"，只是想把他们组织起来成立个国家研究院什么的，为了"兴太平""练奇药"，但这些家伙拿着国家巨额津贴不干正事，甚至携款出逃，甚至"妖言以乱黔首"，其实就是煽动叛乱。

坑儒的两大主角是淳于越和卢生、侯生。淳于越在与李斯的辩论中以"克己复礼"持儒家观点，因此可以把他划为儒生，坑儒原来坑的是术士，可见当时是把"儒生"和"术士"归为同一类人的。

再追溯到孔子那个年代吧。《论语》中有这样一段话："子闻之曰：太宰知我乎！吾少也贱，故多能鄙事。君子多乎哉，不多也"。别人以为孔子是个圣人，但孔子却说自己年轻时很贫贱，"多鄙事"。"鄙事"是什么哪？后来文化大师胡适先生写了一篇文章《问儒》，指出孔子年轻时的职业是相丧，就是给别人看风水，后来当了官，仍旧给别人看风水。

《说文解字》对"儒"的解释为："儒，柔也，术士之称。"《辞海》对"儒"的注解是："古代从巫、史、视、卜中分化出来，专为贵族相（办丧事之类）的一些知识分子。"

孔子一生为"克己复礼"而努力，希望国民像周朝那样讲究礼仪。我们不妨看看周礼包含哪些内容。周礼概括起来有"五礼"，即祭祀礼、结婚礼、丧葬礼、接待礼、军队礼。孔子提及的主要是祭祀礼、婚礼和葬礼。孔子周游列国之际，也不忘观察学习，有一次遇见齐人下葬，他带着弟子们坚持观看了全部流程。偶尔孔子也会带领弟子主持一些人家的祭祀或丧礼，赚一点周游列国的路费。

西汉时期，董仲舒将阴阳五行思想与儒学相结合，更为儒生与方士之间创造了合一的条件。他的著作《春秋繁露》以儒学为中心，借用阴阳家邹衍的五行学说，将五行重新排列，提出"木为仁、火为智、土为信、金为义、水为礼"，使五行的道德属性更加形象化。在董仲舒的影响下，儒生和方士术士逐渐合流，使儒学盛行于世。

有人对我的这种观点提出异议，我们心中的儒生原来是这样的吗？事实就是这样的，先秦儒生要不是这样，秦始皇炼长生丹药不得为什么要"坑儒"？《辞海》《说文解字》的解释不能否认吧？

唐朝诗人刘禹锡在诗中写道："谈笑有鸿儒，往来无白丁"。鸿儒与白丁对应，在唐朝时儒应该是有学问的人，再到后来宋朝时以朱熹为代表的"理学"等到今天，儒家已经经过了很大的变迁，今天我们说的"儒家""儒生"已不同于先秦的"儒生"。

三、儒学的真正创立者

儒学的创立者是谁？人们首先想到的是孔子。其实在孔子之前，还有一位对儒学产生巨大影响的人物，此人是孔子毕生推崇、尊奉的大贤人，他便是"周公吐哺，天下归心"的西周圣人周公。周公姓姬，名旦，是周文王之子、周武王之弟。正是周公依据周制制定了"宗法制"，并且产生了一套完整的严格礼仪制度，后人称为"周礼"。周礼主要有三个方面："礼""乐""德"。"礼"强调的是"尊尊"，解决的是尊卑贵贱；"乐"的作用是"和"，即"亲亲"，有别有和，是巩固周朝人民内部团结的两个方面；"德"是人的精神领域核心，是本质，是"里"，"礼、乐、德"是一整套制度，是从神权到王权时代的转变。王国维曾说"中国政治与文化之变革，莫剧于殷周之际"，以周公为代表的文化精英为中国打造了坚不可摧的文化框架，影响了中国三千多年的历史。

在周公、孔子之间还有一位儒家不得不提，他就是晏子。晏子对生死淡然，不"患死"，不"哀死"，保持乐观。晏子有"慎独"之言，非常推崇管仲"欲修改以平时于天下"必须"始于爱民"的观点与孔子的"仁政"一致。晏子重视礼教,他说："礼者，所以御民也……无礼而能治国家者，婴未之闻也！"

孔子之道，又非前面二者之可比。孔子之前的儒者专以修己治人，不求超出人格，孔子在《论语》中的自得之言，却超出了人格之外。"子绝四：毋意、毋必、毋固、毋我。"绝四，意味着欲除我见，必先断意念，即"超出三界之说"（章太炎语）。儒者之业，在修己治人，以此教人，而不以此为止。

孔子之后还有孟子,孟子将"仁"的思想形象化为"不忍之心"，并建立起"性善论"，进而提出"仁政"的概念。"仁政"方法之一就是给民众分配土地，由"仁"到"仁政"是一种从社会道德到社会政治的飞跃。孔子的礼是不越"君君，臣臣，父父，子子"；孟子则不同，他认为"民为贵,社稷次之,君为轻"，为君者应该"与民同乐"。孟子觉得一切万物皆由我出，故曰"万物皆备于我"，少了一些"中庸"，变得锐利耿直，傲气激言。

然而周公旦、晏子、孔子、孟子都不是儒学的创立者。

儒学的真正创立者乃是西汉大儒董仲舒。事实上，孔子只是一个学识渊博的教师，一个代表着古老文化传统的道德理想主义者。况且孔子在世时并未有著作问世，儒学还没有确定其正统地位和教义，现在我们熟知的"三纲五常""君权神授""天人感应"等皆是董仲舒提出的，把孔子推向神性地位的人也是董仲舒。董仲舒通过"天人感应"的理论宣扬"君权神授"，适应了统治者利用神权维护政权的需要。而汉武帝采纳董仲舒"罢黜百家，独尊儒术"的建议，也使得神话了的儒学逐渐从先秦诸子百家中脱颖而出，取得了压倒性的优势，自此历代帝王不断给孔子加封各种谥号——"文宣王""大成至圣先师文宣王"等。到了清朝，统治者觉得仅给孔子一人加封谥号不够，进而追封孔子先世五代为王。亲自主持祭孔大典，孔子就这样由人变成了神。

四、儒学的几世沉浮

有人说儒学的沉浮恰好折射出中国社会历代兴衰的变化，此话不假。历史上每次儒学得到推崇时都是社会繁荣经济兴旺之时，此时统治者需要维持社会和谐，于是儒学大行其道，每当社会动荡不安，濒临改朝换代，儒学便成了"替罪羊"被首先打击。

春秋时期，恰逢诸侯割据、战事频繁，各国崇尚武力，"温良恭俭让"不适时宜，孔子学说不被采纳是再正常不过了。秦朝末年的"焚书坑儒"有人会说，这不是国家稳定时期吗？怎么儒生就倒霉了呢？其实秦虽统一六国，但社会依然动荡不安，特别是残留的诸侯依然暗流涌动企图假借周室死灰复燃。后来的刘邦项羽起义时就有盟约在先，谁先打入咸阳，周王就封谁为王，可见周的影响在秦末还在，况且孔子是"恢复周礼"，这就更应打击儒家和儒学了。

西汉的刘邦相信儒学吗？刘邦早年鄙视儒生，称儒生为"腐儒"，刘邦原来认为自己是马上得天下，刘邦曾有名言"马上得之，为天下安用腐儒？"，认为《诗》《书》都毫无用处，甚至把儒生的帽子当尿罐子，以至于在西汉建立后一帮布衣将相毫无臣礼规范，刘邦产生了忧患意识，后来叔孙通制定了朝仪，让刘邦感受到了等级敬贺。再后来陆贾从治国理政的战略高度恢复礼制，也让刘邦对儒学有了新的看法。直到后来汉武帝时期"罢黜百家，独尊儒术"，汉朝统治者终于正统了儒学的地位，建立太学，设置五经博士，表彰气节。彼时士大夫争相以名节为目标，以淳美为政教，经济也得到提升，史称"光武中兴"。

魏晋南北朝时期，中国又陷入兵荒马乱，国家分裂，朝代更替频繁，执政者的个人信仰不同，封建政权对儒、佛、道三教的态度和政策不同，儒学的"独尊"局面被打破。由于连续的战争，民不聊生，儒学虽然提供统治阶级的意识形态，但却没能解决普通民众普遍关心的生死寿夭问题，佛道逐渐冲击了儒学，慢慢成了主流。儒生在这样的环境中逐渐消极避世，崇尚清淡，很多儒生转投佛道。

唐初，魏征对达成贞观之治做出了决定性的贡献，魏征依据由王通发明的先秦儒家人性思想，主张采取儒家民本仁政。唐太宗采取了魏征的主张，实现了经济繁荣、政治开明的贞观之治。唐代科举制度的实行，对大批儒生开辟了一条入仕之路，但大多没有摆脱"庸儒""腐儒"的行事方式，不能很好地适应文吏的正常生活。由于藩镇胡化，安史之乱后，大批文人开始反思，形成了一股强烈的异儒思潮，佛教势力过度扩张。新儒学应运而生，新儒学主张复兴儒家思想，以回应藩镇胡化割据、佛教喧宾夺主的现实。韩愈是唐代新儒学代表，他在《原人》中写道："行于上者谓之天，行于下者谓之地，命于其两间者谓之人"，"是故圣人一视同仁"。这是以仁贯通天道人性，从而建立起新儒学的本体论。

宋朝儒家显然从唐朝三教相争中吸取教训，堵不如疏。宋代儒家则创造性地从道佛两教中吸取营养，三教合一的思想促使了宋朝新儒学的产生，即理学。理学提出"理"先于天地而存在将上的地位，提出"即物穷理""存天理，灭人欲"，这种学说由程颐提出（著名言论就是要求妇女"饿死事小，失节事大"），在南宋朱熹时期达到顶峰。朱熹对后世影响最大的并非关于"理"和"气"的深奥哲理，而是通俗化的儒学教义。他把《大学》中的"格物致知，正心诚意，修身齐家，治国平天下"加以具体化、形象化、通俗化，构建了一套严密的社会秩序。他编著《四书集注》，重新诠释了四书，使得四书更加深入人心。他也特别致力于编写儿童启蒙读本，例如《下学集注》《论语训蒙口义》《童蒙须知》。但由于他主张南宋从临安迁都到南京，"修政事，攘夷狄"，"复中原、灭仇虏"，得罪了习惯于偏安、妥协的当权派，朱熹及其门生遭到了禁锢，直到死后九年才得到昭雪。

明朝建立之初，朱元璋虽曾对天下贤才遗民表现出耐心和真诚，把儒学视为正统的国学，把程朱理学放在首位。但由于草民起身，权力欲极重，骨子里看不起儒生，对于"至圣文宣王"称号的孔子是极不情愿的，曾下诏罢免祭祀孔子；看到孟子"民贵""君轻"觉得如芒刺在背，甚至命令将孟子像逐出文庙，将《孟子》里面很多看起来不舒服的删去为《孟子节文》，直到他的儿子朱棣继位后才恢复为《孟子》。明朝统治者还是比较重视儒学的，在明代儒之大家往往是高官，内阁大学士绝大部分都是进士出身，几乎没有皇族和外戚，他们大多数是儒学中的精英，否则也不能从严苛的科举制度中脱颖而出。政治上清明的内阁制是明朝儒学昌盛的主要原因，内阁的权利越来越大，皇权必然受到一定的削弱，皇帝是不甘心的，明后期的历史基本是皇权和内阁制度的斗争。儒学在明代发展的非常快，如明神宗时期的首辅高拱就明确提出"苟出乎义，则利皆义也；苟出乎利，则义皆利"。儒学一直在走实用路线，后大臣王阳明将儒家新学发扬光大，他的思想强调致良知，及知行合一，并且肯定人的主题性地位，将人的主动性放在学说的重心。

清朝初期，为了缓和汉人的情绪，大量任用前明朝官员。清朝皇帝提倡理学，为的就是让臣子安分守己，老实效忠。康乾年间的理学家，个个都是规规矩矩装孙子，说他们虚伪是可以的。例如康熙时的大臣熊赐履论学："圣贤之道，不外乎庸，庸乃所以为神也。""庸"是灭人性的，是使儒家看起来最像宗教的东西。宗教不讲理想，或者说它的理想是死后上天堂，或转世成富人。儒学是修身、治家、平天下的，在"庸"字被吹捧至极以后，儒学看起来就像宗教了。其实儒学的高点在明朝的中后期，从质疑"灭人欲"到"寡人欲"，如果儒学沿着这条线路发展，一定能进入"存天理，讲人欲"的儒学新阶段。但是事实却恰恰相反，因为清朝的建立，儒学思想不仅又回到了"存天理，灭人欲"上，而且走得更远，使儒学进了死胡同，令后来的国人深恶痛绝。清朝成了一个历史上最屈辱的时代，直到嘉庆皇帝继位，还爆发了白莲教起义誓要"抗清复明"。

五、儒学的今世

鉴于清朝灭亡的教训，民国二年（1912），《论语》读诵课从国民教育中废除。"文革"期间，掀起批孔运动，中国各地的孔子庙被拆除，曲阜孔庙的孔子像也被毁。至此，挂孔子招牌的封建文化被彻底打倒。中国现代还有儒学吗？

儒家文化的核心是仁爱，它的特点是：重精神，轻物质；重道德，轻技能；重理论，轻实践。儒家注重的是大方向，重视的是精神生活的充实和丰富，关心的是健全人格的培养和正确人生观的建立，即教导人成为正人君子。但当代中国一些号称"学者"的"儒家"在浮躁、物质的社会中更注重功利的宣扬儒学文化，不求甚解中过分夸大儒学（例如"半部《论语》治天下"），或者受到西方哲学思辨的影响过于牵强地诠释，是真儒家的异化。

其实儒家的异化并非始自当代，事实上，早在宋明理学便已肇其端。中国人不抽象分析，所以孔子从不做概念性定义，也绝不谈道德形而上学。但是，理学家不然，理学家每每舍事而言理，已然堕于抽象。将形而上与形而下断裂成两截，成日谈"心"说"性"。于是，他们失去了现实感，慢慢萎缩了行动力，也渐渐丧失了对应形势之能耐。从此，士大夫日趋无能，百余年来中华民族的彷徨歧途，正源于此。自宋儒开始，儒者的原点，其实就已然模糊；他们所言之"道"，也渐渐沦为观念论的空头概念。宋儒堕于抽象化之后，不仅学问开始变质，道德也逐渐走样。当年孔孟之道德，刚健阳气。同时，孔子又不失活泼，每每无可无不可，故常为孔门高弟所质疑；但这质疑中，却最有孔子的风光。孔孟之道德，空气多流通，可以有弹性、不僵固，可以常保新鲜。宋儒不然，儒者越来越板着面孔，程门立雪的故事，被说成是师道尊严之美谈，但其实更可能是封闭系统内的自圆其说。宋儒满口仁义，他们的道德也成了耽溺，于是，再如何地正心诚意，到头来，皆成虚妄。于是，唐以前健康清朗的礼教也逐渐变质，遂变成了五四运动中的"吃人的礼教"。正因这种臭不可闻的陈腐味，就无怪乎五四运动，乃至于"文化大革命"，都要打倒"旧道德"了。

真正的儒学，与封建专制毫无关系；相反，儒学是毁灭封建专制的神兵利器，是能够代表现代民主思想的智慧之学。因此，儒学成为当今世界各国学术研究的热点。1876 年，日本明治维新以后，用儒学思想指导工商业的经营成就巨大。代表人物是涩泽荣一，他一生创办了五百家企业，是日本的企业之父，他一面搞经营一面讲《论语》，做事学问与做人智慧并重，成为日本企业家的榜样。其传世著作有《论语与算盘》。美国人和英国人喜欢《论语》中的民主与友爱思想，所以孔子在欧美各国红极一时，被评为世界十大思想家之首，与伏尔泰（社会科学家）、牛顿（自然科学家）等科学家比肩并立于世界。

《论语》中"孝"的三重境界

田爱琴

我们都在说，中华民族有一种美德叫"孝"；但是，我们理解什么是真正的"孝"吗？中国民间有个说法，叫作"百善孝为先"。一切善行都是从"孝"开始做起，因为"孝"是人生中最深的亲情，因为"孝"是人一生的眷恋，因为"孝"是浓浓的幸福，更因为"孝"是用生命交接的链条。

很多学生曾经问过孔子，什么叫作"孝"。我们且看孔子怎么说。"孝"字在《论语》中，一共见于十四章。其中为孔子所言，且与孝的定义有关者，共有六（5+1，一章重复）章，即为政篇四章加上学而篇一章。孔子对"孝"做了非常精辟的阐释，孔子对"孝"的解释也是因人而异。下面我们详细阐述《论语》中"孝"的三重境界。

一、"孝"的本质在于尊崇伦理道德、礼俗规范的"孝道"，做子女的行为要合义合礼合道，不违背父母所信奉的"礼"，此是"孝"的第一层含义

孟懿子问孝。子曰：无违。樊迟御，子告之曰：孟孙问孝于

我，我对曰：无违。樊迟曰：何谓也？子曰：生，事之以礼；死，葬之以礼，祭之以礼。这章出自为政篇五，孟懿子向孔子请问什么是孝。孔子说："不要违背。"之后，樊迟为孔子驾车时，孔子告诉他这件事说，孟孙问我什么是孝。我回答他："不要违背。"樊迟问："这是什么意思呢？"孔子说："父母在世时，要依礼来侍奉他们；当他们去世之后，又要依礼来安葬及祭祀他们。"这里的"无违"由孔子自己后面的说明看来，应是不违背礼的意思。至于为何孔子在此要分两段解释"无违"呢？有学者以为孟懿子的父亲孟僖子贤而好礼，所以孔子只要他能做到不违其父之志向行为就可以算是孝了。但是一般人的父亲言行未必一定合礼，此时子女就不应以不违背父亲为孝，而应该以不违背礼为孝了。

学而篇第十一章，子曰："父在，观其志；父没，观其行。三年无改于父之道，可谓孝矣。"孔子说："当他父亲在世的时候，要观察他的志向；在他父亲死后，要考察他的行为；若是他对他父亲良好的为人处世之道长期不改变，这样的人可以说是尽到孝了。"做子女的行为要合义合礼合道，"孝"的本质在于尊崇伦理道德、礼俗规范的"道"，这层是"孝道"的基本含义。这让我想到，房玄龄作为贞观名相，不但治国有方，而且还十分孝道，父亲病重时，熬药喂饭，耐心周到，困了就和衣而卧，目不交睫。父亲去世后，竟一连五天不吃不喝。侍奉继母，也是孝道过人。继母有病，他就像照顾自己的亲生母亲一样无微不至，尽心竭力。孝道不分远近，尊重父亲，也尊重父亲的选择，像对待父亲一样对待继母。这才是符合"孝道"的行为。

我们现在也说，谁家有个不孝子孙，辱没先人的脸面。我们在电视里看过杀人犯的父母，因为孩子对他人犯下的罪过，那深深愧疚的眼神，你就能明白，父母因为子女的犯罪而戴上了精神的枷锁。走正道，不给自己的父母抹黑，这符合基本孝道，做子女的要做符合社会伦理道德的事，做子女的在做人上要有最起码的底线。

二、孝的要义在"顺",父母在世时要顺从父母的心意,父母亡故后常思念其养育的恩德,此是"孝"的第二层含义

孟武伯问孝。子曰:"父母唯其疾之忧。"这章出自为政篇六,孟武伯向孔子请问什么是孝。孔子说:"让做父母的只因为子女的疾病而忧愁烦恼。"此章言外之意乃是因为疾病并非人力所能控制,其他各方面则人的主控力较强,所以做子女的必须在其他各方面勤勉努力表现良好,使父母不会因为除了疾病之外的事情,为子女担心操烦。另外也必须努力做好一切事情,以尽量减少父母对自己的担忧;父母过世之后,丧祭亦应合义合礼,且必须时常缅怀他们。由此观之,孔子此章之真意也许可以理解为:子女须尽全力做好每一件可以做好的事,以期使父母不因为子女多操心。做好自己是"孝顺"的内涵,你好父母就好。你幸福,父母就开心;你有成就,父母就自豪。父母不在时,常怀念父母。

我们不但应爱惜自己,让父母多一份放心,而且应从生活中的微小细节体谅父母,哪怕是一个报平安的电话都可以做到这样。我看到过一个让人很感动的儿女尽孝的小故事。有一帮朋友在一起聊天,有一个人说,我要给爸妈打个电话告诉一声。然后,他拨了一遍号码,停了一下挂断,又拨了一遍号码,拿着听筒等着,接着跟他父母说话。他的朋友们很奇怪,问,拨第一遍占线啊?他说没有。朋友问,那为什么要拨两遍呢?这人淡淡地说,我爸妈年纪大了,腿脚不好,他们只要听见电话就觉得是我的,每次都是不顾一切往前冲,恨不得扑在电话机上。我妈因为这样就经常被桌子腿绊了。后来我就跟他们说好,我会经常打电话,但前提是你们一定不要跑,我第一次拨通电话就响两三声,然后挂掉,

你们慢慢走到电话机边等着，过一会儿我一定还会打过来的。这个故事，说实在话，让我感动的是他的细心与体谅。孝心不分远近，只要心意在了，虽然这个孩子不在父母身边，但我们一样能感受到他的"孝"心满满，"孝"意浓浓。

张文亚的母亲李爱云，被诊断出患肝硬化。医生说，如果不及时进行肝移植的话，她的生命只能延续半年。看到母亲在生死边缘挣扎，张文亚心想：与其花钱等待肝源，不如将自己的肝移植给妈妈！张文亚和母亲的血型一样，她的肝和妈妈完全匹配！此时，张文亚心安了，她要"割肝救母"。孝心不分大小，全在你的一份"孝顺"的心意。无论你是达官显贵，还是普通百姓，无论你是"割肝救母"的大事，还是多打电话的细微体谅，因为孝顺不分大小。父母在世时要孝顺他们，此是"孝"的第二层含义。

三、"孝"的精髓在"敬"，敬的本意是尊重，有礼貌地对待，敬重、敬仰、敬爱自己的父母，此是"孝"的第三层含义

子夏问孝。子曰："色难。有事，弟子服其劳；有酒食，先生馔；曾是以为孝乎？"这章出自为政篇八，子夏向孔子请问什么是孝。孔子说："晚辈常保恭敬和悦的神色是最难做到的。当有事时，年轻人去做；有丰盛美食时，由长辈吃；这样就可以算是孝了吗？"这里的"色难"亦有两解：第一种解释是晚辈的神色；第二种解释是长辈之神色：是指能够在父母神色未变之前，先得知父母的心意。两种解释无论是晚辈的神色还是在父母神色未变之前，先得知父母的心意，都是心甘情愿的"孝敬"才能做到。

子游问孝。子曰："今之孝者，是谓能养。至于犬马，皆能有养；不敬，何以别乎？"这章出自为政篇七，这句话如何理解呢？子游向孔子请问什么是孝。孔子说："今天许多人把孝单纯

理解为赡养父母。狗和马不也有养吗，如果不尊敬父母，与养狗养马有什么不同呢？"如果你对父母没有那种发自内心的尊敬，没有你的心在里面，这能叫作孝吗？

孝敬的精髓在"敬"，即你心里有父母，发自内心地敬重自己的父母。我们又该怎样报答父母呢？父母在世时，与父母相处自己要秉持恭敬的心意；保有和悦的神色，才算是孝吧。有敬才是真正的孝。没有敬重的心意在心里，孝也是表面的、违心的、不真诚的。所以，我们常常将孝和敬连用，孝敬孝敬，孝为行，敬为心，我们心中更要有对父母的那份深深的尊敬。

为什么对父母要有这种发自内心的尊敬呢？因为子女刚出生时父母日夜守护，任劳任怨，真心切切。我们应设身处地，将心比心，体恤父母的用心良苦。因为慈母手中线，游子身上衣。我们做儿女的，穿的用的都是父母辛辛苦苦挣来的，衣服上的每一根丝线都渗透着父母的汗，父母的血，都寄托着父母的殷殷祝福和企盼。我们在外面谋生，又使父母多了一份牵挂与担心。

孝敬是在父母老了的时候，不是给父母吃饭，而是带着笑意端饭给父母吃，看到父母多吃就很欣慰，看到父母少吃就有忧虑。就像我们小的时候，父母对待我们那样。想起父亲在三个哥哥家的最后日子，哥哥特意交代两个弟弟说，要来"接"父亲到自己家，而不是等兄弟"送"父亲到你家。一"接"一"送"的心意传给父亲的是一份儿子"孝敬"的情谊。这些都是孝心的表现，孝是稍纵即逝的眷恋，孝是无法重现的幸福，孝是一失足成千古恨的往事，孝是用生命交接的链条，一旦断裂，永无连接。

让我们深深地领会《论语》中"孝"的三重境界，赶快为自己尽一份孝，哪怕不是一处豪宅，而是一片砖瓦；哪怕不是以万计的金钱买的东西，而是自己亲手制作的东西；哪怕是常回家看看；哪怕是端水给父母洗洗脚，这也算是一份孝心。因为孝心不分古今。

《论语》中的积极心理学思想

田爱琴

　　《论语》是一部采用语录体记载孔子及其弟子思想言行的书，是儒家思想的第一部也是最重要的一部经典，"论语"的"论"通"伦"，是"言语循其理、得其宜"的意思，"语"是"与人相答问辩难"的意思。这就是说，《论语》所记录的孔子与其弟子及时人相答问、辩难的言语，都能循事物之理，得事物之宜，能恰当地解释和阐明事物的规律。

　　《论语》作为我国优秀传统文化中最典型最突出的一部经典。它是阐明哪方面规律的呢？它又是怎样解释和阐明事物规律的呢？这是本文所探讨的。

　　梁漱溟在《孔子学说之重光》中说："孔子毕生所研究的，的确不是旁的而明明就是他自己。"《论语》中最显著的一条："吾十有五而志于学，三十而立，四十而不惑，五十而知天命，六十而耳顺，七十而从心所欲不逾矩。"（《论语·为政》）梁漱溟说：这是孔子说明他自己的话，但这些话的意思是什么呢？他仿佛是说他自己，说他自己的生活，说他自己的生命，说他自己这个人。孔子仿佛所致力用心的就是关乎他自己个人的一生。我们隐约地见出他是了解他自己而对自己有办法。孔子毕生致力于让他自己生活顺适通达，嘹亮清楚；平常人都跟自己闹别扭，孔子则完全没有。明白自己，对自己有办法，是最大最根本的学问。

我们想认识人类，一定要从认识自己入手。凡对自己心理无所体认的人，一定不能体认旁人的心理；只有深彻地了解自己，才能了解人类。了解人类，明白人类心理就是一门很大的学问。积极心理学就是用实证的方法专门研究人类正面的情感和心理的一门学问。

积极心理学在西方已有十多年的发展历史，作为积极心理学的四个主要发展领域之一的积极健康，它不仅仅意味着人没有精神疾病，还要有积极情绪、人生意义、投入体验和积极的人际关系。在这方面孔子堪称楷模，他在积极情绪、人生意义、投入体验和积极的人际关系等几方面都做到了极致。积极心理学的另一个主要方面——积极教育被定义为传统技能和幸福教育。积极心理学家们在世界范围内进行研究，是否可以教授孩子们怎样可以更加健康幸福的知识，又教授孩子们传统的技能知识，这两种知识是否互相促进。孔子在教育学生方面也是世代的典范。孔子不但让自己的生命幸福圆满，也交给学生做人做事幸福成功的道理。

作为儒学之首的《论语》可以成为经典，必然有它可以穿越时空的价值。《论语》谈论的是关于人生的哲学，而人生的哲学在于教诲人们应该怎样生活、如何做人。经典《论语》更重要的是要我们自己去阅读，要自己去感受与体验，体验属于自己的那一份成长与幸福。孔子教给我们的是朴素、温暖、贴近人心的哲理，它能给我们喧闹的生活排忧解难。例如孔子倡导追求合乎"道义"或"天理"的物质生活，追求充实而幸福的精神生活；倡导"仁者爱人""己欲立而立人，己欲达而达人""己所不欲，勿施于人"的人际交往原则，以及"厚德载物"的仁爱精神。这样的原则和精神会给我们带来心灵的幸福。那《论语》中到底有多少这样可以给我们带来福祉的积极心理学思想呢？

马丁·塞里格曼在《真实的幸福》一书中提到拉近幸福的六种美德：智慧与知识、勇气、仁爱、正义、节制、精神卓越。这是研究者们阅读世界上主要宗教和哲学派别的基本论著，列出它们所推崇的美德，找出各个宗教、哲学传统都赞同的美德。其中，研究者选中《论语》和《道德经》代表中国传统文化对其进行了研究。这就是说中西方相通的就是对幸福圆满的追求。

《论语》中关于智慧与知识论述很多，其中关于学习态度的有："知之为知之，不知为不知，是知也。""敏而好学，不耻下问。"孔子教育学生以诚实虚心的态度来学习是多么智慧啊！子曰："学而时习之，不亦说乎？有朋之远方来，不亦乐乎？人不知而不愠，不亦君子乎？"（《论语·学而》）孔子认为：学习是一件快乐的事，要体验到学习的快乐，与朋友交往讨论学问也是一件快乐的事，即使自己不被人理解也能从容面对，坦然接受，并相信自己的价值。这就像花的美丽即使没有人来欣赏而并不影响花的魅力。这是《论语》在开篇就阐述的快乐而智慧的言语。阐明学习方法的有"举一隅不以三隅反，则不复也"（《论语·述而》）；"温故而知新，可以为师矣"（《论语·为政》）；"三人行，必有我师焉，择其善者而从之，择其不善者而改之"（《论语·述而》）。这些方法是多么有效啊！关于学习动机的有"知之者不如好之者，好之者不如乐之者"（《论语·雍也》）。兴趣是最好的老师，学习效果最佳的当然是爱好学习的那种人。阐明学习重要性及其与思考相结合的有"吾尝终日不食，终夜不寝，以思，无益，不如学也"（《论语·卫灵公》）；"学而不思则罔，思而不学则殆"（《论语·为政》）；等等。孔子这些关于学习的论述什么时候都不会过时，而且切中了学习的要害。如果我们真能做到，那将成为一个幸福而成功的学习者，成为一个拥有知识与智慧的人。

关于孔子学习的智慧最经典的对话，子禽问于子贡曰："夫子至于是邦也，必闻其政，求之与？抑与之与？"子贡曰："夫子温良恭俭让以得之。夫子之求之也，其诸异乎人之求之与？"（《论语·学而》）孔子每到一个国家是怎样了解那个国家的政事的呢？孔子的学生子贡说："先生是凭着与人交往时的温和、善良、庄重、谦谨、礼让而得到的。先生的这种求法大概不同于别人的求法吧？"的确，这是孔子的高明之处，他深深地懂得为人处事与交往学习的内涵。

孔子的勇气，我们从他奔走于列国之间的年代里，曾多次受到暴力威胁的人生经历中可以了解到，每次他都以坚定的信心和勇气克服了困难。他经过匡，被匡人甲士包围，弟子们很害怕。孔子说："文王既没，文不在兹乎？天之将丧斯文也，后死者不得与于斯文也；天之未丧斯文也，匡人其如予何！"（《论语·子罕》）孔子到宋国去，与弟子在大树下习礼，宋司马桓魋想杀孔子，拔了那棵树以便给他颜色看。弟子们都劝孔子快走，孔子说："天生德于予，桓魋其如予何？"（《论语·述而》）在生死面前不惊恐，在武力面前不低头，对自己的德行能力以及人生使命充满信心，加上得当的措施，终于使他化险为夷。

《论语》中关于仁爱阐述也特别多。例如：厩焚。子退朝，曰："伤人乎？"不问马。这说明孔子是一个很仁慈，也很让人感受到他的温情的人。子曰："弟子，入则孝，出则弟，谨而信，泛爱众而亲任。行有余力，则以学文。"（《论语·学而》）孔子教导弟子在家孝顺父母出外尊敬兄长，做事一丝不苟，说话言而有信，博爱大众，亲近仁人，在这些做好后还有余力才去学习文化典籍。实际上，孔子思想体系的核心概念就是"仁"。"仁"的最简单表述就是"爱人"，即对人尊重和有同情心。孔子说："夫仁者，己欲立而立人，己欲达而达人。"也就是说，自己要在社会上取得自立，在事业上顺畅通达，也要帮助别人做到这样。这样感同身受的心理是一种积极心理学中重要的能力，是一种能带来正性情感的能力。

　　《论语》中关于正义节制方面也不少。孔子说："不义而富且贵，于我如浮云。"(《论语·述而》)孔子坚持原则、正义，为了自己的理想可以放弃大司寇之位，开始了他颠沛流离的生活。在原则问题上，孔子的气节为后世树立了楷模。"躬自厚而薄责于人，则远怨矣。"(《论语·卫灵公》)"见贤思齐焉，见不贤而内自省也。"(《论语·里仁》)这些都表明孔子是一个爱憎分明的人，且对自己的欲望很节制的人。孔子最恨之入骨的就是那些善恶不分的好好先生，那些伪善的"乡愿"，他说那是"德之贼"。有一次，一个乡愿式的人物叫孺悲的，要见孔子。《论语》上这样记载：孺悲欲见孔子。孔子辞以疾。将命者出户，取瑟而歌，使之闻之。这明明是要让孺悲听见孔子在家。这让我们看到孔子的人性既能十分谦恭有礼，又能像普通真人那样恨人、鄙视人，正和耶稣恨那些犹太法学家法利赛人一样。我们这个世界上从来就没有一个伟人不是嫉恶如仇的。

　　《论语》中关于精神卓越方面，我们从孔子学音乐的故事可以看出其精神的卓越。他找到师襄学习音乐。他演奏一首曲子，演奏得很好了，老师都主动给他说你弹得不错了，你可以换一首曲子了。孔子说不行，我只会弹这首曲子的旋律，还没有掌握到它的技巧。老师一听，也有道理，就让他弹吧。他又弹了好几天，技巧实在是太成熟了，可以表演了，老师说你换一首曲子吧，我教你别的。孔子说不行，我只知道它的技巧还不知道它的心意，他作这首曲子有什么用意呢？老师只好让他继续练习了，到后来，孔子主动说了，我现在知道它的心意了；但是还不够，我还不知道这首曲子所描写的人长什么样子，因为老师是瞎子，也没见过人长什么样子，就有点惊讶了。最后孔子说，我终于知道这个人长什么样子了，这个人长得瘦瘦的，高高的，黑黑的，眼睛望得很远，好像在牧羊一样。除了是周文王，还会是谁呢？老师说这首曲子叫《文王操》，《文王操》就是用曲子来歌颂周文王的。老师师襄就避开自己的座位向孔子鞠躬，老师觉得这个学生是后生可畏。从这样的学习细节中可以了解到孔子卓越的精神境界。

一次，一位国君向孔子的一个弟子问孔子是何等人，弟子并未回答。他回来之后将此事告诉孔子。在《论语》中有这样文字："叶公问孔子于子路，子路不对。子曰：'女奚不曰，其为人也，发愤忘食，乐以忘忧、不知老之将至云尔。'"在这段夫子自道的文字里，我们不难看出孔子生活的快乐、热情及其精神的卓越。

积极心理学家苏德中（Timothy T.C.So）和费利西亚·于佩尔（Felicia Huppept）认为的"殷盛"和马丁·塞里格曼认为的幸福感相似，是指有积极情绪，能够投入工作，感到人生有意义，能够与周围人和谐相处，能够为社会做出积极贡献。孔子可谓这几方面都做到了极致。孔子的生命历程是内在生命达到完美状态时的外在表现。

在孔子看来，生命的终极目的就是生命本质和意义的完美实现，而生命的意义又在于伟大人格的形成，孔子认为自己的一生就是对这个目的的追求过程。生命的不断进步与完善"从心所欲，不逾矩"就是生命自由而合乎规律的状态，它是生命的最终完美状态，是超越性人格的形成。林语堂在《孔子的智慧》一书中说："在我们这个世界上，有些伟大师表人物，他们影响之大多半由于其人品可爱，反倒不是由于他们的学问源深。我们想到古希腊哲人苏格拉底，意大利圣人圣芳济，他们本人并没有写过什么重要著作，但是给当代留下那么深厚的印象，其影响乃不可磨灭，竟至历久而弥新。孔子的可爱之处正像苏格拉底可爱之处一样。"我们从孔子身上，从《论语》里学习与领悟到许多对自己学习、对自己生活、对自己的生命、对我们自身修养有益的感受，正源于孔子人格的伟大、精神的卓越，这些也是积极心理学所研究和关注的议题。让我们用《论语》中积极心理学思想为我们的生活带来幸福。

参考文献

[1] 孔丘. 论语：全本 [M]. 孙雍长，注. 北京：高等教育出版社，2008.

[2] 梁漱溟. 梁漱溟先生论儒佛道 [M]. 桂林：广西师范大学出版社，2004.

[3] 林语堂. 孔子的智慧 [M]. 西安：陕西师范大学出版社，2004.

[4] 塞利格曼. 真实的幸福 [M]. 洪兰，译. 沈阳：万卷出版公司，2010.

点击《论语》，回眸孔子

吴桂华

当今社会，正掀起一股"《论语》热"，海内外皆知，对国人来说也算是扬眉吐气了一回，总算有像模像样的中国名牌。确实，国学中言必谈孔孟，圣人孔子以自己的人格魅力，在人们心中有坚不可摧的地位，并渐渐被蒙上了一层神圣的色彩。因而，一直以来，人们把他当成一个神话，认为他完美无瑕，甚至非肉体凡胎，可这一切似乎把孔夫子推得远远的，让我们无从接触。其实，凡夫俗子的我们更愿意看到一个有很强生命力，活在人群中，活在当下的孔子。本文试从三个方面对孔子进行观照，旨在挖掘一个有血有肉、有思想、有情感、有担当的夫子形象，来揭开他神秘的面纱，回归孔子的本真。

一、人间圣贤放光芒

孔子着一袭长衫，历经千载风尘，坚守着"谦谦君子"的信念，履行着"非礼勿动"的公约，使华夏民族终赢得"礼仪之邦"的声誉。他朴素的言语是我们永远最需要的，他动人的思想永远贯穿着我们当下的生活。

"知者乐水，仁者乐山；知者动，仁者寿。"这是"信而好古"的孔子用自己对道德的理解，结合自己对时代的期望，对经典做出的阐述。他既将"如山"的仁作为最高的道德标准，也发出了那句令千古智者为之共鸣的"逝者如斯"。他不仅极其诗意地阐释了变，而且身体力行，招收弟子，用实际行动改造灵魂。就是这位饱学之士，发出了那句令如今莘莘学子一样的感慨："三人行，必有我师焉。"孔子曾师郯子、长弘、师襄、老聃，虽然郯子之徒，学问不如孔子，但他虚心求学的态度却令人钦佩。他用"学而不厌，诲人不倦"的智慧潜藏在芸芸众生之中。而作为中国哲人独特之处，就在于他的"变化"如同万物生长，是一种无声而自然的过程，他心目中理想的发展，不是斩断传统的脉络，而是以传统为根基，如山中树木，生长不息。

孔子主张中庸之道，宽容包纳，和而不同。著名的哲学家冯友兰先生曾有这样一句话，叫作"阐旧邦以辅新命，极高明而道中庸"。中庸之道其实是通往极高明境界的一种适当方法。而今，中国正在中庸之道指引下和谐稳健地发展自己的道路。中国在沉稳地发展着，而这沉稳的背后有最柔软的弹性，来维持它的盎然生机。如今，作为四大文明古国的中国，已是一条腾飞的巨龙，重新焕发青春，给世界带来了喷涌而出的生机与绿意。而随着世事变迁，古埃及的文明已凝固阳光下无言的石柱，古印度的史迹早成为地底尘封绝伦的神秘印记，古巴比伦的文化早已随风消逝，不复踪影。为何唯中国文化始终屹立不倒，千锤百炼而精神不倒呢？我想，蓦然回首，应不会惊讶于如今的成就，因为今日孕育中华的泥土，乃是沉淀着千年精髓的文化，乃是"中庸之道"中的稳健发展，因为中庸的和谐原则是天下之大道，是正确处理国家、人际关系的黄金规则。

在当今物质繁荣的社会，拜金主义的形象出现者越来越多，而刻苦勤奋、自强不息的人也在不断增多。这一切孔夫子是不无功劳的。他曾经提出要"尊五美，屏四恶"，这五美为"患而不费，劳而不怨，欲而不贪，泰而不骄，威而不猛"，这些不是当今社会所倡导的吗？如今孔子的思想，是日益空虚的人们的心灵慰藉，是教育我们如何做人、做事的一个基本尺度。

回望孔子的思想，回望孔子的教诲，也许我们现代人也应回到两千多年前的孔子天堂，聆听着他的智慧，从而学会如何以最平淡与最安适的心来面对这纷繁复杂的社会。

二、人间之子显真性

我们所熟知的孔子似乎永远都是完美无瑕、不苟言笑的。其实，在漫长的文明发展史中，孔子的形象逐渐被神化了，以至覆盖了他的真性情，而我们似乎更应走近孔子，去解读出一个食人间烟火的孔子！

孔子并非永远是温文尔雅的，他也会像普通人一样恨人、鄙视人。《论语》就记载了他有四五次当着人面说出很刻薄的话。其中有这样一段记载：

"孺悲欲见孔子，孔子辞以疾。将命者出户，取瑟而歌，使之闻之。"

这话是说一个叫孺悲的人，跟孔子读了几天书，但因为什么事得罪了孔子。一天，孺悲来想见孔子（来道歉还是请教什么的，不得而知），孔子以生病为借口，拒不见来客。当孺悲见不到孔子要走的时候，孔子却在房里弹琴唱歌，故意叫孺悲听见，我是在家，但就不想见你。孔老先生也不是在任何时候都对人宽容到底的。

又见子曰："乡愿，德之贼也。"

"乡愿"，就是指那些表里不一、言行不一的伪君子，这些人欺世盗名，却可以堂而皇之地自我炫耀。孔子主张以仁、礼为原则，认为只有仁、礼才可以使人成为真正的君子。因此，对那些好好先生，人格特征上极具欺骗性的，孔子说他是德贼，是道德的盗窃犯，是一枝射向仁德的"暗箭"，厌恶之情毫不掩饰。

《论语》中还有记载：

"子贡曰：'君子亦有恶乎？'子曰：'有恶。恶称人之恶者，恶居下而讪上者，恶勇而无礼者，恶果敢而窒者。'"

显然，对于那些到处宣扬别人的坏处，身居下位却在背后毁坏上司名誉，勇敢却极没有礼貌，果敢却固执的人，孔子也是痛恨至极，丝毫都不保留自己的厌恶之情。

虽如此，孔子绝不是一个刻板的古董先生，他也是极富生活情趣。孔子不是一个爱"耍嘴皮子"的人，但有时却不由得说几句俏皮的话。他说："凡是自己不说'怎么办呢''怎么办呢'的人，我对他也没有办法。"听到有人把他形容成"丧家之狗"，老先生笑了，说比得真贴切。孔夫子平时还爱跟弟子开玩笑。《论语》记载："子之武城，闻弦歌之声。夫子莞尔而笑，曰：'割鸡焉用牛刀？'子游对曰，'昔者偃也闻诸夫子曰：'君子学道则爱人，小人学道则易使也。'子曰：'二三子！偃之言是也。前言戏之耳。'"这明明是孔子看到学生管理有道时欣喜的话语，却笑着与子游开玩笑。可见孔子也是个可爱的老先生。

淡泊明志，宁静自得，孔子俨然用一种乐天知命的达观享受人生。《论语》中记载，子曰："饭疏食，饮水，曲肱而枕之，乐亦在其中矣。不义而富且贵，于我如浮云。"这不正是孔子安贫乐道的写照吗？由此也可以看出，孔子一生为自己的政治理想奔波，并不是为了达官显贵，而是为了造福天下黎民百姓。他一次次地失败，却不曾放弃，演绎着悲壮的"知其不可而为之"。并非他冥顽不灵，而是心系天下的伟大情怀啊！

纵观孔子，他是一位宽厚仁爱的长者，雍容大度的君子，通情达理的老师，可亲可敬的老人。一言以蔽之，性情中人也！

三、人间正道话沧桑

《论语·子路篇》："子路宿于石门。晨门曰：'奚自？'子路曰：自孔氏。曰：是知其不可而为之者与？"守城门的人对孔子的刻画是入木三分的，深刻得很。显然，这个守城门的人并非等闲之辈，而极可能是一个修养很高却隐身于世的大隐士。但"知其不可而为之"足以概括孔子悲壮的一生，因而，有人称"孔丘是一个落魄的知识分子，是一个在孤独的高处引吭高歌的殉道者"。

他是那样热衷于恢复周礼，并主动成为社会道义的承担者。他喋喋不休地向权力者劝谏进言，劝他们施行仁政，"己欲立而立人，己欲达而达人"，要以身作则推己及人，方是实践人的根本方法。可是世人又怎能理解？甚至当时另外一部分知识者也不理解孔子，《庄子》中的隐者，《论语》中的荷蓧丈人，楚狂接舆，他们本也是对社会不满的文人，追求高度的超脱来完成对社会的批判，却对孔子的四处碰壁冷嘲热讽。孔子在道路上走得很狼狈，很仓皇。

孔子失望于自己的祖国，于是周游诸侯列国，在奔走间，曾多次受到暴力威胁，难能可贵的是他每次都以坚定的信心克服了困难，但最终还是一无所获，最后发出了徒兴浮海居夷之叹，老死于鲁国。在他身上，我们似乎看到了许多知识分子的宿命。孔子一生只担任很小的官员，算不上合格的政治家，但在政治理想上，孔子却有坚定的政治人格。在"知其不可"的动乱世道中，孔子仍用大夫的政治责任要求自己，面对陈成子弑简公的忤逆行为，他反复申述"以吾从大夫之后，不敢不告"，他对周礼的虔诚能感动你我之心，却也注定了他政治理想的悲剧。而这悲剧就根源于他把文化作为一个活的生命来看待，面对一个活的生命，孔子用无比的决心和勇气——笃信好学、守死善道——来坚定自己的信念，来屏蔽来自周遭的冷嘲热讽。但他是一个无可挽回的时代悲剧，从中油然升起的无奈与悲凉是无法掩盖的。因而，在李零眼中，活孔子是一个古道热肠，梦想恢复周礼之治，安定天下百姓的人，但他很无奈，唇焦口燥，颠沛流离，像一条无家可归的流浪狗。

不管怎样，孔子一生都正直、乐观、积极进取，一生都在追求真、善、美，一生都在追求着理想的社会。他悲壮的一生也是时代高尚文人的必然宿命，因为他们占有非凡的高度，所以缺乏共鸣，人们不喜欢他，他只有转身离去，留给山河一个苍凉的背影。但我们始终相信历史会给予他一个客观、公正的评价，我们将更真实地感受先人的风采。

天地人之道

——由《论语》"安贫乐道"想到的

夏春玲

对于道，世人有两种态度：一则谈道色变，以为道之高深莫测，神龙见首不见尾，故不敢触碰。一则乐于论道，啥都用"道"名之，以显其高深，提其品位，以为泥菩萨镶金，便可漂洋过海，翻山越岭。殊不知，镶金骗得了一时，却不能永久，经雨必毁。吾虽惧之，却更敬之，故闲来一叙，聊表"道"义。

一、人道，仁义之风也，是人世交往的基本准则

闲来读及《论语》："子贡曰：'贫而无谄，富而无骄，何如？'子曰：'可也。未若贫而乐，富而好礼者也。'""贫而谄"之"谄"是"谄媚奉承"，"富而骄"之"骄"是"骄纵横行"，他们显示的是低贱无耻的人格；"贫而无谄""富而无骄"呈现的是正确价值取向，然而，孔子的"贫而乐，富而好礼"则是虽处贫困却依然乐观，虽富有却能礼遇于人，呈现的是一种贫困中却依然能够积极向上、进取有为的寒士风骨和富贵而仍谦恭礼让虚怀若谷的

高士风度。是为君子之风。故子曰："贫而无怨难，富而无骄易。"当然，贫而乐更难。那孔子贫而乐，乐的是什么呢？"贤哉回也，一箪食，一瓢饮，在陋巷，人不堪其忧，回也不改其乐。贤哉回也。""饭疏食饮水，曲肱而枕之，乐亦在其中矣。不义而富且贵，于我如浮云。"这告诉我们，孔子乐的是道，孔子乐的是"仁"道，是"人"道中的一部分。虽然他也涉及"人与自然""人与鬼怪"，但是，他的"仁道"重心侧重于"人与人""人与自我"之间的关系，即人在社会中应具备的自我素养和待人处世修养，即"为己之道""为人之道"。

为己之道，在综合修养上要让自己道德仁艺兼备，"志于道，据于德，依于仁，游于艺"，"道"为准则，"德"是修养，"仁"以待人，"艺"以致用。在个人素养上还要具备温厚优恭俭谦让品质，让夫子具备"温、良、恭、俭、让"，故能受到各国统治者的礼遇和器重。因此，"为己之道"重在修身养性，完善自己。

为人之道重在惠及于人。一个人要做到忠恕，才能惠及于人。故《论语·里仁》说"夫子之道，忠恕而已矣"。忠恕，是孔子待人的基本原则：忠，对人心竭力，指积极为人，即"己欲立而立人，己欲达而达人"。恕，待人仁爱宽厚，指推己及人，即"己所不欲，勿施于人"。为人臣下者，要"忠敬"，为人君主者要"惠义"——"其行己也恭，其事上也敬，其养民也惠，其使民也义"。为人子弟者要"孝弟"——"孝弟也者，其为人之本与？""孝弟"，孝者，尊敬父母；弟者，敬爱兄长。为人师者要"慈爱"，孔子评价学生学业、推荐学生为官胜于待子；生活上，孔子待生如待子。尤其是对待有贤德的弟子，孔子视如己出。为人学生者要"敬重"。

因此，孔子的主张"人道"，侧重于"人与自我""人与他人"，侧重于社会中的人。

二、天道，阴阳之气也，是天上万象的根本源头

《周易·系辞上》谈及"一阴一阳之谓道，继之者善也，成之者性也"。阴阳之气构成了万物之源。阴者，"— —"符，阳者，"—"符，阴阳不同的组合构成了万物的两极，阴阳互动形成了万物。于是，《易经》通过阴阳的不同组合与互动形成了万物的各种存在及状态，形成了八卦，六十四卦。"天地、水火、雷风、山泽""男女、夫妻、父子、君臣""春秋、夏冬，东西、南北"都由两方面组成，它们的相互对立补充形成了万事万物。因此，有乾该有坤，有天必有地，有"天行健，君子以自强不息"，就有"地势坤，君子以厚德载物"与之呼应。有了阴阳，万物有了根底，有了依托。

《周易》不仅揭示了万物的根源，同时也呈现了一切现象存在的根源。阴阳变动产生了各种存在状态和态度。如"乾"卦六阳线，从下到上依次为"初九""九二""九三""九四""九五""上九""用九"，他们的卦词分别是"初九，潜龙勿用""九二，见龙在田,利见大人""九三,君子终日乾乾,夕惕若,厉无咎""九四，或跃在渊，无咎""九五，飞龙在天，利见大人""上九，亢龙有悔""用九，见群龙无首，吉"。全以龙为喻对六阳线进行解读，寓意着世间万事万物的发展变化，呈现的一种由弱变强而弱的过程或是由衰变盛而衰的过程，以及应对如此变化，我们应该如何对待。如果我们明确了这种变化、这种状态，我们便能坦然面对。有人说《周易》是算命的书，其实，不仅仅如此，《周易》能解读一切，但作为人，由于它给我们人生很多暗示，故我们如此解读也未尝不可。只是这样一来，我们便过于简单化狭隘化了，因为世间的一切都可以用《周易》来解答，用《周易》的阴阳及阴阳变化来解读。

因此,《周易》呈现的不是人类的小世界,而是宇宙的大世界。他将宇宙万物复杂的大世界融入简单的阴("— —")阳("—")之中,用它来看清所有的一切。《周易》之道,是天道,是一切的根源,是俯察人间自然的总舵手。

三、地道,自然之道,是地间自然的规律原则

《道德经》,从表面上看,是关于道德的一本书。谈论人与人如何相处的一部书。实际上,这种理解是片面的狭隘的,甚至是误解。

"道者,万物之奥。"奥,室内的西南角,泛指房屋及其他深处隐蔽的地方,古时祭祀设神主或尊者居坐之处。道是万物奥妙之所。"道可道,非常道""道冲,而用之久不盈。渊兮!而用之或不盈。……湛兮,似若存。"道无以言明,可以说出来的道,就不是真正的道。同时,道浩渺无边,似有似无。道是容器,支配容纳自然的容器,万物都得依其而行。天道是自然的法则,"其犹张弓欤?高者抑之,下者举之;有余者损之,不足者补之""损有余而补不足"就是顶极的抑制,弱势会保一;多余者遭损伤,不足者必得补充,损伤多余者而补充不足者。因此,地道就是将万物平衡所具备的法则。

所谓的"德",就是"生之畜之,生而不有,为而不恃,长而不宰",即创造万物不占为己有,无所不能不自恃有,左右万物不任意宰割,让自然顺着自然的发展规律。"道生之,德畜之,物形之,势成之。是以万物莫不尊道而贵德。道之尊,德之贵,夫莫之命而常自然。"因此,地道是自然之道,是地间自然的规律原则。"道生一,一生二,二生三,三生万物。"曾仕强在《易经的智慧》中指出,一为太极,二为阴阳,三阴阳互动,这样就生成了万物。而这一切的主宰就是道,就是支撑这一切的根源,是

自然的法则。拥有了这些,我们就会"知常容,容乃公,公乃全,全乃天,天乃道"。

读罢《论语》,又读《易经》《道德经》,虽然不能全悟之。但隐约感知,孔子重在人与人关系的处理,是仁义之道,揭示人世交往的基本准则;《易经》为周文王为人而作,但他用阴阳之气解读了宇宙的一切,揭示天上万象的根本源头;而《道德经》则从道的角度、自然规则的角度来解读"无为",揭示地间自然的规律原则。老子说"人法地,地法天,天法道,道法自然"。阅读《易经》《道德经》《论语》,我们才知道它们在天道、地道、人道各有侧重,但最终皆达到天人合一,为人所用。

惜墨如金却妙趣横生

夏春玲

综观《论语》全书，我们会发现，《论语》在遣词造句上确实做到"惜墨如金"，主要体现在两方面：一是"字如金"，从字的数量上看，短小。《论语》全篇20篇502章中超过40字的仅141章。而超过100字的则只有14章（5.19　10.7　11.27　12.22　13.3　13.15　16.1　16.13　17.21　18.6　18.7　19.26　20.1　20.22），而最短的只有六个字（如"子曰：'有教无类。'""子曰：'君子不器。'"）。二是从字的价值上看，精悍，字字珠玑，价值不菲。如"有教无类"体现了先进的教育理念——教育面前人人平等，"不在其位，不谋其政"体现的是从政法则。现在笔者从如金的《论语》的字上探究其价值，主要体现在三方面。

一、细节描绘显情趣

读罢《论语》，孔子、子贡、子路、公西华、颜渊等形象跃然纸上。凡人孔子见弟子"狂简，斐然成章，不知所以裁之"发出"归与！归与！"的热情呼唤，见颜渊死则有"天丧予！天丧予！""非夫人之为恸而谁为？"声嘶力竭的凄惨痛哭，见子路不礼则发出"予所否者，天厌之！天厌之！"的真切告白；而圣人孔子面对楚狂接舆"歌而过"则表现为"下，欲与之言"追赶，面对长沮桀溺的答非所问、明知故问、借机嘲讽则发"天下有道，丘不与易也"的感叹，面对子贡质疑管仲"非仁"而做出"管仲相桓公，霸诸侯，匡天下，民到于今受其赐。微管仲，吾其被发左衽矣。岂若匹夫匹妇之为谅也，自经于沟渎而莫之知也！"知权达变的回答。仁者孔子既是一个"问人不问马（财）"的人道主义者，又是一个"钓而不纲，弋不射宿"的博爱主义者。孔子的完美形象就是通过《论语》呈现在我们面前的。还有对待老师忠贞不二、为人勇武、爽直、信守承诺，忠于职守、擅长"政事"的子路，性格活泼、能言善辩、反应敏捷、办事通达的外交家商人子贡，沉静、内敛、理想、安贫乐道、有着自觉自愿牺牲精神的颜渊都在《论语》的字里行间展现。而《论语》如何将这些形象呈现在大家面前，让我们感受两千多年前的生活，感受活生生孔子和他们的弟子们生活情趣呢？主要通过细节。

语言细节尽话生活情趣。对语言进行细节描写是人物形象刻画的重要方法，也是丰满人物形象的重要手段。《论语》是语录体，语言细节尤其重要。大量的语录将入世的孔子、出世的隐者、多才的弟子的生活情趣自然地展露出来。如"子路问津"章的对话——"子路问津，长沮曰：'夫执舆者为谁？'子路曰：'为孔丘。'曰：'是鲁孔丘与？'曰：'是也。'曰：'是知津矣。'"中，长沮先是答非所问，后来明知故问，最后就借机嘲讽，活画出隐者长沮对孔子的入世态度的嘲讽。"一箪食，一瓢饮，在陋巷人不堪其忧，回也不改其乐。""饭疏食饮水，曲肱而枕之，乐亦在其中矣。"孔子通过"箪食""瓢饮""陋巷""饭疏食""饮水""枕曲肱"这些字词形象地刻画出安贫乐道者对吃住方面的要求，也能看出他们自得其乐的神情。"发愤忘食，乐以忘忧，不知老之将至云尔"中的"三忘"——"忘食""忘忧""忘老"将安贫乐道者的生活境界推向更高境界。三句话展现了安贫乐道者的生活情趣。"莫春者，春服既成，冠者五六人，童子六七人，浴乎沂，风乎舞雩，咏而归"勾勒了一幅童子、冠者风咏而乐的图画，体现了"礼治"的理想生活的情趣。而"侍坐章"中则呈现了各抒己见、各彰其性的课堂生活情趣。因此，语言细节尽话生活情趣。

神态细节尽画生活情趣。遇见长沮桀溺，夫子怃然而叹，叹出自己理想不得实现的痛苦；听孔子说："道不行，乘桴浮于海，从我者，其由与！"子路闻之喜，"喜见子路的得意忘形和喜形于色。见孔子"见南子，子路不说"，"不悦"体现出子路对礼的虔诚；"颜渊死，子哭之恸。"一"恸"见出可贵的亲人般的师生情。子游礼治武城，夫子"莞尔而笑"，"笑"出了他的满意，也展现了圣人生活诙谐的一面。一字的神态描写让《论语》中的所有人物更丰满地呈现。正所谓"得一字，尽得其妙"。

动作细节尽显生活情趣"楚狂接舆"章"接舆歌而过孔子"中"歌而过"让我们看见一个似傻非傻、似愚非愚的狂者形象而好笑；孔子见师冕，"及阶""及席"孔子都作做引导，一个亦步亦趋的引导者形象而感到敬畏；"子见齐衰者，冕衣裳者与瞽者，见之，虽少，必作；过之，必趋。"一"作"一"趋"展现一让我们对尊贵者、家有丧事者和盲者都礼貌待之的周礼推崇者而感动。细小的动作看出人物的高大形象，仅凭这一点就足以为《论语》而倾倒。

二、说理技巧透智趣

《论语》全篇基本没有稍长一点的说理，但却处处透着智慧。它用独特的说理方式记录孔子及弟子的思想精华，成为我国文学史上的首创。《论语》在说理方面有两个显著特征：第一，《论语》是一家之说，虽然没有构成整篇的文章，集中地对某一问题进行剖析和论述，但把散在各章的有关某一问题的言论集中起来，其观点却有着内在的一致性，能从不同的方面、不同的角度说明一个中心问题，因而符合弥贯群言、精研一理的论著的基本要求。现在高中《〈论语〉选修》都依一特点进行汇编者。第二，全书用当时的"雅言"形式写成，语言明白简练，生动活泼，使用多种修辞手法来说理。撷取生活中的常见事物如星、风、草、云、墙、日月、丘陵进行比喻，形象生动而又恰到好处。如"为政以德，譬如北辰，居其所而众星共之，借星星来写以德为政的好处，"觚不觚，觚哉！觚哉！"以觚写名不符实的现状，"君子之德风，小人之德草，草上之风必偃"写了统治者从善的好处。还有赞美老师用"譬之宫墙，赐之墙也及肩，窥见室家之好。夫子之墙数仞，不得其门而入，不见宗庙之美，百官之富。得其门者或寡矣。夫子之云，不亦宜乎？""他人之贤者，丘陵也，犹可逾也。仲尼，日月也，无得而逾焉。人虽欲自绝，其何伤于日月乎？多见其不知量也。"采用对比说理透彻，不强调而理自明。小人与君子对比，突现孔子倡导的品格作风和哲理思考，如"君子周而不比，小人比而不周""君子喻于义，小人喻于利""君子固穷，小人穷斯滥也"等。

三、字字珠玑含理趣

《论语》用词短小精辟，富含理趣，便于记忆。大量的成语让我们惊讶。《论语》一书共留给今天384条成语，其数量之大，结构形式之全，语法功能之多，含义之稳定，为后代汉语语汇的丰富和发展产生了重大而深远的影响，有教育的，如循循善诱、诲人不倦；有学习的，如不耻下问、举一反三、闻一知十；有讲修养的，如富贵浮云、见义勇为、志士仁人、杀生成仁、箪食瓢饮；有待人接物的，如成人之美、待价而沽、三思而行；有政事的，如"其身正，不令而行；其身不正，虽令不行""名正言顺"。

同时，《论语》留给今天许多名言警句，其警示作用也不少。如"君子成人之美，不成人之恶""岁寒，然后知松柏之后凋也"。

纵观全文，《论语》通过语言、神态、动作等细节展现生活情趣，通过比喻、对比等技巧体现说理智趣，成语名言警句中富含理趣。《论语》让我们真正领悟到了惜字如金，却妙趣横生的妙趣。

品《论语》之美，见孔子智慧

袁卫兰

读《论语》，再读《论语》，又读《论语》，每一遍都能感受到《论语》不同的美，每一次都有新体会、新收获。品读《论语》，体会其中之美，感受孔子的智慧，宛如清新而流动的活水，启迪着我们的智慧，滋养着我们的心灵。

《论语》之美究竟何在？

一、语言之美：言简意赅，如珠妙语，发人深思

《论语》一书凝聚了孔子的智慧，以言简意赅、含蓄隽永的语言，记录了孔子的言论。其中所记孔子循循善诱的教诲之言，或简单应答，点到即止，看似随意而谈，实则意在言外；或启发论辩，侃侃而谈，语言变化，娓娓动人，发人深思。

孔夫子这些如珠的妙语虽出之以寥寥数语，但却自富有弦外之音。所以我们每每读起，就总会觉得回味无穷，并引起我们的无限沉思与想象，也正是《论语》语言简洁精辟，使其深受人们喜爱，所以得以保存并流传开来。

比如说，读了《论语》的"吾未见好德如好色者也"，然后

再读司马迁《史记孔子世家》上记载的：居卫月余。灵公与夫人同车，宦者雍渠参乘。出，使孔子为次乘，招摇市过之。孔子曰："吾未见好德如好色者也。"于是丑之，去卫，过曹。《论语》中只是把这当作一句抽象的话来说。另外，《论语》中颇多四五个字的短句，如"君子不器"，意思是说君子不是只有一种长处的技术人才。这样言简意赅，妙语如珠的例子在《论语》一书中比比皆是。

《论语》是记述孔子的语录，所以把弟子的问题部分尽量缩短，发问都简单至只剩一个字，如问"政"，问"仁"，问"礼"。虽然是同一问题，因发问的人不同，所以孔子的回答也各有不同，这里足见孔子的智慧之处。

二、人格之美：注重修养，全面发展，塑造君子

高中历史教材选修四《中外历史人物评说》中《儒家文化创始人孔子》一课中提到孔子的教育目标，他不仅要把学生培养"成人"，而且要培养成"君子"。君子要将礼与仁、言与行完美地统一起来，不仅具有独善其身的自我修养，还要兼济天下。

其一，做人要重视修养的全面发展。

曾子曰："吾日三省吾身：为人谋而不忠乎？与朋友交而不信乎？传不习乎？"这强调从自身出发修养品德的重要性。孔子还强调做人还要重视全面发展。子曰："志于道，据于德，依于仁，游于艺。"即志向在于道，根据在于德，凭借在于仁，活动在于六艺（礼、乐、射、御、书、数），只有这样才能真正地做人。那么孔子为什么强调做人要全面发展呢？这里体现了孔子对人的社会性的认识，以及个人修养的互相制约作用，他说："举于诗，立于礼，成于乐。"即诗歌可以振奋人的精神，礼节可以坚定人的情操，音乐可以促进人们事业的成功。所以，对于个人修养而言，全面发展显得极为重要。

其二，做人要做君子。

《论语》一书中提出了君子的言行标准及道德修养要求。"君子"一词重在强调一种人格的追求。孔子认为"质胜文则野，文胜质则史。文质彬彬，然后君子"。即：做人如果质朴多于文采，便显得粗野；如果文采胜过质朴，便显得浮夸。只有文采和质朴兼备，才是君子。（高中历史选修四《中外历史人物评说》第22页"历史纵横"。）

君子要重视自我修养。孔子认为，君子必须重视仁德修养，在任何条件下都不能离开仁德。孔子还认为，"君子泰而不骄"，"君子矜而不争，群而不党""君子求诸己，小人求诸人"，即作为君子，应心境安宁而不傲慢，态度庄重而合群，君子要重视提升自己的修养。孔子认为君子应该用"戒、畏、思"几项标准严格要求自己。

君子要重义避利，追求道义。孔子认为："君子喻于义，小人喻于利。""君子谋道不谋食。""君子忧道不忧贫。""君子怀德，小人怀土；君子怀刑，小人怀惠。"孔子认为君子应重视道义，还必须言行一致，表里如一，即所谓"君子欲讷于言，而敏于行"。

三、人性之美：尊重人性，孔颜之乐，仁者境界

子曰："志于道，据于德，依于仁，游于艺。"《论语》启示我们：人性的价值由内而发，真诚就能引发力量，立志走上人生正途，不断超越自我局限，活出生命的尊严与美感。

孔子曾说自己："饭疏食饮水，曲肱而枕之，乐亦在其中矣。不义而富且贵，于我如浮云。"《论语·雍也第六》："一箪食，一瓢饮，在陋巷，人不堪其忧，回也不改其乐。贤哉回也！"北宋程颢、程颐兄弟认为天理的核心是"仁"，修养的最高境界也是"仁"。仁者不但能化物于无形，而且能获得高度的主体自由和极大的精神满足，这就是"孔颜之乐"。

　　《论语》中的"仁"是一种精神境界,这种精神境界在于发现人,肯定人。子曰:"人能弘道,非道弘人。"孔子将"仁"作为人生的价值标准,既体现了仁者的高尚道德与品质,又体现了理想人生的安逸与美好。孔子将"仁"视为人性的基点,生命的起点,融道德、境界为一体,使"仁"成为儒学一脉相承的思想核心。《论语》中处处显示着"仁"的光芒,它以深刻平实、含蓄隽永、言简意赅的语言,激励着人们要以"仁"为一生追求的内在的价值目标。孔子对人的认识是以"仁"为基础的,从"仁"的角度发现人,关爱人,用"仁"来调和各种关系,使人们互信互助,互尊互爱,共建一个和谐社会。

　　有幸能每年读一读《论语》,感受《论语》之美,体会孔子智慧。今年借此机会拜读了林语堂的《吾国吾民》《孔子的智慧》、钱穆的《孔子与论语》、傅佩荣的《论语之美》等书,更深刻体会《论语》之美与孔子的大智慧,也更能明白钱穆先生在《孔子与论语》一书中用两篇文章劝人读《论语》的良苦用心。

后 记

　　十年辛苦不寻常。十年来，有这样一帮草根教师，默默地专注于研读《论语》；有这样一个农村校园，散发着浓郁的《论语》学习氛围。这些老师，就是秉承着"砺志、勤奋、求实、创新"八字校训的浙江省天台平桥中学的我们；这个校园，就是恪守着"和而不同，求实达仁"的办学理念，被中国教育学会评为传统文化进校园首批试点学校的省一级重点高中、省二级特色学校——浙江省天台平桥中学。

　　十年来，我们在教学之余始终专注于一件事情——打造《论语》特色校园。其间，我们进行了一系列的活动：与台州学院结对前行，邀请专家学者来校讲学，与大学教授同课异构，去曲阜游学祭拜……当然，更多的时候是我们老师手捧书卷默默研读，于会心处相视一笑，于争鸣处切磋琢磨。

　　十年辛苦铸辉煌。在内，我们的校园"空中有声、楼上有文、园中有景、手中有书、耳中有音"，无"孔"不入无与"论"比；对外，我们借助公众号、微信等每天向外界推送一条《论语》语句及解释评点，传播《论语》不遗余力。多年来，我校的《论语》特色深受各界好评，我校亦多次承办台州市高中《论语》教学研讨会，这是台州市教研室对我校《论语》研究的肯定，我们亦将更砥砺前行。曾子曰："士不可以不弘毅，任重而道远。"我们时刻以此警醒。

"发愤忘食，乐以忘忧"。夫子之道，常记心头。古有赵普"半部《论语》治天下"，今有粗浅我辈攀宫墙。佛祖拈花，迦叶一笑。作为教师，我等亦不敢独享。于是，我们苦思《论语》与各学科教学的衔接，致力于将《论语》精髓通过各学科渗透到学生层面。由此，我们开发了一系列校本课程。语文学科，我们开发了《孔子思想比较探究》《孔子和他的学生们》《百变社会，不变〈论语〉》；数学学科，我们开发了《用〈论语〉思想提升数学学习智慧》；物理学科，我们开发了《儒学对中国科学发展的影响》；化学学科，我们开发了《〈论语〉思想在化学教学中的渗透》；政治学科，我们开发了《〈论语〉与哲学》；历史学科，我们开发了《孔子如何走上神坛》；地理学科，我们开发了《跟孔子一起周游列国》；心理学学科，我们开发了《〈论语〉与心理健康》《〈论语〉中的积极心理学》。其中两门课程被评为浙江省精品选修课程，六门课程被评为台州市精品选修课程，十本《论语》选修教材均由南京大学出版社出版。

十年来，我们举办了九届《论语》心得评比，撰写了一大批论文。我们的笔触涉及《论语》的各个方面。思及孔子的有教无类、因材施教、循循善诱等教学思想对教师教学的启发，于是有了"《论语》之教学篇"；念及孔子的孝悌、忠信、仁义、礼智、悲悯、和乐等做人道德，于是有了"《论语》之教育篇"；回溯孔子的恪守中道、讷言敏行、以直报怨等处世之道，于是有了"《论语》之生活篇"；反思孔子思想中存在的一些争议，于是有了"《论语》之争鸣篇"。本书所选论文有很多在国家级、省级刊物上发表，葛世杰、洪建华更因文采出众成为旅游委、宣传部的笔杆子。

夫子之叹，"莫春者，春服既成，冠者五六人，童子六七人，浴乎沂，风乎舞雩，咏而归"，我们正逢其时正感其实；夫子之道，"仰之弥高，钻之弥坚。瞻之在前，忽焉在后"，我们甘之如饴受益良多。

在此，感谢 95 届校友、51.com 创始人庞升东先生十年来的大力支持，感谢各级领导十年如一日来的不断关心，更感谢我的同事们十年来的倾心钻研，谨以此书喜迎浙江省天台平桥中学八十华诞。

陈方剑

2018 年 3 月 29 日

图书在版编目(CIP)数据

论语撷英 / 陈方剑主编 . —杭州：浙江工商大学
出版社，2018.9
ISBN 978-7-5178-2936-2

Ⅰ．①论… Ⅱ．①陈… Ⅲ．①儒家②《论语》—文集
Ⅳ．①B222.25-53

中国版本图书馆 CIP 数据核字(2018)第 205720 号

论语撷英

陈方剑 主编

责任编辑	沈明珠　白小平	
封面设计	天　昊	
出版发行	浙江工商大学出版社	
	（杭州市教工路 198 号　邮政编码 310012）	
	（E-mail:zjgsupress@163.com）	
	（网址:http://www.zjgsupress.com）	
	电话:0571-88904980,88831806(传真)	
排　版	杭州天昊文化艺术有限公司	
印　刷	浙江省良渚印刷厂	
开　本	889mm×1194mm　1/32	
印　张	10	
字　数	252 千	
版 印 次	2018 年 9 月第 1 版　2018 年 9 月第 1 次印刷	
书　号	ISBN 978-7-5178-2936-2	
定　价	50.00 元	